Humankind

希望の歴史

人類が善き未来をつくるための18章

上

A Hopeful History

ルトガー・ブレグマン 著
野中香方子 訳

文藝春秋

Humankind
希望の歴史

人類が善き未来をつくるための18章
〈上巻〉

目次

【下巻目次】

本書を両親へ捧ぐ

Humankind
希望の歴史

人類が善き未来をつくるための18章

〈上巻〉

装丁　関口聖司

「人は、自分がどのような人であるかを教えられると、
より良い人になるだろう」

アントン・チェーホフ（1860-1904）

序章

第二次大戦下、人々はどう行動したか

第二次大戦前夜、英国陸軍司令部は、自国が前例のない脅威に直面していることを知った。ロンドンに深刻な危機が迫っていた。この都市は、「世界最大の標的だ。言うなれば、並外れて太った牛、飢えた野獣をおびき寄せるために杭に縛りつけられた、太った高価な牛のようなものだ」と、のちに首相になるウィンストン・チャーチルは言った。(注1)

野獣とはもちろん、アドルフ・ヒトラーとその強大な軍隊のことだ。ドイツの爆撃機が襲来し、国民が恐怖に屈したら、英国は終わる。「交通は麻痺し、家を失った人々は大声で助けを求め、ロンドンは大混乱に陥るにちがいない」と、ある将官は恐れた。(注2)数百万の市民が恐怖心に圧倒されるだろう。ヒステリックな暴動が起きるから、軍隊はそれを抑えるので手一杯となり、敵と戦う余裕はなくなる。少なくとも三〇〇万人から四〇〇万人がロンドンから逃げ出す、とチャーチルは予測した。

そのような状況下で解き放たれる悪について知りたい人は、『群衆心理』を読むといい。

著者はフランスの社会心理学者ギュスターヴ・ル・ボン。生前には多大な影響力をふるった人物だ。ヒトラーは同書を熟読し、ムッソリーニやスターリン、チャーチル、ルーズベルトもそうだった。

『群衆心理』は、人々が危機にどう対処するかについて詳しく述べている。ほぼ瞬時にして、「人は文明社会の階段を何段も駆け下りる」とル・ボンは書く。(注3) 人間は本性を現し、パニックと暴動が起きるのだ。

一九三九年一〇月一九日、ヒトラーは司令官らに攻撃計画を伝えた。「然るべき時に、ドイツ空軍《ルフトヴァッフェ》によって容赦ない攻撃をしかければ、英国人の戦意をくじくことができるだろう」と。(注4)

英国では誰もが、その時が迫ってくるのを感じていた。一縷《いちる》の望みをかけて、ロンドンに網の目のような地下シェルターを掘ることが検討されたが、恐怖ですくんだ市民がそこから出られなくなるのでは、という懸念ゆえに却下された。ぎりぎりのタイミングで、精神病院がいくつか郊外に急造された。

そして、空襲は始まった。

一九四〇年九月七日、三四八機のドイツの爆撃機がイギリス海峡を越えた。よく晴れた日だったので、多くのロンドン市民が戸外にいた。午後四時四三分に空襲警報が鳴り、誰もが空を見上げた。

九月のこの日は「黒い土曜日」として歴史に刻まれ、そこから始まる空襲の日々は、「ブリッツ（ドイツ語で「稲妻」の意）」、あるいは、「ロンドン大空襲」と呼ばれるようになった。続く九か月間、ロンドンだけで八万超の爆弾が落とされた。住宅地がまるごと消えた。一〇〇万棟以上の建物が損害を受け、四万人以上が亡くなった。

では、ブリッツはどのような影響を及ぼしただろう。数か月にわたって爆撃を受けたら、国はどうなるだろう。市民はヒステリックになっただろうか。野蛮人のように振る舞っただろうか。

カナダ人精神科医ジョン・マッカーディの目撃談から始めよう。

一九四〇年一〇月、マッカーディ医師は車でロンドン南東部へ向かい、特に被害が大きかった貧しい地区を訪れた。残っていたのは、爆弾が開けた穴と、崩れかけた建物だけだった。地獄と呼べる場所があるとしたら、まさにここがそうだった。

そこへ再び空襲警報が鳴った。直後にマッカーディは何を見ただろうか。

「幼い男の子たちは相変わらず通りのあちこちで遊んでいて、買い物客は値切り交渉を続け、警官は尊大な態度で交通整理を行い、自転車に乗っている人々は、交通規則にも死の危険にも無関心だった。誰一人、空を見上げてさえいなかった」(注5)

ロンドン大空襲についての記録はいずれも、その数か月間、ロンドンは奇妙な静けさに包まれていたと語る。あるアメリカ人ジャーナリストは英国人夫妻の家を訪れ、キッチンでインタビューした。空襲で窓ががたがた音を立てているのに、夫妻は静かにお茶を飲んでいた。「怖くないのですか」と尋ねると、「少しも」と夫妻は答え、こう続けた。「怖がったところで、どうしようもないでしょう」(注6)

明らかにヒトラーは重要なことを忘れていたようだ。それは、少々のことでは動じないという、英国人気質である。空襲で破壊されたデパートが、「営業中。本日から入り口を拡張しました」とユーモアあふれるポスターを掲示したのは有名な話だ。また、あるパブの経営者は、空襲の日々にこんな広告を出した。「窓はなくなりましたが、当店のスピリッツ（アルコール。精神の意味もある）は一流です。中に入ってお試しください」(注7)

英国人は、列車の遅れを我慢するように、ドイツによる空襲も我慢した。確かに腹は立ったが、全体としては許容範囲だった。大空襲の間も列車はいつも通り運行し、ヒトラーの策略は英国の国内経済にほとんど影響しなかった。英国の戦力にとって、より有害だったのは、一九四一年四月のイースターマンデー（復活祭翌日の月曜日）である。なぜなら、その日は誰も働かなかったからだ。(注8)

空襲が始まってからほんの数週間で、日々の状況は天気予報のように淡々と報じられるようになった。「今夜は空襲が非常に多いです」といった具合だ。(注9)当時ロンドンにいたあるアメリカ人はこう語った。「英国人は他のことに飽きるように、空襲にもすぐ飽きてしまって、誰も避難さえしようとしない」(注10)

では、精神への影響はどうだったのだろう。専門家が予測したように、数百万人が心に傷を負っただろうか。不思議なことに、そのような人はどこにもいなかった。確かに悲しみと憤りはあった。愛する人を失ったという深い哀しみもあった。しかし、精神科の病棟は空っぽのままだった。それどころか、この時期、英国人のメンタルヘルスはむしろ向上した。アルコール依存症は減り、自殺者数は平時より少なかった。終戦後、多くの英国人は大空襲の日々を懐かしんだ。あの頃は誰もが互いに助け合い、労働党か保守党か、裕福か貧しいか、といった違いは気にしなかったと言って（注11）。
「英国の社会は大空襲によっていろいろな意味で強くなった」（注12）と、英国の歴史学者は後に書いている。「その結果を知って、ヒトラーはがっかりした」

こうして見ると、群集心理の権威ギュスターヴ・ル・ボンの仮説は的外れだったと言える。危機が引き出すのは、人間の最悪の部分ではなく、最善の部分なのだ。実のところ英国人は、文明社会の階段を駆け下りるどころか、駆け上がったのである。「悪夢のような状況にあって、一般大衆は驚くほどの勇敢さ、ユーモア、そして寛大さを保ち続けた」と、アメリカの女性ジャーナリストは日誌に記している（注13）。

ドイツ軍の爆撃がもたらしたこの予期せぬ結果は、英国において、戦略に関する議論に火をつけた。英国空軍も敵国への空襲を計画していたので、議論は、空襲はどうすれば最も効果的か、という問題に集中した。

奇妙なことに、英国の軍事専門家は、空襲によって一国の戦意をくじくことはできないという明白な証拠を見ていながら、それは可能だという考えに固執した。確かにわたしたち英国人には効果がなかったが、わたしたちは例外的だった、と彼らは主張した。地球上の他の国の人々は、英国人ほど冷静でもなければ、我慢強くもない。とりわけドイツ人は、基本的な「道徳心が欠如」（注14）しているので、英国が耐えた空襲の「四分の一にも耐えられない」はずだ、と彼らは論じた。

この意見に同意した人々の中に、フレデリック・リンデマンがいた。リンデマンは、チャーチルの親しい友人で、初代チャーウェル子爵としても知られる。数少ない彼の写真の一葉が今に伝えるのは、長身でステッキを手にし、山高帽をかぶり、冷ややかな目つきをした姿だ。(注15) 空襲戦略をめぐる激しい論争においてリンデマンは、爆撃は効果的だと主張しつづけた。ギュスターヴ・ル・ボンと同様に、リンデマンは群衆を軽蔑していて、群衆は臆病で、容易にパニックを起こす、と決めつけていた。

リンデマンは自説を証明するために、大空襲の被害が特に大きかった二つの都市、バーミンガムとハルに精神科医の一団を派遣した。医師たちは家を失った男性、女性、子ども、合わせて数百人と面談し、「飲んだビールの量から、購入したアスピリンの量まで」詳細に尋ねた。(注16) 数か月後、医師団はリンデマンに結果を報告した。報告書の表紙には、大きな文字で結論が書かれていた。

人々の士気の低下を示す証拠は見られない。(注17)

さて、リンデマンはこの明白な調査結果をどう扱っただろう。無視したのである。彼はすでに戦略的爆撃が最善の作戦だと決めていたので、単なる事実には心を動かされなかった。

そういうわけで、リンデマンがチャーチルに送った内部文書には、以下のように、報告書とはまったく違うことが書かれていた。

調査の結果、家を破壊されることは、士気にとって最も危険だということがわかりました。人々は、友人や親戚が殺されるよりも、動揺するようです。ハルでは、破壊された家は全体の一〇分の一でしたが、疲労の兆候は明白でした。試算によると、わが国はドイツの五八の主要な町に、同等の損害を与えることができます。そうすればほぼ間違いなく、ドイツ国民の戦意をくじくことができるでしょう。(注18)

こうして、空襲の効果に関する議論は終わった。ある歴史学者が後に語ったように、この一件には、「魔女狩りの臭いが漂っており」(注19)、ドイツの一般市民を標的とする作戦に反対した良心的な科学者たちは、臆病者と非難され、反逆者とまで言われた。

一方、空襲支持派は、敵には、自国が受けたよりさらに大きな打撃を与える必要があると考えていた。チャーチルが攻撃開始を命じ、ドイツ全土が焼き尽くされた。最終的に、犠牲者の数はロンドン大空襲の一〇倍にもなった。ドレスデンでは一夜にして、第二次世界大戦を通じてロンドンで犠牲になった人より多くの男性、女性、子どもが殺された。ドイツの都市や町の半分以上が破壊され、国全体がくすぶる瓦礫《がれき》の巨大な山と化した。

この間を通じて、工場や橋などの戦略的目標を攻撃したのは、連合国空軍のごく一部だけだった。最後の数か月間、チャーチルは、戦争に勝つ最も確実な方法は、一般市民に爆弾を落として国民の戦意をくじくことだと主張し続けた。一九四四年一月、英国空軍の内部文書はこの主張を全面的に支持し、「爆弾を落とせば落とすほど、効果は確実になる」としている。首相チャーチルは有名な赤ペンを使って、この言葉に下線を引いた。(注20)

では、爆撃は意図した効果をもたらしたのだろうか。

再度、目撃談から始めよう。尊敬される精神科医のフリードリッヒ・パンスは、一九四五年五月から六月にかけて、家を破壊されたドイツ人、およそ一〇〇人に対して、聞き取り調査をした。「空襲を受けた後、活力がみなぎってきて、葉巻に火をつけました」と、ある人は言った。爆撃を受けた後、気分は高揚し、まるで「戦争に勝ったかのようだった」と別の人は語った。(注21)

集団ヒステリーが起きたという兆候はなかった。それどころか、攻撃されて間もない地域で、住民たちは穏やかに暮らしていた。「空襲の時期、隣人たちはすばらしく協力的だった」とパンスは記録している。「空襲は激しく、長期にわたってストレスが続いたにもかかわらず、彼らは驚くほど冷静で、落ち着いていた」(注22)

ドイツ市民を監視していたナチス親衛隊保安部の報告書にも、同様のことが書かれている。爆撃後、国民は互いに助け合った。瓦礫の中から被災者を助け出し、火を消した。ヒトラー青少年団《ユーゲント》の団員たちは走り回って、家を失った人々や負傷した人々の世話をした。食料雑貨店の店主はジョークとして、「被災したバター販売中」と書いた看板を掲げた。(注23)

（確かに、英国人の方がユーモアのセンスがある）

一九四五年五月、ドイツは降伏した。間も無く、連合国の経済学者の一団がドイツを訪れた。米国防総省の命を受けて、空襲の効果を調べるためだった。アメリカ人たちが何より知りたかったのは、空襲という戦略が戦争に勝つ早道だったかどうかである。

調査結果は厳しいものだった。一般市民への爆撃は大失敗だった。爆撃のせいでドイツの戦時経済はむしろ強化され、戦争が長引いたようだ。一九四〇年から一九四四年にかけて、ドイツの戦車の生産量は九倍になり、戦闘機の生産量は一四倍にもなった。

英国の経済学者の一団も同じ結論に達した。[注24] 爆撃を受けた二一の町や都市では、爆撃されなかった一四都市に比べて、生産量が急速に増えた。「戦争に関する大きな誤算の一つ、いや、おそらくは最大の誤算に、わたしたちは気づきつつある」と、アメリカの経済学者の一人は認めた。[注25]

この残念な物語に関して、最も興味を惹《ひ》かれるのは、主要なメンバーが揃って同じ罠にはまったことだ。ヒトラー、チャーチル、ルーズベルト、リンデマン。この全員が、人間の文明的な暮らしぶりは表面的なものにすぎないというギュスターヴ・ル・ボンの主張を信じた。彼らは、空襲によってこの脆《もろ》い覆《カバー》いを吹き飛ばすことができると確信した。しかし、爆撃すればするほど、カバーは頑丈になった。それは薄い膜などではなく、カルス〔訳注：植物の傷を癒す組織〕のようなものだった。

残念ながら、軍事専門家はその後も長くこのことに気づかなかった。二五年後、米軍は第二次世界大戦で投下した爆弾の三倍にあたる爆弾をベトナムに落とし、さらに壮大な規模の失敗を招いた。[注26] わたしたちは、証拠が明白でも、どうにかしてそれを否定しようとする。今でも多くの英国人は、ロンドン大空襲時に英国人が示した耐久力《レジリエンス》は、英国人の特質によるものだと信じている。

しかし、それは英国人だけのものではない。人間の特質なのだ。

第１章　あたらしい現実主義

1　「ほとんどの人は、本質的にかなり善良だ」

本書では、ある過激な考えを述べよう。

その考えは長く支配者を悩ませ、宗教やイデオロギーによって否定され、メディアには無視され、世界史の記録からは消されてきた。

しかし、同時にそれは事実上すべての科学分野で承認され、進化によって裏づけられ、日々の生活で確認されている。もっとも、それは人間の本質に関わることなので、気づかれないまま見過ごされてきた。

わたしたちに、この考えをもっと真剣に受け止める勇気さえあれば、それは革命を起こすだろう。社会はひっくり返るはずだ。なぜなら、あなたがひとたびその本当の意味を理解したら、この世界を見る目がすっかり変わるからだ。
では、この過激な考えとは、どんな考えだろう。

それは、**「ほとんどの人は本質的にかなり善良だ」**というものだ。

思うに、この考えを誰よりうまく説明できるのは、オランダのフローニンゲン大学の社会心理学教授トム・ポストメスだろう。ポストメスは何年も前から、学生たちに以下の質問を投げかけてきた。

飛行機が緊急着陸して、三つに割れたとしよう。機内に煙が充満してきた。早く脱出しなければならない! さあ、何が起きるだろう。

・惑星Aでは、乗客は、近くの席の人々に大丈夫ですかと尋ねる。そして助けが必要な人から機外に助け出される。乗客たちは望んで自分の命を犠牲にしようとする。たとえ相手が、見ず知らずの他人であっても。

・惑星Bでは、誰もが自分のことしか考えない。パニックが起きる。押したり、突いたり、たいへんな騒ぎとなり、子どもや老人や障害者は、倒され、踏みつけられる。

ここで質問だ。わたしたちはどちらの惑星に住んでいるのだろう。

「おそらく九七パーセントの人は、自分は惑星Ｂに住んでいると考えるでしょう」と教授は言う。「しかし現実には、ほとんどの人は惑星Ａに住んでいるのです（注１）」。

誰に聞いても答えは同じだ。右派か左派か、裕福か貧しいか、学歴が高いか低いか、そうしたこととは関係なく、皆、同じ間違いを犯す。「彼らは知らないのです。一年生も三年生も大学院生も。専門家も知らないし、警察官や消防士も知りません。しかも、このことが知られていないのは、研究不足のせいではありません。第二次世界大戦の頃から、それは事実として認められていたのです」と、ポストメスは嘆く。

歴史的な惨事《さんじ》を振り返っても、明らかにその舞台は惑星Ａだった。タイタニック号の沈没を見てみよう。あの映画を見れば、おそらくあなたは、（弦楽四重奏団のメンバー以外は、）誰もがパニックになり、我を忘れたと思うだろう。しかし、実のところ、避難はきわめて秩序正しくなされた。「パニックやヒステリーの兆候さえ見られず、恐怖のあまり泣き叫んだり、走り回ったりする人はいなかった」と、ある目撃者は回想する（注２）。

二〇〇一年九月一一日のテロ攻撃はどうだっただろう。ツインタワーが燃えていた時、数千人の人々が、自らの命が危険にさらされていることを知りながら、静かに階段を降りつづけた。彼らは消防士やけが人が通れるように、脇に寄った。「そして、『お先にどうぞ』と言ったのです」と、ある生存者は後に語った。「信じがたいことに、本当に『お先にどうぞ』

と言ったのです。不思議な光景でした（注3）」

人間は本質的に利己的で攻撃的で、すぐパニックを起こす、という根強い神話がある。オランダ生まれの生物学者フランス・ドゥ・ヴァールはこの神話を「ベニヤ説」と呼んで批判している。「人間の道徳性は、薄いベニヤ板のようなものであり、少々の衝撃で容易に破れる」という考え方だ（注4）。真実は、逆である。災難が降りかかった時、つまり爆弾が落ちてきたり、船が沈みそうになったりした時こそ、人は最高の自分になるのだ。

二〇〇五年八月二九日、ハリケーン・カトリーナがニューオーリンズを襲った。市を守るはずだった堤防と防潮壁が壊れた。家屋の八〇パーセントが浸水し、少なくとも一八三六人が亡くなった。カトリーナは米国史上最も破壊的な自然災害の一つになった。

それからの一週間、新聞の紙面は、ニューオーリンズで起きたレイプや発砲事件のニュースで埋まった。うろつくギャング、略奪行為、救助ヘリを狙う狙撃といった恐ろしい話が流布した。最大の避難所になったスーパードームには、電気も水もない中、二万五〇〇〇人が詰め込まれた。二人の幼児がのどを切られ、七歳の子どもがレイプされて殺された、と新聞が報じた（注5）。

警察署長は、市は無政府状態に陥っていると語り、ルイジアナ州知事も同じことを恐れた。「最も怒りを感じるのは、このような災害がしばしば人間の最悪な性質を引き出すことです」と知事は述べた（注6）。

知事のこの結論は、急速に広まった。英国の名高い歴史学者ティモシー・ガートン・アッシュはガーディアン紙に寄せたコラムにおいて、多くの人の考えを代弁した。「組織化された文化的生活の基本的要素である食料、避難所、飲料水、最小限の安全が奪われると、人間は数時間内にホッブズが唱える自然状態に戻ってしまう。すなわち、万人の万人に対する闘争という状態だ……。一時的に天使のようになる人もいないではないが、大半の人はサルに戻る」

ここでもまた、堂々と語られるのはベニヤ説だ。ガートン・アッシュはこう続ける。ニューオーリンズは、「人間の本性《ネイチャー》も含む、自然《ネイチャー》という沸き返るマグマを覆っている薄い地殻《ちかく》に、小さな穴をあけた（注7）」

およそ一か月後、ジャーナリストが去り、洪水の水が引いて、コラムニストが別の話題について語り始めた頃、研究者たちはようやく、ニューオーリンズで本当は何が起きたかを知った。

銃声のように聞こえたのは、ガソリンタンクの安全弁がはずれる音だった。スーパードームで亡くなったのは六人。うち四人は自然死で、一人は薬物の過剰摂取、もう一人は自殺だった。警察署長は、レイプや殺人に関する公式の報告は一件もなかったことをしぶしぶ認めた。実を言うと、略奪は起きたが、ほとんどは、生き延びるためにチームを組んで行ったもので、一部は警察が協力していた（注8）。

デラウェア大学の災害研究センターの研究者は、「緊急時に観察された行動の圧倒的多数は、社会のためになる行動だった」と結論づけた（注9）。水位の上昇から人々を救うために、はるばるテキサスからボートの「船団」がやってきた。数百人の市民がレスキュー隊を結成した。食料や衣類、薬品を探して、必要とする人々に配る、一一人の友人からなる自称「ロビン・フッド・略奪者《ルーターズ》」も登場した。(注10)

要するにカトリーナは、利己主義も無政府状態も引き起こさなかったのだ。それどころか、ニューオーリンズは勇気と慈善に満たされたのである。

このハリケーンは、人間が災害にどのように反応するかについて、科学が発見していたことを裏づけた。デラウェア大学の災害研究センターは一九六三年以降、七〇〇件近くのフィールドワークを行い、映画でよく描かれるのとは逆に、災害時に大規模な混乱は起きないことを明らかにした。自分勝手な行動は起きない。総じて、殺人や強盗やレイプなどの犯罪は減る。人はショック状態に陥ることなく、落ち着いて、とるべき行動をとる。「略奪が起きたとしても、物やサービスをただで大量に配ったり、分かち合ったりという、広範な利他的行動に比べると微々たるものだ」と同センターの研究者は指摘する。(注11)

大災害は人々の善良さを引き出す。この社会学的発見は、数多くの堅牢《けんろう》な証拠があるにもかかわらず、きわめて軽率に無視されてきた。そして災害が起きるたびにメディアは、逆のイメージを人々に植えつけた。

話をニューオーリンズに戻せば、そうした根強い噂のせいで、人命が犠牲になった。警察や消防は、「無法地帯」と呼ばれる都市に入るのを嫌がり、出動が大いに遅れた。市内には州兵が配備され、その数はピーク時には七万二〇〇〇人にのぼった。「軍隊は撃ち殺

す方法を知っている。おそらく彼らはそうするだろう」と知事は言った。(注12)

そして、彼らはそうした。市の東側にあるダンジガー橋で警官が、洪水を逃れて避難しようとしていたアフリカ系アメリカ人の一家に向かって発砲し、一七歳の少年と四〇歳の知的障害のある男性を殺害した（関わった五人の警官は後に、長期の懲役刑《ちょうえきけい》を科された(注13)）。

実のところ、ニューオーリンズの災害は極端なケースだった。しかし、災害時のダイナミクスはいつもほぼ同じだ。災難が人々を襲うと、自発的に協力の波が起きる。しかし当局はパニックに陥り、新たな災難を引き起こすのだ。

レベッカ・ソルニットは、著書『災害ユートピア（A Paradise Built in Hell）』において、カトリーナの余波について優れた説明をし、「思うにエリート・パニックは、権力者が全ての人を、自らの人間観で見ようとすることに原因がある」と書いている。(注14) 君主、独裁者、統治者、将官は、自分の頭の中にだけ存在するシナリオから予想される展開を防ぐために、乱暴な手段を用いることが多い。そのシナリオとは、自分がそうであるように、他の人も皆、私利私欲に支配されている、というものだ。

2　プラセボ効果とノセボ効果

一九九九年の夏、ベルギーの町、ボルネムにある小さな学校で、九人の子どもが不思議な症状に襲われた。どの子も朝には元気に登校したが、昼食後に具合が悪くなった。頭痛、嘔《おう》吐《と》、動悸《どうき》といった症状だ。原因を見つけようとした教師が、唯一、思いあたったのは、九人全員が休み時間に飲んだコカ・コーラだった。

間もなく、ジャーナリストがこの話を聞きつけた。コカ・コーラの本社では、電話が鳴り始めた。その夜、同社はマスコミを通じて、ベルギーの店の棚から数百万本のコカ・コーラを回収中だと発表した。「我が社は懸命に調査しており、数日中にはっきりした答えを出せることを願っています」と、同社の広報担当は語った。(注15)

だが、もはや手遅れだった。その症状はベルギー中に広まり、国境を越えてフランスにまで広まった。真っ青になってよろめく子どもたちが救急車で運ばれた。数日中に、同社の全製品が疑われるようになった。ファンタ、スプライト、ネスティ、アクエリアスなど、そのすべてが子どもには危険なように見えた。この「コカ・コーラ事件」は同社の一〇七年の歴史上最悪の打撃となり、ベルギーで一七〇〇万ケースの清涼飲料水が店頭から回収され、在庫もすべて廃棄された。(注16) 最終的に、コストは二億ドルを超えた。(注17)

しかし、その後のなりゆきは奇妙だった。数週間後、毒物学者が調査報告を発表した。コカ・コーラの缶の中に、彼らは何を見つけただろう。何も見つからなかった。農薬も、病原体も、有毒金属もなかった。何一つ、である。そして、数百人の患者の血液と尿はどうだったか。何もなかった。一〇〇〇人を超す少年少女が深刻な症状を訴えたが、原因と言える化学物質は、一つも見つからなかったのである。

「子どもたちは本当に具合が悪かったのです。疑う余地はありません」と、研究者の一人は語った。「けれども、コカ・コーラを飲んだせいではなかったのです」(注18)

このコカ・コーラ事件は、古くからの哲学的問いを語る。

真実とは何か？

いくつかのことは、わたしたちが信じようと信じまいと真実だ。水は一〇〇度で沸騰《ふっとう》する。喫煙は寿命を縮める。ケネディ大統領は一九六三年一一月二二日にダラスで暗殺された。

一方で、信じることで真実になることもある。これを社会学者は「自己成就予言」と呼ぶ。例えば、あなたが、ある銀行が倒産すると予言し、その言葉を信じた多くの人が口座を解約すると、その銀行は倒産するだろう。

あるいは、プラセボ効果について考えてみよう。もし、主治医があなたに偽薬《プラセボ》を渡して、これで病気は治る、と言えば、あなたの具合が良くなる可能性は高い。プラセボが大掛かりになればなるほど、その可能性は高くなる。注射は総じて薬よりプラセボ効果が高く、かつては、瀉血《しやけつ》［訳注：血を抜くこと］でさえプラセボの働きをした。それは中世の医療が進んでいたからではなく、人々が大掛かりな治療には必ず結果が伴う、と信じていたからだ。

そして、究極のプラセボとは何か。それは手術だ。あなたは白衣を着て、患者に麻酔薬を投与し、患者が眠っている間、くつろいでコーヒーを一杯飲み、患者が目覚めると、手術は完全に成功した、と告げればよい。ブリティッシュ・メディカル・ジャーナル誌が広範な論文をもとに、背中の痛みや胸やけなどの症状に対する本物の手術と偽の手術の効果を調べたところ、プラセボ手術は四分の三のケースで効果があり、そのうちの半分は、本物の手術と同等の効果があった。(注19)

だが、プラセボは逆の方向にも働く。

これを飲んだら病気になると思いながら偽薬を飲んだら、本当に病気になるかもしれない。この薬には重大な副作用があると患者に警告したら、おそらく現実にそうなるだろう。これはノセボ効果と呼ばれるが、明白な理由から、広く試されてはこなかった。健康な人を病気にしたり、副作用を感じさせたりするのは、倫理的に間違っているからだ。それでも、すべての証拠は、ノセボ効果は非常に強力だと語る。

これは、一九九九年の夏にベルギーの医療関係者が結論づけたことでもある。おそらくボルネムの子どもが飲んだコカ・コーラのうち、一、二缶には本当に異常があったのだろう。本当のところは誰にもわからない。しかし、その点を除けば、科学者たちの結論ははっきりしていた。他の数百人の子どもたちは「集団心因性疾患」に感染したのだ。わかりやすく言えば、彼らは病気になったと想像したのである。

もっとも、子どもたちが嘘をついていたわけではない。千人を超すベルギーの子どもたちは、本当に吐き気がし、熱が出て、めまいがしたのだ。何かを強く信じると、それが現実になることがある。ノセボ効果を避けるための教訓が一つあるとすれば、それは、「考えは単なる考えではない」ということだ。人は考えた通りの人になる。人は探しているものを見つける。予想したことは現実になる。

何を言おうとしているかは、もうおわかりだろう。そう、人間についての厳しい見方も、ノセボの産物なのだ。

ほとんどの人間は信用できない、とあなたが思うのであれば、互いに対してそのような態度を取り、誰もに不利益をもたらすだろう。他者をどう見るかは、何よりも強力にこの世界を形作っていく。なぜなら、結局、人は予想した通りの結果を得るからだ。地球温暖化から、互いへの不信感の高まりまで、現代が抱える難問に立ち向かおうとするのであれば、人間の本性についての考え方を見直すところから始めるべきだろう。

はっきりさせておこう。本書は人間の美徳について説くものではない。明らかに、人間は天使ではない。人間は複雑な生き物で、良い面もあれば、良くない面もある。問題は、どちらを選択するかだ。

つまりわたしが言いたいのは、人は、仮に世慣れていない子どもとして無人島にいて、そこで争いに巻き込まれたり、危機に陥ったりしたら、必ず自分の良い面を選択する、ということだ。本書では、人間性についての肯定的な見方が正しいことを裏付ける、数々の科学的証拠を提供しよう。わたしたちがそのような見方を信じるようになれば、それはいっそう真実になるはずだ。

次の話はインターネット上で流布する作者不明の寓話で、シンプルだが深い真実が含まれている。

おじいさんが孫の男の子に語ってきかせた。「わしの心の中には、オオカミが二匹住んでいる。この二匹はいつも激しく戦っている。一匹は悪いオオカミだ。短気で、欲張りで、嫉《しっ》妬《と》深く、傲慢《ごうまん》で、臆病だ。もう一匹は善いオオカミだ。平和を好み、愛情深く、謙虚で、寛大で、正直で、信頼できる。この二匹は、おまえの心の中でも、他のすべての人の心の中でも戦っているのだよ」

孫は少し考えてから尋ねた。「どっちのオオカミが勝つの?」

老人は微笑んでこう答えた。

「それは、おまえが餌《えさ》を与えた方だ」

3 西洋思想を貫く暗い人間観――なぜ人間を悪者と考えるのか

この数年間、執筆中の本書について人に話すと、必ずと言っていいほど相手は驚いた。信じられない、と言わんばかりだった。ドイツのある出版社に、本書の出版を持ちかけたところ、きっぱり断られた。「ドイツ人は人間が生来、善性を備えているとは思っていません」というのが女性編集者の言い分だった。パリではインテリの人に、「フランス人には政府の厳しい管理が必要だ」と言われた。そして、二〇一六年の大統領選挙後に訪れたアメリカでは、どこでも、誰からも、「頭のネジを締め直しておいで」と言われた。

ほとんどの人は思いやりがあるだって? テレビを見たことある?

少し前に、二人のアメリカ人心理学者が行った研究によって、人間は利己的だという見方に人々が頑固にしがみついていることが、再度証明された。この研究者たちは被験者に、人が良い行いをしている状況をいくつも見せた。その結果、何がわかっただろうか。それは、基本的にわたしたちは、どこでもかしこでも利己心を見つけるよう訓練されている、ということだ。

お年寄りが道路を渡るのを手助けしている人を見たら？
――なんて目立ちたがり屋なの。

ホームレスにお金を恵んでいる人を見たら？
――自分のことをいい人だと思いたいのでしょう。

赤の他人が落とし物の財布を届けるという信頼できるデータや、大多数の人は不正行為や盗みをしないという事実を、研究者から示された後でも、ほとんどの被験者は、人間性を肯定的に見ようとしなかった。「それどころか、無私無欲に見える行動にも必ず利己的な目的がある、と決めつけた」と、この心理学者たちは書いている。(注20)

つまり、人間についての暗い見方は常識になっているのだ。

おそらく、今、あなたはこう考えているだろう。「ちょっと待って、自分はそんなふうには育てられなかった。故郷では誰もが互いを信頼し、助け合っていたし、ドアに鍵をかけることもなかった」と。その通り。人は善良だと仮定するのは簡単だ。家族や友人、隣人や同僚に関しては、確かにそうだ。

だが、それ以外の人々に対しては、猜疑心の方が強くなる。世界価値観調査を見てみよう。それは、社会科学者のネットワークが約一〇〇カ国で一九八〇年代から行ってきた、大規模な世論調査だ。一つの標準的な質問は、「一般的に言って、ほとんどの人は信頼できると思いますか。それとも、人と関わる際には細心の注意が必要だと思いますか」である。

この結果は、かなり気の滅入るものだ。ほぼすべての国で、ほとんどの人は、ほとんどの他人は信用できない、と考えていた。フランス、ドイツ、英国、米国などの堅牢な民主主義の国においてさえ、国民の大多数は、同じ国の人に対して否定的な見方をする。(注21)

長い間、わたしの関心を引いてきた問いは、なぜ誰もが人間に対してそのように暗い見方をするのか、というものだ。身近な人々については、信頼できると直感的に思うのに、なぜ人間全体に対しては態度が変わるのだろう。なぜ、多くの法律や規則、企業や団体が、人間は信頼できないことを前提としているのだろう。この星が惑星Aであることを、科学が一貫して示しているのに、なぜわたしたちは、惑星Bに住んでいると信じ続けるのだろう。

教養が足りないせいだろうか。決してそうではない。本書では、教養豊かでありながら、人間は不品行だと頑固に信じている知識人を何人も紹介していく。では、政治的信条だろうか。それも違う。人間は本来罪深いという考えは、政治に限ったものではなく、かなり多くの宗教の理念になっている。また、資本家の大半は、人間は皆、自分の利益のために動く、と考えており、環境保護論者の大半は、人間を地球を破壊する厄介者と見なしている。他にも無数の思想が、人間を罪深い存在として解釈している。

このことには驚かされる。なぜわたしたちは人間を悪者だと考えるのだろうか。何が原因で、人間は本来邪悪だと考えるようになったのだろうか。

少しの間、想像してみよう。新しい薬が市場に出る。その薬は中毒性が高く、誰もがすぐ夢中になる。科学者は調査して、その薬は「リスクの誤認、不安、気分の低下、無力感、他者に対する軽蔑と敵意、感情の麻痺を引き起こす」という結論を下す(注22)。

この薬をわたしたちは使おうとするだろうか。子どもたちが摂取するのを許すだろうか。政府は認可するだろうか。答えはすべてイエスだ。なぜなら、その薬はすでに、現代の最大の依存症の一つを引き起こしているからだ。わたしたちが毎日摂取し、多額の助成金を受けていて、子どもたちに大量に配られている薬。

その薬とは、ニュースである。

わたしは、ニュースは心を成長させると教わって育った。新聞を読み、夕方のニュースを見るのは、市民としての義務であり、ニュースを追えば追うほど、人は情報が豊かになり、民主主義はより健全になる、と教わった。今でも親は子どもにそう教えている。しかし、科学者は異なる結論を出した。多くの研究によると、ニュースはメンタルヘルスに危険を及ぼすのだ(注23)。

この分野の研究は、一九七〇年代にメディアの研究者、ジョージ・ガーブナー（一九一九〜二〇〇五）が始めた。彼は自らが発見した現象を説明する言葉を作った。「ミーン・ワールド・シンドローム」である。それは、マスメディアの暴力的なコンテンツに繰り返しさらされたせいで、世界を実際より危険だと信じ込んでしまうことだ。症状は、冷笑的《シニカル》な考え方、人間不信、悲観的な見方である。結果として、ニュースを追う人は、「ほとんどの人は自分のことしか考えない」といった意見に同意しやすい。また、個人としての人間は無力で、世界をより良くすることはできない、と考えがちだ。さらに、ストレスが強く、落ち込むことも多い。

数年前、ある調査で三〇か国の人に簡単な質問をした。「全体的に見て、世界は良くなっているか、悪くなっているか、良くも悪くもなっていないか?」という質問だ。ロシアからカナダ、メキシコ、ハンガリーに至るまで、どの国でも圧倒的多数が、世界は悪くなっていると答えた。(注24)現実は正反対だ。過去数十年の間に、極度の貧困、戦争の犠牲者、小児死亡率、犯罪、飢饉、児童労働、自然災害による死、飛行機墜落事故はすべて、急激に減少した。わたしたちはかつてないほど豊かで、安全で、健全な時代に生きている。

では、なぜわたしたちはそのことに気づかないのだろう。答えは簡単だ。ニュースになるのは例外的な出来事ばかりだからだ。テロ攻撃であれ、暴動や災害であれ、例外的であればあるほどニュースとしての価値は高まる。極度の貧困の中で暮らす人の数が前日より一三万七〇〇〇人減少したという見出しをあなたが見ることは決してないだろう。たとえそれが過去二五年間の真実であったとしても。(注25)また、レポーターが街路に立ち、「ここは特別な場所ではありませんが、ここでは今日も戦争は起きていません」と報じるのを見ることもないだろう。

数年前に、オランダの社会学者のチームが、飛行機の墜落がメディアでどのように報じられるかを分析した。一九九一年から二〇〇五年までの間に、飛行機事故は一貫して減少し、一方、事故に対するメディアの関心は一貫して高まった。その結果、あなたもお察しの通り、飛行機は年々安全になっているにもかかわらず、人々は飛行機に乗ることを次第に恐れるようになった。(注26)

別の研究では、メディア研究者のチームが、移民、犯罪、テロに関する四〇〇万超の新聞記事を含むデータベースを調べて、「移民や暴力の数が減ると、それらに関する記事が増える」というパターンを見つけた。「したがってニュースと現実との間に相関はなく、むしろ負の相関があるようだ」と彼らは結論づけた。(注27)

もちろん、わたしの言う「ニュース」は、すべてのジャーナリズムを指しているわけではない。多くのジャーナリズムは、わたしたちが世界をより理解するのを助ける。わたしが「ニュース」と呼ぶのは、偶発的でセンセーショナルな事件を報じる、最も一般的なジャーナリズムだ。欧米の成人の一〇人に八人は、毎日ニュースを見たり読んだりする。ニュースを知るために平均で一日に一時間を費やしている。一生分を合計すると、まる三年である。(注28)

人間はなぜ、ニュースが伝える破滅や憂鬱《ゆううつ》さに影響されやすいのだろう。それには二つの理由がある。一つは、心理学者が「ネガティビティ・バイアス」と呼ぶものだ。わたしたちは良いことよりも悪いことのほうに敏感だ。狩猟採集の時代に戻れば、クモやヘビを一〇〇回怖がったほうが、一回しか怖がらないより身のためになった。人は、怖がりすぎても死なないが、恐れ知らずだと死ぬ可能性が高くなる。

二つ目の理由は、アベイラビリティ・バイアス、つまり、手に入りやすい（アベイラブル）情報だけをもとに意思決定する傾向である。何らかの情報を思い出しやすいと、それはよく起きることだと、わたしたちは思い込む。航空機事故、子どもの誘拐、斬首といった、記憶に残りやすい恐ろしい話を日々浴びせられていると、世界観は完全に歪んでしまう。レバノン人の統計学者ナシム・ニコラス・タレブが冷ややかに言うように、「ニュースを見るには、わたしたちは理性が足りない」のである。(注29)

このデジタル時代にあって、わたしたちが聞かされるニュースはますます過激になっていく。昔のジャーナリストは、個々の読者のことはほとんど何も知らなかった。彼らは大衆のために記事を書いていた。しかし、フェイスブックやツイッターやグーグルの背後にいる人々はあなたのことをよく知っている。彼らは、何があなたを怖がらせ、驚かせ、クリックさせるかを知っている。どうすればあなたの注意を引けるかを知っていて、きわめて儲かるパーソナライズド広告をあなたに送ってくる。

現代のメディアの狂乱は、平凡に暮らす人々への攻撃に他ならない。正直に言って、ほとんどの人は平穏だが退屈な生活を送っている。わたしたちは、そうした生活を送る親切な隣人を好むが、退屈さに心を引かれることはない。そんなわたしたちに、シリコンバレーは煽《せん》情《じょうてき》的なタイトルの記事を続々と送ってくる。それは、スイスの小説家が皮肉ったように「心にとってのニュースは、体にとっての砂糖に等しい」ことをよく知っているからだ。(注30)

数年前、わたしは暮らしぶりを変えようと決意した。朝食時にニュースを見たり、スマートフォンをスクロールしたりするのはやめて、歴史や心理学や哲学に関する良書を読むことにしたのだ。

しかし、じきにあることに気づいた。本も、大半は、例外的なことをテーマにしている。ベストセラーになった歴史書は、大災害や逆境、専制政治、抑圧について述べている。戦争、戦争、話を盛り上げるために、また戦争。仮に戦争のことが出てこなくても、それは歴史学者が「戦間期」と呼ぶ、戦争と戦争の間の時期について書いたものだ。

　科学の分野でも、人間の本性は悪だという見方が、何十年もの間、支配的だった。人間の本性について書かれた本を探すと、『男の凶暴性はどこからきたか』、『利己的な遺伝子』、『「殺してやる」――止められない本能』といったタイトルが見つかる。生物学者は長い間、最も陰鬱《いんうつ》な進化論を信じてきた。その進化論では、思いやりがあるように見える動物の行動も利己的な行動として説明された。家族間の愛情？　血縁者をひいきしているだけだ！　サルが仲間とバナナを分け合う？　フリーローダー（たかり屋）に利用されているだけだ[注31]！　アメリカ人のある生物学者は嘲笑《ちょうしょう》気味にこう言った。「協力のように見えるものは、日和見主義と搾取の混合にすぎない……。『利他主義者』をひっかいたら、『偽善者』の血が流れるだろう[注32]」

　経済学ではどうだろう。ほぼ同じだ。経済学者は人間をホモ・エコノミクスとして定義づけた。利己的で計算高いロボットのように、いつも自分の利益だけを考えている種、という意味だ。経済学者は、人間性に関するこの見方に基づいて理論とモデルの殿堂を組み立て、それらを軸として多くの法律が生まれた。

　しかし、ホモ・エコノミクスが実在するかどうかを調べた人はいなかった。二〇〇〇年になってようやく、経済学者のジョセフ・ヘンリックと彼のチームが調査に乗り出した。五大陸、一二か国の一五のコミュニティを訪れ、そこで暮らす農民、遊牧民、狩猟民、採集民を対象として、一連のテストを行った。目的は、何十年にもわたって経済理論を導いてきたホモ・エコノミクスを見つけることだ。だが、無駄だった。どこでも、いつでも、調査結果が示すのは、人間は、ホモ・エコノミクスと呼ぶにはあまりにも善良で、あまりにも優しいということだった。(注33)

この調査結果は、広範に影響した。その後もヘンリックは、多くの経済学者の仮説の土台になっているこの架空の存在を探しつづけた。そして、ついにホモ・エコノミクスを見つけた。もっとも、「ホモ」という名称は正しくない。なぜなら、彼が見つけたホモ・エコノミクスは、人間ではなくチンパンジーだったからだ。「ホモ・エコノミクスモデルの標準的な予測は、簡単な実験でのチンパンジーの行動を予測するうえできわめて正確であることが証明された。したがって、すべての理論的研究は無駄ではなかった。単に間違った種に適用されただけなのだ」と、ヘンリックは自嘲《じちょう》気味に書いている。(注34)

これを笑い話にできないのは、人間の本性についてのこの暗い見方が、何十年にもわたってノセボ効果を及ぼしてきたからだ。一九九〇年代に経済学教授のロバート・フランクは、人間は利己的だという見方が学生たちに及ぼす影響を知りたいと思った。そこで、さまざまな課題によって学生たちの寛大さを調べた。結果はどうだったか。経済学を長く学べば学ぶほど、学生たちは利己的になっていった。フランクは「わたしたちは教えられた通りの人間になる」と結論づけた。(注35)

西洋では、人間は生来利己的だという見方には神聖な伝統がある。トゥキュディデスやアウグスティヌス、マキャヴェッリ、ホッブズ、ルター、カルバン、バーク、ベンサム、ニーチェ、フロイトなどの偉大な思想家、それにアメリカの建国の父は、独自のベニヤ説を信奉していた。彼らは皆、自分たちは惑星Bに住んでいると考えていた。

このシニカルな見方は、古代ギリシアの時代からすでに広まっていた。最初の歴史家の一人であるトゥキュディデスの著作にもそれを読み取ることができる。紀元前四二七年にギリシアのコルキラ島（現在のコルフ島）で起きた内戦について、彼はこう書いている。「文明生活の慣習が混乱に陥ると、法が支配する状況でもしばしば顔を覗かせる人間の本性が、堂々と表に現れた」(注36) つまり、人間が獣《けもの》のようにふるまったと言っているのだ。

この人間に対する否定的な見方は、キリスト教に最初期から浸透していた。ローマ帝国時代の教父アウグスティヌス（三五四～四三〇）は、人間は生まれながらに罪深いという考えが世に広まるのを助けた。「罪を犯さない人は一人もいない。この世に生まれてまだ一日しかたっていない赤ん坊であっても」と彼は書いている。(注37)

この原罪という考えは、プロテスタントがローマカトリック教会から分離した宗教改革の時代にも広く支持された。宗教改革を指揮した神学者ジャン・カルヴァンは、「我々の本質は、貧しく、善性が欠けているだけでなく、あらゆる悪に満たされており、それらの悪は抑制できない」と説いた。この考えは、ハイデルベルク信仰問答（一五六三年出版）などのプロテスタントの重要な手引書に刻み込まれており、人間は「いかなる善行も行えず、あらゆる悪に傾いている」とわたしたちに告げる。

奇妙なことに、伝統的なキリスト教だけでなく、信仰より理性を重んじた啓蒙《けいもう》主義も、人間の本性についての暗い見方に根差していた。キリスト教の信者たちは、人間は本質的に堕《だ》落《らく》しているので、自分たちにできる最善は、信仰心という薄い膜でそれを隠すことだ、と確信していた。啓蒙主義の哲学者も、人間は堕落していると考えていた。キリスト教との違いは、腐敗《ふはい》した部分を理性で覆《おお》い隠しなさい、と説いたことだ。

西洋思想における人間の本性についての考え方には、驚くほどの一貫性が見られる。政治学の祖であるニッコロ・マキャヴェッリは「総じて人間は恩知らずで、気まぐれで、偽善者だと言える」と語った。アメリカの民主主義の祖ジョン・アダムズは、「男は皆、なれるのであれば独裁者になるだろう」と述べた。現代心理学の創始者ジークムント・フロイトは「わたしたちは永遠に続く殺人者の系譜《けいふ》の末裔《まつえい》である」と分析した。

一九世紀に、チャールズ・ダーウィンが進化論を携えて登場し、これもベニヤ説としてすぐ受け入れられた。「ダーウィンの番犬」と呼ばれた高名な科学者トマス・ヘンリー・ハクスリーは、進化論を支持し、人生は「人間対人間、国対国」の戦いだと説いた。(注38) 哲学者ハーバート・スペンサーは、数十万部売れた自著において、「自然の働きは総じて、(下等なものを) 排除すること、すなわち、世界から下等なものを追い払い、高等なもののための場所を設けること」であるから、わたしたちはこの戦いの炎をあおるべきだと主張した。(注39)

一番不思議なのは、これらの思想家がほぼ異論なく、現実主義者《リアリスト》として賞賛される一方で、逆に人間の本性は善だと考える思想家は、嘲笑されていることだ。(注40) フェミニストのエマ・ゴールドマンは、生涯を通じて自由と平等を求めて闘い、中傷と侮蔑《ぶべつ》を浴びせられた女性だが、かつてこう書いた。「哀れな人間の本性よ、その名のもとに、いかに恐ろしい罪が犯されてきたことか!……。怪しげな精神科医ほど、人間は邪悪で弱いとますます強く主張する」(注41)

近年になってようやく、多様な分野の科学者たちが、人間性についての暗い見方を抜本的に見直すべきだと考えるようになった。しかしそれは最近のことなので、彼らの多くは、自分と同じ意見を持つ人がいることに気づいていない。わたしが生物学分野で起きたこの新たな流れについて、ある著名な心理学者に話したところ、彼女は驚きの声をあげた。

「まあ、あの分野でもそうなの？」(注42)

4　人間の善性を擁護する人に起きる3つのこと

人間についての新しい見方の探求を始める前に、三つのことを警告したい。

第一に、人間の善性を擁護《ようご》するのは、ヒュドラに立ち向かうのに等しい。ヒュドラはギリシア神話に登場する怪物で、九つの首を持ち、ヘラクレスが一つの首を切り落とすと、二つの首が生えてくる。人間不信の論もこのように働き、その一つを否定すると、二つの反論が現れる。ベニヤ説は殺してもすぐ生き返るゾンビなのだ。

第二に、人間の善性を擁護するのは、時の権力者に立ち向かうことを意味する。人間に対する明るい見方は、権力者にとってはまさに脅威であり、破壊的かつ扇動的だ。なぜならそれが意味するのは、彼らが支配する人々は制御・規制しなければならない利己的な獣ではない、ということだからだ。となれば、別の種類のリーダーシップが必要になる。従業員が真面目で熱心なら、管理職は不要だ。同様に、市民が積極的に参加する民主主義に政治家は不要なのだ。

第三に、人間の美徳を擁護すると、嘲笑の嵐にさらされることになる。無知だ、愚鈍《ぐどん》だ、と罵《のの》しられるだろう。あなたの理論はあらゆる弱点が容赦なく暴かれるだろう。基本的に、暗い見方をする方が簡単なのだ。人間の堕落を唱える悲観的な教授は、不幸な展開を好きなように予言できる。その予言はすぐには実現しなくても、待っていればじきに実現する。失敗は必ず起きるからだ。そうならなくても、自分の聡明な予言が最悪の事態を防いだのだ、と言えばいい。いずれにしても、不吉な予言は深遠に聞こえるものだ。

対照的に、希望を語る理由は常に暫定的だ。何も問題はない……今のところ。あなたはだまされていない……今のところ。理想主義者が生涯を通じて正しいことを語っても、世間知らずだと言われてしまう。本書の目的はこのような状況を変えることだ。なぜなら、今日、不合理で非現実的で不可能に思えるものでも、明日には必然になるかもしれないからだ。

新しい現実主義の時代が訪れた。今こそ、人間について新たな見方をするべき時だ。

第２章 本当の「蠅の王」

１ 少年たちの残虐さを描きノーベル文学賞に

本書を書き始めた時、語らなければならない物語が一つあることを、わたしは知っていた。舞台は、南太平洋の孤島だ。飛行機が不時着し、生き残ったのはイギリス人の少年たちだけだった。信じられないほどの幸運で、まるで冒険物語の中に入り込んだかのようだった。あるのは砂浜と貝殻と豊富な食料、そして果てしなく続く海だけだ。さらにうれしいことに、大人は一人もいない。

最初の日、少年たちはある種の民主主義体制を築いた。ラルフという少年がリーダーに選ばれた。スポーツが得意で、カリスマ性があり、ハンサムな彼は、まさに適役だった。ラルフの計画は単純で、⑴楽しむ　⑵生き延びる　⑶通過する船に気づいてもらえるよう、狼煙《のろし》をあげつづける、の三つだった。

一つ目の計画は成功した。しかし、後の二つはうまくいかない。大半の少年は、狼煙の火を守ることより、遊ぶことや食べることに関心があった。中でも赤毛の少年ジャックは、豚を狩ることに固執する。時がたつにつれて、ジャックと仲間は無謀になっていく。やがて一隻の船が近くを通り過ぎたが、彼らは狼煙《のろし》をあげるという任務をとっくに放棄していた。

「きみはあのルールを破ったんだな！」と、ラルフは怒って責めた。

ジャックは肩をすくめて言った。「知るもんか」

「あのルールは、ぼくたちが決めた唯一のルールなんだぞ！」

夜になると、少年たちは恐怖に囚われる。この島には恐ろしい獣が潜《ひそ》んでいると思っているからだ。しかし、実のところ、獣が潜んでいたのは彼らの心の中だった。やがて彼らは顔に泥を塗り、服を脱ぎ捨てる。さらには、人をつねったり、蹴ったり、噛《か》んだりしたいという衝動にとらわれる。

一人だけ冷静さを保っている少年がいる。ピギー（子豚）と呼ばれる太っちょの少年だ。ピギーは喘息《ぜんそく》もちで、眼鏡をかけていて、泳げない。ピギーの理性的な言葉を、誰も聞こうとしない。「ぼくたちは何？　人間？　動物？　それとも野蛮人？」とピギーは悲しげに自問する。

数週間が過ぎたある日、ついに英国海軍の船が来た。島は焼けてくすぶり、荒廃しきっていた。ピギーを含む三人の少年が亡くなっていた。「きみたちは英国の少年なのだから、もっと立派にやれたはずじゃないのか」と、海軍士官は少年たちを非難した。以前は品行方正だったリーダーのラルフは泣き出す。

「ラルフが泣くのは、純真さを失ったから、そして、人間の心の闇《やみ》を知ったからだろう」とわたしたちは思う。

これは、実話ではない。一九五一年に英国のウィリアム・ゴールディングが書いた小説だ。当時はまだ教師だったゴールディングは、ある日、妻に尋ねた。「無人島で暮らす少年たちの話を書いて、彼らがどんな行動をとるのかを描くというのは、良い考えだと思わないかい？」(注1)

その著書、『蝿《はえ》の王《おう》』は、数千万部を売り上げ、三〇を超す言語に翻訳され、二〇世紀の古典の一つとして称賛された。

振り返ってみると、同書が成功した理由は明白だ。ゴールディングには人間の暗部を描く並外れた能力があった。「最初は汚れのない状態でも、人間の本質が、それを汚すように強《し》いるのです」と、彼は編集者に送った最初の手紙に書いた。(注2)あるいは、彼が後に語ったように、「ミツバチが蜂蜜《はちみつ》を作るように、人間は悪を生み出す」(注3)。

言うまでもなく、ゴールディングは、五〇年代ならではの時代精神を背負っていた。当時の若い世代は、第二次世界大戦中の残虐行為について親世代に尋ねた。アウシュヴィッツは異常だったのか、それとも、わたしたち一人ひとりの中にナチスが潜んでいるのだろうか、と。

ゴールディングは『蝿の王』において、答えは後者だと示唆し、大ヒットを博した。影響力ある批評家のライオネル・トリリングは、同書は「文化の変異を刻んだ」と主張した。(注4)やがてゴールディングはノーベル文学賞を受賞した。スウェーデンのノーベル委員会はその理由として「現実的で明快な語り口と、神話の多様性と普遍性を兼ね備えた小説により、今日の世界の人間の状態を明らかにした」と述べた。

今日、『蝿の王』は「単なる」小説を超えたものとして読まれている。同書はフィクションで、他の小説と同じ書架に置かれているが、ゴールディングが描いた人間性ゆえに、ベニヤ説の教科書にもなっている。ゴールディングより前に、子どもについてこれほど現実的な本を書こうとした人はいない。『蝿の王』は、大草原の小さな家や、孤独な王子様に関する感傷的な物語ではなく――表面上は――、子どもとは現実にはどんなものであるかを辛辣《しんらつ》に描いた本なのだ。

2　実際に無人島に取り残された少年たちを探して

わたしが初めてこの本を読んだのは、一〇代の頃のことだった。読んだ後、心の中で何度もそのストーリーを振り返り、真実を教えられたように感じたことを覚えている。以来、人間性についてのゴールディングの考え方に疑問を抱いたことは一度もなかった。

しかし、何年も後に、その本をもう一度手に取った時、わたしは著者の人生を調べて、彼が非常に不幸な人間だったことを知った。彼はアルコール依存症で、抑うつ的で、自分の子どもを虐待した。「わたしはいつもナチスのことを理解していた」とゴールディングは告白している。「なぜなら、わたしもそういう性質だからだ」。そして、『蝿の王』を書いたのは「いくらかは、その悲しい自己認識からだった」[(注5)]。

ゴールディングは他の人に対して、ほとんど興味を持たなかった。彼の伝記作家が述べているように、知人たちの名前を正確につづろうとさえしなかった。「わたしにとっては、人に会うことより、大文字のＭから始まるＭＡＮ（人間）の本質を知ることの方が重要だった」とゴールディングは明かした[(注6)]。

そう知ってから、わたしは次のような疑問を抱くようになった。無人島に子どもたちしかいない時に、彼らがどう行動するかを、実際に調べた人はいないのだろうか。わたしはこのテーマに関する記事を書いた。その記事では、近年の科学的洞察と『蝿の王』を比較して、おそらく子どもたちは、あの小説に描かれたのとは異なる行動を取るだろう、と結論づけた[(注7)]。そして、「自らの裁量に任された子どもたちがあのような行動をとるという証拠は皆無だ」という、生物学者フランス・ドゥ・ヴァールの言葉を引用した[(注8)]。

記事を読んだ人々の反応は懐疑的だった。わたしが挙げた例はすべて、家にいる子ども、学校にいる子ども、サマーキャンプに参加している子どもに関するものだった。子どもだけが無人島に取り残されたらどうなるかという根本的な問いに、この子どもたちは答えてくれなかった。

こうして、わたしの現実の『蝿の王』探しが始まった。

もちろん、『蝿の王』が書かれた一九五〇年代でも、数か月間、子どもを未開地に放置するという実験に、どこかの大学が許可を出している可能性は低かった。しかし、どこかで偶然、そんなことが起きなかっただろうか。例えば、船が難破した後とか。

わたしはインターネットで検索を始めた。「子どもが難破した」「現実の『蝿の王』」「島にいる子どもたち」など、色々な言葉で調べてみた。最初にヒットしたのは、参加者を互いと戦わせるという、二〇〇八年に英国で製作された恐ろしいリアリティ番組だった。しかし、しばらくウェブ上を探し回った末に、無名の人がブログに載せた、興味深い話を見つけた。

「一九七七年のある日、六人の少年がトンガから釣り旅行に出かけた。……大きな嵐に遭い、船が難破して、少年たちは無人島にたどりついた。この小さな一団は何をしただろう？　けんかをしないと決めたのだ（注9）」

この記事には情報元が書かれていなかった。数時間探し続けた末、有名な無政府主義者コリン・ワードの『The Child in The Country（その国の子ども）』（一九八八年）という本に由来することがわかった。しかしそれも引用で、元々は、イタリアの政治家スザンナ・アニエッツリが国際的な委員会か何かに提出するためにまとめた報告書に書かれていたのだった。

希望を感じながら、その報告書を探し始めた。幸運にも、英国の古書店が一冊持っていることがわかった。二週間後、それが手元に届いた。パラパラとめくってみると、探していたものが九四ページに載っていた。

六人の少年が島で孤立。ストーリーも細部も表現も同じだったが、ここにも情報源は記されていなかった（注10）。

そうだ、スザンナ・アニエッツリを探せばいい、と思い当たった。直接、彼女に話の出所を聞けばいいのだ。もっとも、そううまくは運ばなかった。彼女は二〇〇九年に亡くなっていた。しかし、もし、この話が実話なら、一九七七年にそれに関する記事が書かれているはずだ。それに、もしかすると少年たちはまだ生きているかもしれない。そう考えて、あらゆるデータベースを調べたが、何も見つからなかった。

時として、必要なのはちょっとした幸運だけ、ということがある。ある日、新聞のアーカイブを調べていて、年代の数字を間違えて打ち込み、一九六〇年代に迷い込んだ。すると、そこに探していたものがあった。アニェッリの報告書に書かれていた一九七七年という年は、タイプミスだったのだ。

一九六六年一〇月六日付のオーストラリアの新聞、ジ・エイジの見出しが、目に飛び込んできた。「トンガの漂流者に関する日曜番組」というものだ。この記事は、三週間前にトンガの南にある岩がちな島で発見された六人の少年に関するものだった（トンガは太平洋に浮かぶ島群からなる国家で一九七〇年まで英国の保護領だった）。少年たちは、その島（アタ島）で一年以上孤立していたところを、オーストラリア人の船長に助けられた。記事によれば、船長は少年たちの冒険の再現番組を作るためにテレビ局の権利まで買ったそうだ。「少年たちのサバイバル・ストーリーは、歴史に残る偉大な海の物語の一つと見なされている」と、記事は結ばれている。

知りたいことが次々に浮かび上がった。少年たちは今も生きているのだろうか？　そのテレビ番組を見つけることはできるだろうか？　ありがたいことに、重要な手がかりがあった。

船長の名前はピーター・ワーナーだ。もしかしたら、彼はまだ生きているかもしれない！　しかし、そうだとしても、地球の反対側にいる年配の男性の居場所を、どうすれば見つけられるだろう。

船長の名前を検索すると、またもや思いがけない幸運に恵まれた。オーストラリアのマッカイで発行されている小規模な地方紙、デイリー・マーキュリーの最近の号に、「五〇年におよぶ絆で結ばれている友人」という見出しを見つけた。掲載されている小さな写真には、笑みを浮かべた二人の男性が写っている。一人が、もう一人の体に腕を回している。記事はこう始まる。「リズモーの近くのタレラにあるバナナ農園の奥に座るこの二人は、意外な組み合わせだ。どちらも目に笑みを浮かべ、年齢を感じさせないエネルギーにあふれている。年長の方は八三歳で、裕福な実業家の息子だ。若い方は六七歳で、文字通りの自然児である」(注11)

彼らの名前は？　ピーター・ワーナーとマノ・トタウ。二人が出会った場所は？　無人島。

3　少年たちを助けた船長の証言

九月のある朝、わたしは妻のマルティエを伴って出発した。オーストラリア東海岸の都市ブリスベンで車をレンタルし、緊張気味に運転席にすわった。緊張したのは、一つには運転免許をとるのに六回目の試験でようやく合格したという事実のせいだったかもしれない。加えて、母国オランダでは車は右側通行だが、オーストラリアは左側通行だ。しかし、他にも理由があった。これから「歴史に残る偉大な海の物語」の主役の一人に会いに行くのだ。

三時間ほど運転して、目的地に着いた。周囲に何もない、グーグルマップもお手上げといった僻地だった。しかし彼はそこにいた。未舗装の道路に面した、背の低い家の前に座っていた。五〇年前に行方不明になっていた六人の少年を助けた人物、ピーター・ワーナー船長だ。

本題に入る前に、ピーター・ワーナーについて知っておいてほしいことがいくつかある。なぜなら、彼の人生だけでも、映画にできるほどドラマティックだからだ。ピーターはアーサー・ワーナーの一番末の息子として生まれた。アーサーは、一九三〇年代にオーストラリアで最も裕福で影響力のあった人物で、エレクトロニック・インダストリーズという巨大企業を支配していた。同社は当時のオーストラリアのラジオ市場を独占していた。

ピーターは父の後を継ぐようにと育てられたが、一七歳の時に家を出た。冒険を求めて海に出たのだ。「人間と戦うより自然と戦うほうが好きだ」と、ピーターは後に語っている。(注12)

ピーターは、香港からストックホルムへ、北京からサンクトペテルブルグへと、七つの海を巡って過ごした。五年たってようやく家に戻ったこの放蕩息子は、スウェーデンの船長の免許状を誇らしげに父親に見せた。父親は感銘を受けるでもなく、もっと役にたつ資格を身につけなさい、と息子に命じた。

「何がいちばん簡単？」とピーターは尋ねた。

「会計士だ」とアーサーは嘘をついた。(注13)

ピーターはその資格を取るために五年間、夜学に通った。そして父親の会社で働き始めたが、依然として海の魅力には抗しがたく、逃げるチャンスがあれば必ずタスマニア島に渡った。そこに自分の漁船を持っていたのだ。一九六六年の冬、トンガを訪れたのは、この副業の漁のためだった。国王のタウファアハウ・トゥポウ四世に謁見し、その海にロブスターの罠を仕掛ける許可を得ようとしたが、残念ながら断られた。

気落ちしたピーターは、船でタスマニアに戻ることにした。しかし、途中で少し迂回して、トンガの領海の外で網を打った。この時、淡青色の海に浮かぶとても小さな島が、目にとまった。

アタ島である。

ピーターは、長年、その島を訪れた人はいないことを知っていた。昔はその島にも人が住んでいたが、一八六三年のある日、悲劇が起きた。水平線の向こうから奴隷船《どれいせん》がやってきて、島の住人を連れ去ったのだ。以来、アタは無人島になり、呪われ、忘れられた。

しかし、ピーターは奇妙なことに気づいた。双眼鏡で見ると、緑に覆われた崖の数カ所が焼けて、地面がのぞいているのだ。「熱帯地方で自然に火事が起きることはめったにない。だから、調べてみることにした」と、ピーターは半世紀後にわたしたちに語った。船が島の西端に近づくと、メインマスト上方の見張り台にいた船員が叫んだ。

「誰かが呼んでいます!」と。

「そんなばかな。海鳥の鳴き声だ」と、ピーターは怒鳴り返した。

しかし、その時、双眼鏡を通して、少年の姿が見えた。裸で、髪は肩まで伸びている。その野生児は、崖から海へ飛び込んだ。突然、他にも少年たちが現れ、大声で叫びながら後に続いた。

ピーターは船員に銃に弾をこめるよう命じた。危険な犯罪者を離島に送る、ポリネシアの習慣を思い出したからだ。間も無く、最初の少年が船にたどりついた。「ぼくの名前はスティーヴンです」と、彼は完璧な英語で叫んだ。「ぼくたちは六人で、この島に一五か月ほどいたと思います」

まさか、とピーターは疑った。しかし、船に乗り込んだ少年たちは、トンガの首都ヌクアロファにある英国の寄宿学校の生徒だと言い張った。学校の食事に飽きて、釣り船で海に出たところ、嵐に巻き込まれたのだ、という。

どうやら本当らしい、とピーターは思った。そこで、無線でヌクアロファに連絡を入れた。「船に六人の少年を乗せている」とピーターはオペレーターに言った。「彼らの名前を言うから、学校に電話して、そこの生徒かどうか調べてほしい」

「了解です」と返事があった。

二〇分が過ぎた。（そう語る時、ピーターの目は涙でうるんでいた）。

ついに返事があった。「オペレーターは泣き声だった。そしてこう言ったんだ。『あなたが見つけたんですね。彼らは死んだと思われていました。お葬式まで行ったのですから。本当にあの子たちなら、まさに奇跡です！』」

わたしはピーターに、『蝿の王』という本について聞いたことはあるかと尋ねた。

「ああ、読んだよ」と、ピーターは笑って言った。「だが、あれはまったく別の話だ！」

4　火を打ち、鶏舎、菜園、ジムもつくった

その後の数か月間、わたしは、アタ島という小さな島で起きたことをできるだけ正確に復元しようとした。ピーターの記憶力は素晴らしかった。九〇歳という高齢ながら、彼が語ったことはすべて、他の情報提供者の話と一致した。(注14)

彼に続いて最も多くの情報を提供してくれた人物は、ピーターの家から車で数時間のところに住んでいた。難破した当時一五歳だったマノ・トタウである。彼は七〇歳になろうとしていて、ピーターを親友と見なしていた。ピーターを訪ねた数日後、わたしと妻は、ブリスベンの真北にあるディセプション・ベイに向かった。マノは、そこで営んでいる修理工場で、わたしたちの訪問を待っていた。

マノが語ってくれた本当の『蠅の王』は、一九六五年の六月に始まった。

主人公は六人のティーンエイジャーで、全員がヌクアロファにある厳格なカトリックの寄宿学校、セント・アンドリュースの生徒だった。最年長は一六歳、最年少は一三歳だったが、共通点があった。それは、退屈している無分別な子どもだったことだ。彼らは宿題ではなく冒険に、学校ではなく海の暮らしにあこがれていた。

そういうわけで、彼らは逃げ出す計画を立てた。約五〇〇マイル離れたフィジー島か、あるいは、はるばるニュージーランドにまで。「他の生徒の多くも、この計画を知っていたが、誰もが冗談だと思っていた」と、マノは言った。

一つ問題があった。誰も船を持っていなかったのだ。そこで、自分たち全員が嫌っている漁師のタニエラ・ウヒラの帆船を「借りる」ことにした。

少年たちは、航海の準備に時間をかけたりはしなかった。バナナを二袋、ココナッツを数個、小さなガスバーナー。用意したのはそれだけだ。磁石はもちろんのこと、海図を持っていくことを思いつく子もいなかった。加えて、誰も、船の操縦に慣れていなかった。かろうじて操縦の仕方を知っていたのは、最年少のデーヴィッドだけだ。（本人によると、だから彼はこの冒険に誘われたのだ）。(注15)

旅の始まりは順調だった。その夜、小さな船が港から出ていくことに気づく人はいなかった。天気は良かった。穏やかな風が、穏やかな海にさざ波を立てていた。

しかし、少年たちは重大な過《あやま》ちを犯した。眠り込んでしまったのだ。数時間後、彼らは襲いかかる波の音で目を覚ました。真っ暗だった。見えるのは、渦巻き白く泡立つ波だけだ。帆を揚げたが、たちまち風に引き裂かれた。続いて舵が壊れた。「戻ったらタニエラに、あんたの船は持ち主とそっくりで、おいぼれで、気難しいなって言ってやる」と、一番年上のシオネがふざけて言った。(注16)

しかしその後数日の間は、冗談を言えるようなことはほとんど起きなかった。「わたしたちは八日間漂流しました。食料も水もなしに」と、マノは言った。彼らは魚を捕まえようとした。くりぬいたココナッツの殻《から》になんとか雨水を集めて、朝と夜に一口ずつ飲んで、平等に分けあった。シオネはガスバーナーで海水を沸かそうとしたが、お湯がひっくり返って足の広い部分にやけどを負った。

八日間、太平洋を漂流

六人の少年たちのアタ島までの船旅

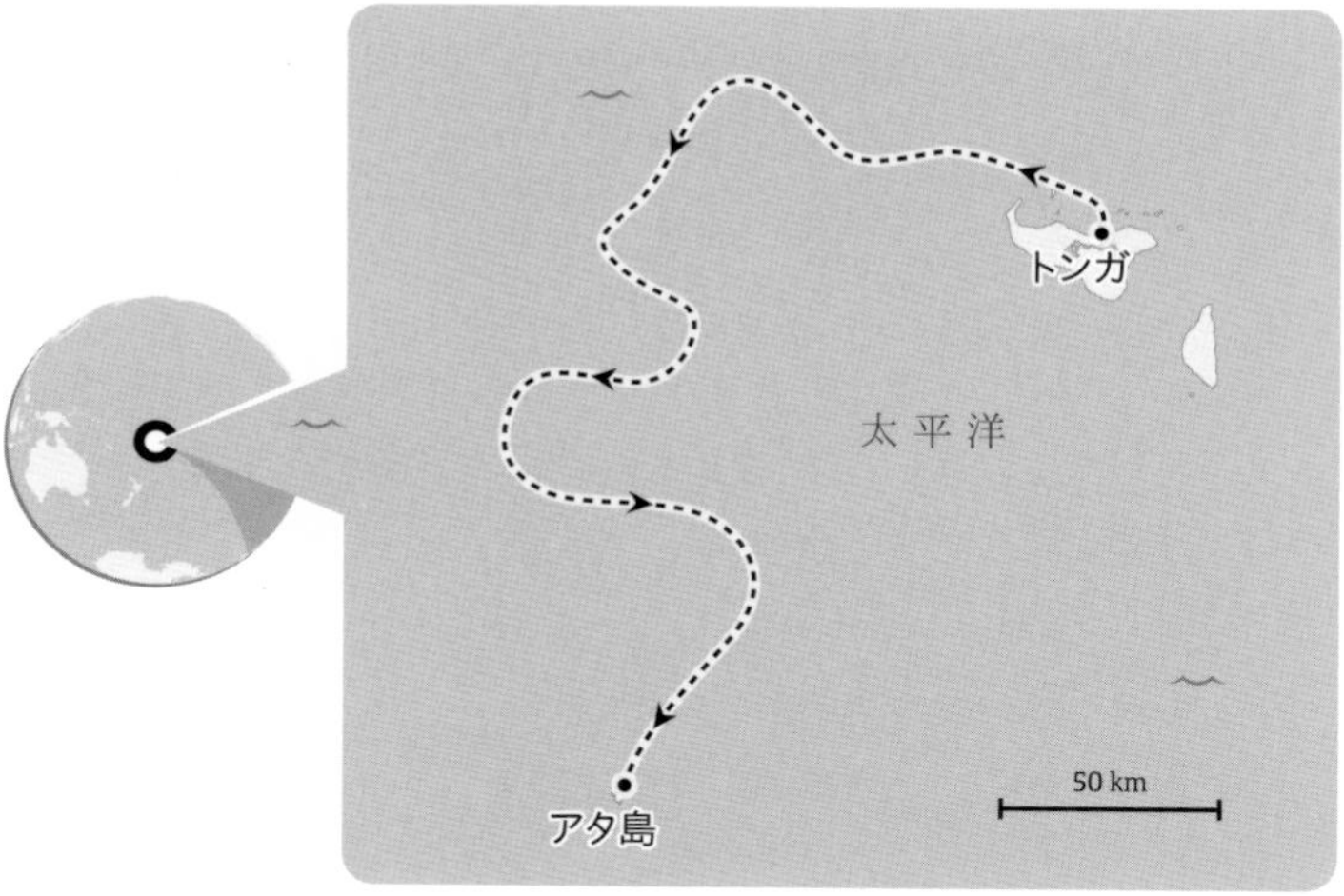

そして八日目、水平線上に奇跡を見つけた。陸地だ。正確には、小さな島だ。しかも揺れるヤシの木と砂浜がひろがる熱帯の楽園ではなく、海から突き出た巨大な岩の塊で、一番高いところは海面から三〇〇メートル以上あった。

現在では、アタ島は居住に適さないと考えられている。数年前にスペイン人の頑強な冒険家がそれを確認した。彼は酔狂なお金持ちのための難破船探索ツアーを計画していて、アタ島は拠点とするのによさそうだ、と考えた。そしてフィールドワークを行ったが、九日目にして、その計画をあきらめた。あの岩だらけの島に手を広げるつもりか、とジャーナリストに聞かれた時、彼はきっぱりと答えた。
「いいや。あの島はあまりにもタフだ」(注17)
しかし、少年たちにとってはそうでもなかった。ワーナー船長は回想録に書いている。
「わたしたちが上陸した時、少年たちは小さなコミュニティを作っていた。そこには菜園と、雨水をためるための、くりぬいた木の幹と、変わったダンベルのあるジムと、バドミントンのコートと、鶏舎があり、いつも火がたかれていた。すべて古いナイフを使って手作業で作ったもので、強い決意の賜物だった」(注18)
スティーヴン（彼は後にエンジニアになった）は、数え切れないほど失敗した後に、二本の棒を使って火を熾《おこ》すことに成功した。フィクションの『蝿の王』の少年たちは火を消してしまったが、現実の『蝿の王』の少年たちは、一年以上、火が消えないように管理した。
少年たちは二チームに分かれて働くことにして、庭仕事、食事のしたく、見張りのための当番表を作った。時には喧嘩も起きたが、時間をおくことで解決した。喧嘩をした少年たちはそれぞれ島の反対側に行って、怒りを鎮めた。そして「四時間くらい後に、彼らを連れ戻し『オーケー、さあ、互いに謝れよ』と言った。そうやって友情を保った」と、後にマノは回想する。(注19)
彼らの一日は歌と祈りで始まり、歌と祈りで終わった。コロという少年は、流木と半分に割ったココナッツの殻と、ぼろぼろになった自分たちの船から取ってきた六本の鋼線を使って、ギターを作り、それを弾いて仲間を励ました。このギターをピーターはその後ずっと保存していた。
確かに、彼らは励まされる必要があった。夏の間はほとんど雨が降らず、のどが渇いて気がふれそうになった。島を離れようと、いかだを作ったこともあったが、波にもまれてばらばらになった。[注20] 島全体が激しい嵐に襲われ、大木が彼らの小屋の上に倒れてきたこともあった。

最悪だったのは、ある日、スティーヴンが崖から滑り落ち、足の骨を折ったことだ。他の少年たちは崖の下までじわじわと降りていって、スティーヴンを助け上げた。そして棒と葉でスティーヴンの足を固定した。「心配するなよ」とシオネがふざけて言った。「きみがタウファアハウ・トゥポウ王みたいにそこで横になっている間、ぼくたちがきみの仕事をするから！[注21]」

少年たちはついに、一九六六年九月一一日の日曜日に救出された。

健康状態はこれ以上ないほど良かった。後に彼らの身体を調べた地元の医師、ポセシ・フオヌアは、少年たちの筋肉のついた身体と、スティーヴンの完璧に治っている足を見て驚いた。

しかし、少年たちの小さな冒険は終わっていなかった。ピーターの船がヌクアロファに戻ると、警官が待ち受けていた。行方不明だった六人の少年の帰還を歓迎するためだとあなたは思うかもしれないが、そうではなかった。それどころか、船に乗り込み、少年たちを逮捕し、投獄したのだ。一年三か月前に少年たちに帆船を「借りられた」タニエラ・ウヒラの怒りはおさまっておらず、少年たちを起訴するつもりだった。

少年たちにとって幸運なことに、ピーターがある計画を思いついた。この難破の話はハリウッド的な映画に最適のネタだと考えたのだ。六人の少年が島に孤立……これは、人々が何年も語り継ぐような話だ。加えてピーターは、父親の会社の会計と映画の権利を仕切っていたし、テレビ業界には知り合いがいた。(注22)

ピーターはどうすればいいかをよく知っていた。まず、トンガからシドニーのテレビ局、チャンネル７の経営者に電話をかけた。「おたくにはオーストラリアでの上映権をあげます。こちらには世界での上映権をください。そうすれば、少年たちを刑務所から出して、撮影班と一緒に島へ行かせることができます」とピーターは言った。続いて彼は、ウヒラ氏に会いに行き、古い船の代金として一五〇ポンドを支払った。そして映画に協力することを条件として、少年たちを監獄から救い出した。

数日後、チャンネル７のクルーが、古ぼけたＤＣ３でやってきた。当時、オーストラリアとトンガの間を週に一度だけ飛んでいた飛行機だ。わたしと妻にその時のことを話しながら、ピーターは笑みを浮かべた。「飛行機でやってきたのは、いかにもテレビ業界の人らしい三人の男性で、都会風のスーツを着て、先のとがった靴を履いていたよ」

一行が六人の少年とともにアタ島に到着した頃には、チャンネル７のクルーは船酔いで真っ青になっていた。さらに悪いことに、彼らは泳げなかった。「心配いりませんよ。少年たちが助けてくれますから」と、ピーターは彼らに言った。

ピーターは震えている男たちをボートに乗せて、島の近くまで運んだ。「ボートで行けるのはここまでです」

五〇年後になっても、その時のことを思い出して、ピーターは目に涙を浮かべる——もっとも、今度は笑いすぎて、である。「そういうわけで、舟から下ろしたら、テレビ局のクルーは沈み始めた。少年たちが海に飛び込んで彼らを助け、岩場に引っ張り上げた」

続いて、一団は崖をよじ登らなければならなかった。それで一日が終わった。崖の上にたどり着くと、テレビ局のクルーは疲労のあまり、倒れこんだ。案の定、アタ島のドキュメンタリーは失敗に終わった。撮影がお粗末だっただけでなく、一六ミリフィルムの大半が失われ、合わせてもほんの三〇分にしかならなかったのだ。「正確には、二〇分とコマーシャルだ」と、ピーターは訂正した。

当然ながら、わたしは、チャンネル7が作ったドキュメンタリーのことを聞くと、すぐそれを見たくなった。ピーターのところにはなかったので、オランダに戻ってから、古い録画テープの捜索と復元を専門とする会社に依頼した。調べてくれたが、テープは見つからなかった。

しかし、ピーターの口利きで、独立系の映画製作者、スティーヴ・ボウマンと連絡をとることができた。スティーヴは少年たちの物語はもっと注目されるべきだと考えていて、二〇〇六年に「元少年たち」を訪ねた。その時に製作したドキュメンタリーは、配給業者が破産したせいで放送されなかったが、彼は未編集のインタビュー・フィルムを持っていた。親切にも彼は、それを提供してくれた。さらに、少年の中で最年長だったシオネを紹介してくれた。そしてその時になって、チャンネル7が撮影した一六ミリフィルムの、唯一現存するコピーを自分が持っていることを明かした。

「見せてもらえますか？」と、わたしは尋ねた。

「もちろんです」と、彼は答えた。

こうしてわたしは、難破した六人の少年の物語を、無名の人のブログで偶然見つけた数か月後に、ラップトップコンピュータで、一九六六年に撮影された映像を見ることになったのだ。「ぼくはシオネ・ファタウア」と、それは始まった。「セント・アンドリュース高校の五人のクラスメートと共に、一九六五年六月にこの島に流れ着きました」


少年たちがトンガの家族のもとに戻った時の様子は、歓喜に満ちていた。人口九〇〇人のハアフェバ島のほとんどの人が、少年たちの生還を大いに喜んだことがわかる。「一つのパーティが終わると、すぐ次のパーティの準備が始まった」とナレーションが入った。

ピーターは国民的英雄と見なされ、讃えられた。間もなく、国王のタウファアハウ・トゥポウ四世から招待され、二度目となる謁見の機会を得た。「六名の国民を救出してくれたことを感謝する」と国王は言われた。「ところで、きみのためにできることはないだろうか？」

ピーターに長く考える必要はなかった。「ございます。わたしはトンガの海にロブスターをとらえる罠を仕掛けて、この国でビジネスを始めたいのです」

今回、国王は承諾した。ピーターはシドニーに戻り、父の会社を辞め、新しい船を注文した。そして、六人の少年を呼び集めて、すべての始まりになるものを与えた。トンガの外の世界を見る機会だ。ピーターはシオネ、スティーヴン、コロ、デーヴィッド、ルーク、マノを自分の新しい船の乗組員として雇ったのである。

船の名前は？　アタ号だ。

5　物語が持つ危険な側面

これが現実の『蠅の王』である。

それは実に心温まる物語だった。ベストセラー本やブロードウェイの芝居や大ヒットの映画の題材になるものだ。

一方で、それは誰も知らない物語でもあった。アタ島の少年たちのことは、今日ではほとんど忘れられたが、ウィリアム・ゴールディングの本は今も広く読まれている。ゴールディングにその自覚はないが、メディア史の研究者は彼を、現代のテレビで最も人気のあるジャンルの創始者と考えている。それはリアリティ番組だ。

『ビッグ・ブラザー』から『テンプテーション・アイランド』まで、いわゆるリアリティ番組が前提としているのは、人間は好き勝手にさせると獣のようにふるまう、というものだ。「わたしは『蠅の王』を何度も何度も読みました」と、人気連続番組『サバイバー』の製作者はインタビューで語った。「最初に読んだのは一二歳の頃で、二〇歳と三〇歳の頃に再読し、この番組を作るようになってからも読みました（注23）」

このジャンルの始まりとなった番組は、ＭＴＶ（ミュージックテレビジョン）の『リアルワールド』だ。この番組は一九九二年に放送が始まった。毎回、放送の初めに出演者の一人が、こう言う。「これは七人の見知らぬ人間に現実に起きた話です……。人々が礼儀を捨てて、現実的に振る舞うようになると何が起きるか、ご覧ください」

嘘をつく、騙《だま》す、挑発する、敵対する、といった行動こそが「現実的に振る舞う」ことだと、各エピソードはわたしたちに信じさせる。しかし、このような番組の舞台裏をじっくり調べてみると、驚くような方法で、出演者たちがけしかけられ、挑発され、互いと争うように導かれていることがわかる。それが語るのは、人間の最悪の部分を引き出すには、いかに多くの小細工が必要か、ということだ。

別のアメリカのリアリティ番組、『キッド・ネイション』は、四〇人の子どもをニューメキシコのゴーストタウンに送り込み、激しい喧嘩が起きることを期待した。だが、そうはならなかった。「テレビ局の人から見れば、ぼくたちは仲が良すぎたのです。そこで、ぼくらを喧嘩させるために、大人たちはいろいろ工夫しました」と、出演した子どもの一人は後に語った。(注24)

だからどうしたというのか、とあなたは言うかもしれない。しょせん、あれは娯楽にすぎないと、誰でもわかっているはずだ、と。

だが、物語は物語にすぎない、ということはめったにない。物語はノセボにもなるのだ。心理学者のブライアン・ギブソンは最近の研究で、『蝿の王』タイプのテレビ番組を見ると、人はより攻撃的になり得ることを明らかにした。(注25) 実のところ、子どもの頃に暴力的な映像を多く見たことと、大人になってからの攻撃性との相関は、アスベストとがん、あるいはカル

シウム摂取量と骨量との相関より強いのである。(注26)

冷笑的《シニカル》な物語は、わたしたちの世界観にも大いに影響する。英国で行われた別の研究により、リアリティ番組を多く見る少女は、いじわると嘘をつくことは人生で成功するために必要だ、と答えがちであることがわかった。(注27) メディアサイエンティストのジョージ・ガーブナーが要約しているように、「文化に関する物語は、確かに人間の行動に影響する」のだ。(注28)

これまでとは異なる物語を語るべき時だ。

真の『蠅の王』は友情と誠実さの物語であり、互いに支えあうことで、人間は非常に強くなれることを語っている。確かに、それは一つの物語に過ぎない。だが、もし『蠅の王』を数百万人のティーンエイジャーの必読書にするのであれば、現実の子どもたちが無人島に流れ着いた時のことも、語り聞かそうではないか。「わたしはこのサバイバルストーリーを社会科の授業で使いました」と、トンガのセント・アンドリュース高校であの少年たちを教えていた教師の一人が後に語った。「生徒たちはその話に夢中になりました」(注29)

その後、ピーターとマノはどうなっただろう？　あなたがリズモーの近くにあるタレラのバナナ農園に行けば、彼らに会うかもしれない。お互いの肩に腕を回してジョークを言い合っている二人の年老いた男だ。一方は大実業家の息子で、もう一方は普通の家庭の息子だった。彼らは生涯を通じての親友だ。

わたしの妻がピーターの写真を撮った後、彼は戸棚へ行って、少しの間、何かを探していたが、やがて重い紙の束を取り出し、わたしに手渡した。回想録だ。子や孫のために書いたのだ、とピーターは言った。

マノ・トタウ　2017年9月。
©Maartje ter Horst

ピーター・ワーナー　2017年9月。
©Maartje ter Horst

最初のページを見た。「人生はわたしに多くのことを教えてくれた」とそれは始まる。「その一つは、常に人の良い面、明るい面を見るようにすべきだ、ということだ」

Part1

自然の状態

THE STATE OF NATURE

ホッブズの性悪説vsルソーの性善説

「人間は、いつの時代も、どこの場所でも、非常に似ている。したがって、この点に関して歴史は新しいことや予想外のことを語らない。歴史の最も良い利用法は、不変で世界共通の、人間の本性を見つけることだ」

デイヴィッド・ヒューム（1711-1776）

アタ島の六人の男の子の心温まる物語は、例外的なものだろうか。それとも深遠な真実を語っているのだろうか。他に例のない逸話だろうか。それとも人間の本性を描いているのだろうか。

言い換えるなら、わたしたち人間は、基本的に善良なのだろうか、それとも邪悪なのだろうか。

これは、何百年にもわたって哲学者が取り組んできた問いだ。英国の哲学者トマス・ホッブズ（一五八八～一六七九）が一六五一年に出版し、大いに物議をかもした『リヴァイアサン』について考えてみよう。ホッブズは糾弾され、非難され、酷評されたが、彼の名前は今日でもよく知られ、一方、彼を批判した人々の名前はとうの昔に忘れられた。わたしが持っている『The Oxford History of Western Philosophy（オックスフォード西洋哲学史）』にも、『リヴァイアサン』は「これまでに書かれた中で、最も偉大な政治哲学書」と記されている。

あるいは、フランスの哲学者、ジャン＝ジャック・ルソー（一七一二～一七七八）はどうだろう。ルソーは、一連の著作のせいで、ホッブズ以上の窮地に陥った。非難され、著作は燃やされ、彼に対して逮捕状が出された。しかし、ルソーもまた現在では賞賛され、彼を迫害した人々の名前は忘れられた。

この二人は、一度も会ったことがなかった。ルソーが生まれたのは、ホッブズが亡くなった三三年後だ。しかし彼らは、哲学のリング上で戦い続けてきた。一方のコーナーにいるホッブズは悲観論者で、人間の本性は邪悪だと主張し、社会契約に基づく国家（civil society）だけが、人間を卑しい本能から救える、と断言した。もう一方のコーナーにいるルソーは、人間の本性は善良であり、「文明」は人間を救済するどころか破壊する、と語った。

仮にあなたがこの二人の名前を聞いたことがなかったとしても、彼らの正反対の見方は、この社会の最も深い分裂の源になっている。これほど強く広範に影響した議論を、わたしは他に知らない。選ぶべきは、厳しい処罰か、手厚い福祉か。少年感化院か、芸術学校か。トップダウンの経営か、権限を持つチームか。一家の稼ぎ手としての父親か、育児に熱心なパパか。あなたが思いつくほぼすべての議論が、元をたどればホッブズとルソーの対立にさかのぼる。

トマス・ホッブズから見ていこう。ホッブズは、自分のことを本当に知りたいのであれば、祖先の暮らしぶりを理解しなければならないと論じた最初の哲学者の一人だ。五万年ほど時をさかのぼったとしよう。狩猟と採集の時代に、わたしたちはどのように互いと関わっただろう。法律も裁判所も刑務所も存在せず、裁判官も警官もいない時代に、どのように行動しただろう。

ホッブズはその答えを知っていた。「自らの心を読みなさい」と、彼は書いている。自分の恐怖や感情を分析すれば、「同様の状況で、他の人々が何を考え、どう感じるかがわかるだろう」。

ホッブズが自らそうして出した答えは、実に希望のないものだった。

彼はこう書いた。――遠い昔、わたしたちは自由だった。好きなことは何でもできたが、その結果は恐ろしいものだった。自然状態における人間の生活は、「孤独で、哀れで、おぞましく、野蛮で、短い」ものだった。彼は理由を説明する。――なぜなら、人間は恐怖によって動かされるからだ。他者への恐怖。死への恐怖。人間は安全を切望し、「永続的で止むことのない、力への欲求に翻弄される。その欲求は死ぬまで続く」。

その結果は？　ホッブズによれば、「万人の万人に対する闘争」、ラテン語で言えば、**Bellum omnium in omnes** である。

だが、心配しなくていい、とホッブズは直ちに保証する。混乱を抑制し、平和な社会を築くことは可能だ。わたしたち全員が、自由を放棄すればよいのだ。すなわち、体と心を、ただ一人の君主に委ねるのである。ホッブズはこの独裁者を、聖書に登場する海の怪獣にちなんで「リヴァイアサン」と名づけた。

ホッブズの考え方は、ある主張に哲学的論拠を提供した。その主張は、後世の指導者、独裁者、統治者、将軍が、数千回、いや、数百万回も繰り返すことになる。

「わたしに権力を与えなさい、さもなければすべてを失うことになる」と。

『リヴァイアサン』の刊行からおよそ一〇〇年後のある日、無名の音楽家だったジャン＝ジャック・ルソーは、パリ郊外のバンセンヌの牢獄に向かって歩いていた。友人の哲学者、ドゥニ・ディドロに面会するためだ。ディドロは、大臣の愛人を揶揄《やゆ》したせいで投獄されていた。

その途上でのことだった。ルソーは木陰で一休みし、文芸誌「メルキュール・ド・フランス」の最新号をパラパラとめくっていて、人生を変えることになる広告に目をとめた。ディジョン科学・芸術・文学アカデミーによる、懸賞《けんしょう》論文の募集広告で、次の問いに答えることを求めていた。

「科学や芸術の復興は、習俗《モラル》を腐敗させたか、純化させたか？」

ルソーはすぐ答えを悟った。「一瞬にして、わたしには別の世界が見え、わたしは別の人間になった」と、後にルソーは書いている。「文明社会（市民社会《シビルソサエティ》）はありがたいものではなく、災いであることにわたしは気づいた」。罪のない友人が投獄されている場所へ向かいながら彼は、「人は本来、善良だが、このような社会制度のせいで邪悪になるのだ」と思い至った。

ルソーが送った論文は、最優秀に選ばれた。

続く数年間で、ルソーはその時代の主要な哲学者の一人になった。今でもルソーの作品は一読の価値がある。彼は偉大な思想家であるだけでなく、才能ある著述家でもある。私有財産の発明について述べた痛烈な一節をご紹介しよう。

杭や溝で、ある土地に囲いをして、「これは俺のものだ」と言うことを思いつき、人々がそれを信じるほどおめでたいことに気づいた人こそ、文明社会の真の創設者だった。杭を引き抜き、あるいは溝を埋めながら、「こんなペテン師の言うことを聞くんじゃない。大地の恵みは万人のものであり、大地は誰のものでもない。それを忘れたら、あなたたちは破滅する」と同胞に向かって叫ぶ人がいたら、どれほど多くの犯罪や戦争、殺人、不幸、恐怖を、避けることができただろう。

呪われた文明社会が誕生して以来、物事は間違った方向に進み始めた、とルソーは主張する。農業、都市化、国家――それらは人間を混沌から救い出すどころか、人間を奴隷にし、破滅へと向かわせた。書物と印刷技術が事態をますます悪化させた。「活版印刷のせいで、ホッブズの危険な夢想は……永久に残るだろう」とルソーは書いた。

官僚や王が生まれる前、すべてはもっと良い状態だったとルソーは主張する。「自然状態」でいたころ、人間は思いやりのある生き物だった。しかし、現代の人間は冷笑的で利己的だ。かつての人間は健康的で強かった。しかし、現代の人間は怠惰で弱い。文明は一つの巨大な間違いであり、わたしたちは自らの自由を浪費してはいけない。

ルソーの考えは、ある主張に哲学的論拠を提供した。その主張は、後世の無政府主義者、政治運動家、自由人、扇動家が、数千回、いや、数百万回も繰り返すことになる。「わたしたちに自由を与えよ。さもなければ、すべてを失うことになる」と。

今、その三〇〇年後の世界にわたしたちはいる。

この二人に並ぶほど、わたしたちの政治、教育、世界観に重大な影響を及ぼした哲学者はほとんどいない。経済学は、人間を理性的で利己的な個人とみなすホッブズの考えを前提としている。かたやルソーは、教育の分野に大きな影響を及ぼしてきた。子どもは束縛されず、のびのびと成長するべきだという当時としては革命的な信念を、ルソーは社会に浸透させた。

今なお、ホッブズとルソーの影響は驚異的だ。保守主義、進歩主義、現実主義、理想主義、以上すべてのグループの起源を遡れば、ホッブズかルソーに行き着く。理想主義者がより多くの自由と平等を提唱するたび、ルソーは満足げに微笑む。一方、そんなことをしたらより多くの暴力を招くだけだと皮肉屋が嘆くたびに、ホッブズが力強くうなずく。

この二人の著作は軽く読めるものではない。特にルソーの著作には解釈の余地が多く残されている。しかし、今日では、彼らの主張の核心を検証できるようになった。ホッブズとルソーは理論を述べただけだったが、わたしたちには数十年分の科学的証拠があるのだ。

パート1では、次の問いを検討しよう。どちらの哲学者が正しかったのか。ホッブズが言う通り「自然状態」が終わったことに、わたしたちは感謝すべきだろうか。それとも、ルソーが述べた通り、かつての人間は野蛮ではあっても、高潔だったのだろうか。

この答えによって多くのことが決まる。

第３章 ホモ・パピーの台頭

1 ダーウィンの進化論、ドーキンスの利己的な遺伝子

人類について最初に理解すべきことの一つは、進化的に見れば、わたしたちはほんの赤ん坊だということだ。つまり人間は、種として誕生したばかりなのだ。地球上の生物の四〇億年におよぶ歴史を、一年に置き換えてみよう。一〇月中旬まで、バクテリアが地球を占領していた。一一月になってようやく、わたしたちが知る生物が現れた。脳と骨をもつ動物や、蕾《つぼみ》と枝をもつ植物だ。

そして人類は？　わたしたちが登場したのは一二月三一日の午後一一時ごろだ。その後の約一時間を、狩猟採集民としてすごし、午後一一時五八分にようやく農業を発明した。ピラミッドと城、騎士と貴婦人、蒸気機関とロケットなど、わたしたちが「歴史」と呼ぶことの

すべては、午前〇時直前の、六〇秒間に起きた。

その短い間に、ホモ・サピエンスは極寒のツンドラから酷暑の砂漠まで、地球全体を征服した。さらには、地球を飛び出し、月に降り立つ最初の種になった。

だが、なぜ、それは人間だったのだろう。最初の宇宙飛行士は、なぜバナナではなかったのか。なぜ、ウシ、あるいは、チンパンジーではなかったのか。

ばかげた疑問のように思えるかもしれないが、人間とバナナは、DNAの六〇パーセントが同じで、人間とウシは八〇パーセントが同じだ。そしてチンパンジーとは、九九パーセントが同じなのだ。牛が人間の乳を搾るのではなく、人間が牛の乳を搾り、チンパンジーが人間を檻に入れるのではなく、人間がチンパンジーを檻に入れるという状況は、決して当たり前の成り行きではなかった。一パーセントの違いが、なぜこれほどの差をもたらしたのだろう。


長い間、わたしたちは自らの特権的地位を、神の計画の一部だと考えてきた。人類は他のどの生物よりも優れていて、賢く、まさっていて、神の創造物の頂点に立っている、と。

だが、ちょっと想像してみよう。一〇〇〇万年前に（あのカレンダーでは一二月三〇日頃）、宇宙人が地球にやってきたとして、彼らはホモ・サピエンスの台頭を予測できただろうか。それは無理だ。ホモ属はまだ存在しなかった。地球はまだ、文字通りサルの惑星で、もちろん、誰も都市を築いたり、本を書いたり、ロケットを打ち上げたりしていなかった。

不愉快な真実は、自分たちは特別だと考えているわたしたちも、進化と呼ばれる、無目的なプロセスの産物にすぎないことだ。人間は、霊長類と呼ばれる、大半が毛に覆われた騒々

40億年の生命の歴史
1年分のカレンダーとして表示

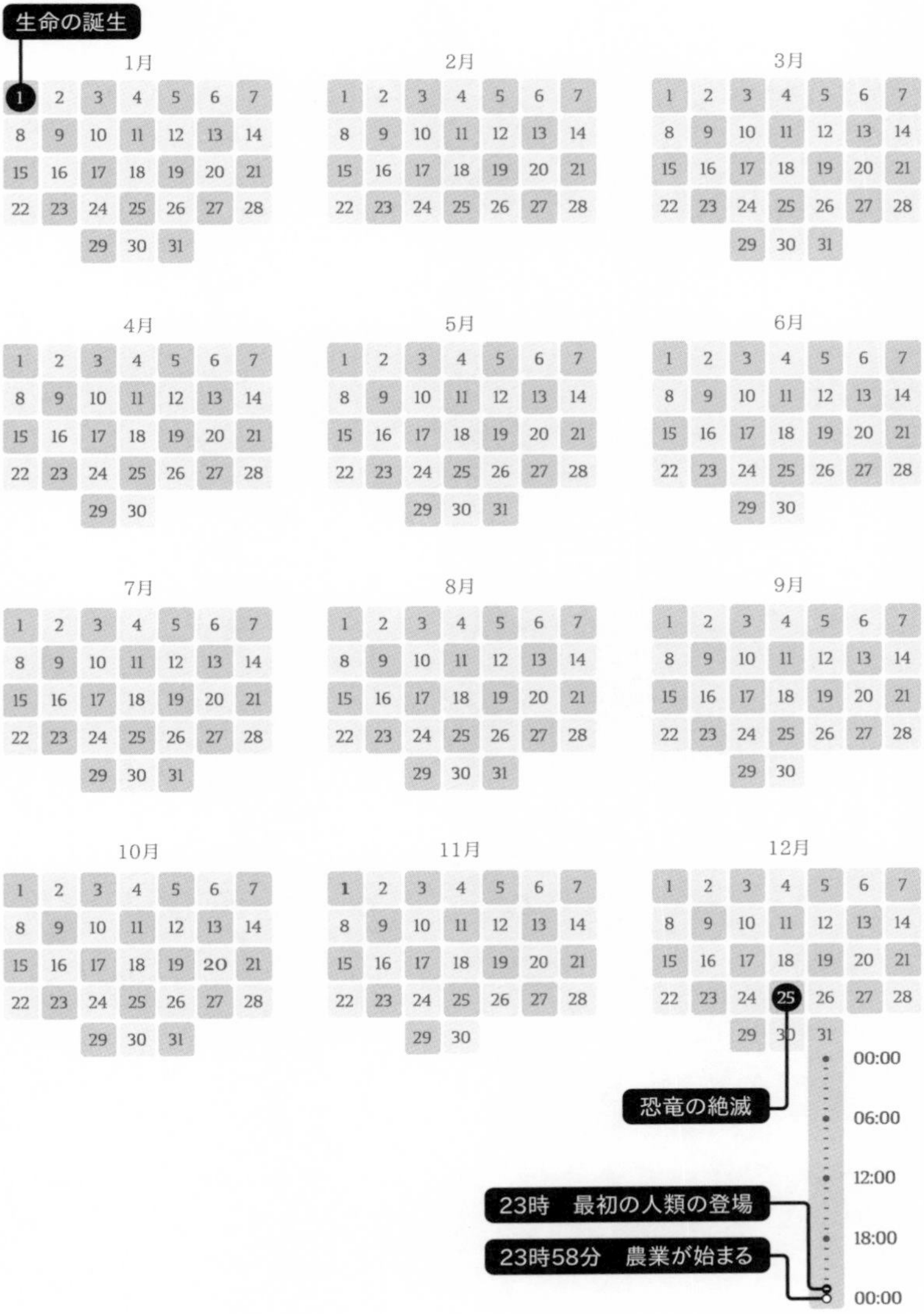

しい動物のグループに属する。真夜中の一〇分前まで、ホミニンには他の仲間もいた。（注1）しかし、不思議なことに、彼らは消えてしまった。

進化の重要性を初めて理解した時のことは、はっきりと覚えている。当時、一九歳だったわたしは、チャールズ・ダーウィンに関する講義をアイポッドで聞いた。その後の一週間、わたしは落ち込んだ。ダーウィンについては子どもの頃に学んでいたが、通っていたキリスト教系の学校では、生物学の教師は進化論を単なる奇抜な理論の一つとして教えたのだ。そうではないことを、この時に知ったのだった。

進化の基本的な要因ははっきりしている。必要なのは、以下である。

多くの受難。
多くの苦闘。
多くの時間。

要するに、進化とはこういうことだ。動物は過剰な数の子どもを産む。その中で、（毛が多かったり、カモフラージュがうまかったりして）環境への適応が他の子どもより少々うまい子は、生き延びる可能性が少々高く、自らの子を残す可能性も、少々高い。死ぬまで続く仲間どうしの競争を想像してみよう。数十億の生物が生存をかけて競い合い、大半は、子孫にバトンをつなげられないまま死んでいく。この競争を十分な期間、例えば、四〇億年間つづけると、親と子の間のごくわずかな違いが枝となって成長し、やがて巨大で多様な生命の木が誕生する。

それだけのことだ。シンプルだが、すばらしい。

生物学者のダーウィンは、若い頃は聖職者を目指していたが、自然の残酷さと聖書に語られる天地創造との不調和が、最終的に彼の信仰心を打ち砕いた。寄生バチについて考えてみよう、とダーウィンは書いている。このハチは生きているイモムシの中に卵を産む。孵化した幼虫はイモムシを中から食べ始め、緩慢でおぞましい死をもたらす。

いかなる病んだ心が、このようなことを考えつくだろう？

誰でもない。そこに全知の神は存在せず、壮大な計画もない。苦痛と苦難と苦闘の背景に神の意思などなく、それらは進化の原動力にすぎないのだ。持論の発表を先延ばしにしていたダーウィンを、責めることができるだろうか？　ダーウィンは友人にあてた手紙の中で、この仮説を発表するのは「殺人を告白するようなものだ」と書いている。(注２)

ダーウィンの時代から、進化論は少しも明るいものになっていない。一九七六年に、英国の生物学者リチャード・ドーキンスは、遺伝子が進化に果たす役割を述べた自らの最高傑作、『利己的な遺伝子』を出版した。それを読むと、わたしは気が滅入ってくる。自然にまかせておけば、世界はより良いものになるのだろうか。ドーキンスの答えははっきりしている。そんなことを期待してはいけない。「わたしたちは利己的に生まれついているのだから、寛大さと利他主義を教えることを試みようではないか」(注３)

『利己的な遺伝子』出版の四〇年後、英国人はその本を、かつて出版された科学書の中で最も影響力のある本として認めた。(注４)しかし、同書を読み終えると、ほとんどの人は寒々とした気持ちになった。「この本は人間の本性を、恐ろしいほど悲観的に捉えている……。しかしわたしは、反論するための根拠を示すことができない。読まなければよかった」と、ある人は書いている。(注5)

そしてここに、この延々と続く残忍なプロセスの産物として、ホモ・サピエンスのわたしたちがいる。九九・九パーセントの種が絶滅したというのに、わたしたちは今なお頑張っている。わたしたちは地球を征服した。そして、次は天の川銀河を征服するかもしれない。

だが、なぜわたしたちなのか?

それは、人間の遺伝子が全ての生物の遺伝子の中で一番利己的だからだと、あなたは思うかもしれない。わたしたちは強く、賢く、ケチで、意地悪だから生き残ったのだ、と。だが本当にそうだろうか。実のところ、人間は特に強いわけではない。チンパンジーは人間を楽々殴り倒すことができる。雄牛は鋭い角で人間をたやすく突き刺すことができる。生まれた時の人間は無力で、その後も、か弱く、のろまで、さっさと木の上に逃げることもできない。

では、人間は賢いから生き延びたのだろうか。あなたはそう思うかもしれない。ホモ・サピエンスは大きな脳をもっていて、それは北極に作ったサウナ並みに大量のエネルギーを消費する。重さは体重の二パーセントしかないが、わたしたちが消費するカロリーの二〇パーセントを脳は消費する。(注6)

だが、人間は本当にそれほど賢いのだろうか。わたしたちは難しい計算をしたり、美しい絵を描いたりするが、たいていはその技術を誰かから学んでいる。例えば、わたしは一〇まで数えることができる。すばらしいことだ。だが、そうした数え方を一人で考え出せるとは思えない。

科学者たちは長年にわたって、生まれつき最も賢いのはどの動物か、という謎を解こうとしてきた。その標準的な方法は、人間の知能をオランウータンやチンパンジーなど、他の霊長類の知能と比べることだ（一般に、人間の被験者は幼児である。なぜなら、幼児は多くを学ぶほど長く生きていないからだ）。好例は、ドイツの研究チームが作成した三八問からなる一連のテストで、空間認識、計算、因果性認識について評価する。(注7) 次ページのグラフは、その結果だ。

ご覧の通り、幼児の点数は、動物園にいる動物の点数と変わらない。それどころか、人間の作業記憶と情報処理速度——伝統的に、人間の知性の核心と見なされてきた能力——は、どちらもトップでないことが明らかになった。

それを示したのは日本の研究者たちだ。彼らは、人間の大人とチンパンジーの記憶力を比較するテストを開発した。被験者の前のスクリーンには、一から九までの数字が、異なる場所にいっぺんに映し出される。その後（常に一秒未満）、数字は白い四角に変わる。記憶を頼りに、小さい数字から大きい数字へと順番に白い四角にタッチするのが課題だ。（参加するチンパンジーは、一から九までの数字の順番を学習している）。

最初は人間チームがチンパンジーチームに勝ったように見えた。しかし、問題を難しくすると（数字がより早く白い四角に変わる）、チンパンジーが人間を追い抜いた。被験者の中

人間は本当に賢いか？

３つの知能テストの得点

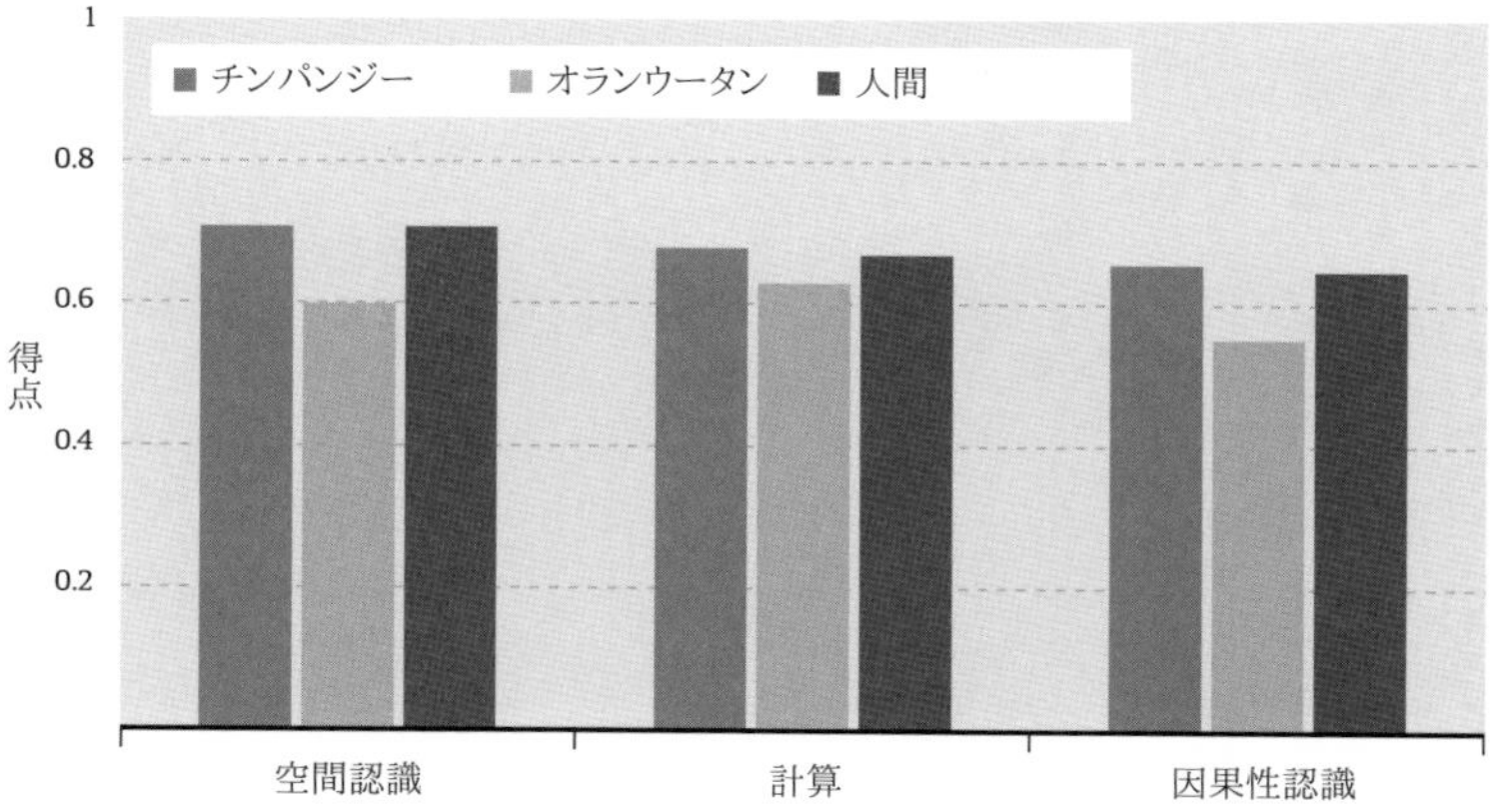

で最も成績が良かったのはアユムで、一番反応が早く、一番ミスが少なかった。(注8) アユムはチンパンジーだ。つまり、生の脳力で比べると、人間は毛の生えた親戚より優れているわけではないのである。では、わたしたちはこの大きな脳を何のために使っているのだろう。

　もしかすると、脳は人間をより狡猾にしているのかもしれない。これは、イタリアのルネサンス期の哲学者ニッコロ・マキャヴェッリにちなんで名づけられた「マキャヴェッリ的知性仮説」の核心である。マキャヴェッリは支配者のための手引書、『君主論』（一五一三年）を書いた。その中で彼は、権力を維持するには、嘘や欺瞞《ぎまん》の網を張らなければならない、とアドバイスする。マキャヴェッリ的知性仮説の支持者によると、それこそが数百万年にわたって、人間がやってきたことなのだ。すなわち、知恵を絞って互いを騙しあってきたのである。そして、嘘をつくことは、正直でいるより多くのエネルギーを必要とするので、人間の脳は、米ソ冷戦時代に備蓄された核兵器のように膨張した。この知的な軍拡競争から生み出されたのが、現人類のスーパー頭脳だ、と彼らは説明する。

もし、この説が真実なら、人間は相手を騙すゲームなら他の霊長類に簡単に勝てるはずだと、あなたは思うだろう。ところが、そうはいかない。多くの研究から、こうしたテストでもチンパンジーが人間を負かし、人間は嘘が下手であることがわかっている。(注9) それだけでなく、人間は生来、他人を信用しやすい。だから詐欺師は、巧みに人を騙すことができるのだ。(注10)

このことから、わたしはホモ・サピエンスのもう一つの奇妙な癖に注目した。マキャヴェッリはその名著において、自分の感情を決して露わにしてはならない、と助言している。「ポーカーフェイスを保て。羞恥心は何の役にも立たない。目的は、どんな手を使ってでも勝つことだ」と彼は説く。だが、あつかましい人間だけが勝つのなら、人間はなぜ、動物の中で唯一、赤面する種なのだろう。

ダーウィンによると、赤面は、「あらゆる表現の中で、最も特異で、最も人間らしい」。ダーウィンは、この現象が万人に共通するものなのかどうかを知りたいと思ったので、海外に暮らす知人、すなわち、伝道師や商人、植民地の官僚に手紙を送った。(注11)「はい。ここに暮らす人々も赤面します」という答えが全員から戻ってきた。

だが、なぜだろう？　なぜ赤面という現象は、進化の過程で消えなかったのだろう。

2　ネアンデルタール人が絶滅した理由

一八五六年八月、ドイツ、ケルンの北にある石灰岩の採石場で、二人の鉱夫が生涯忘れられない発見をした。それはかつてこの地上を歩いた動物の中でも最も激しい議論を呼び起こすことになる動物の骨だった。

もっとも、彼らがそう気づいたわけではない。採石していて古い骨が出てくるのはよくあることで、大半はクマかハイエナの骨だった。したがって、今回の骨も、他の廃棄物と一緒に投げ捨てられた。しかし監督者は、それが化石だということに気づいた。これはホラアナグマの化石かもしれない、友人のヨハン・カール・フルロットにプレゼントしたらきっと喜ぶだろう、と彼は考えた。地元の高校の科学教師であるフルロットは、熱心な化石コレクターだった。当時、化石の収集は一種の娯楽だった。

その骨を見た瞬間、フルロットには、それがありきたりの骨でないことがわかった。最初は、人間の化石だと思ったが、何かが違っていた。頭骨は前後に長く、眉の部分が隆起し、鼻骨が太かった。

その週、地元の新聞は、ネアンデル谷での驚くべき「フラットヘッド（平たい頭）族」の発見について報じた。ボン大学のヘルマン・シャフハウゼン教授はその記事を読み、フルロットに連絡を取った。こうして化石のアマチュアと専門家である二人は、会って、意見を交換した。数時間後、両者は結論に至った。

その骨は現生人類のものではなく、異なる人類のものだ、と。

「この骨は非常に古い」とフルロットは断言した[注12]。それらはノアの洪水の前、つまり、神が地球を水浸しにする前に、生きていたものの化石だ、と彼らは結論づけたのだ。

当時、その結論がどれほど衝撃的であったかは、言葉では言い表せないほどだ。それは神に背く主張だった。フルロットとシャフハウゼンが、科学・医学学会の地方支部の集会でそれを報告すると、激しい反発が起きた[注13]。「ばかげている」とある解剖学の教授は叫んだ。「これはナポレオン戦争で死んだロシアのコサック騎兵の骨だ」。別の教授は、「くだらない主張だ。これは哀れな愚者か世捨て人の頭骨で、病気で歪んだだけだ」と言った[注14]。

しかし、その後、さらに骨が見つかった。ヨーロッパ中の博物館が、それまでに集めていた骨を再調査したところ、前後に長い頭骨がいくつも見つかった。当初それらは、奇形として片付けられていたが、やがて、別の人類の骨だということを、科学者たちは理解し始めた。間もなく、誰かがそれに、「ホモ・ステュピドス（愚かな人）」という名前をつけた[注15]。ホモ・ステュピドスの「考えと望みは、野生動物と同じレベルだった」と、高名な解剖学者は述べた[注16]。しかし、最終的に科学史に記載された種名は、骨が見つかった谷に由来する無難なものになった。

ホモ・ネアンデルターレンシスである。

今日に至るまで、ネアンデルタール人の一般的なイメージは、愚かな乱暴者というものであり、その理由は容易に理解できる。わたしたちに突きつけられているのは、わたしたちの

ホモ・サピエンスとホモ・ネアンデルターレンシスの頭骨の比較

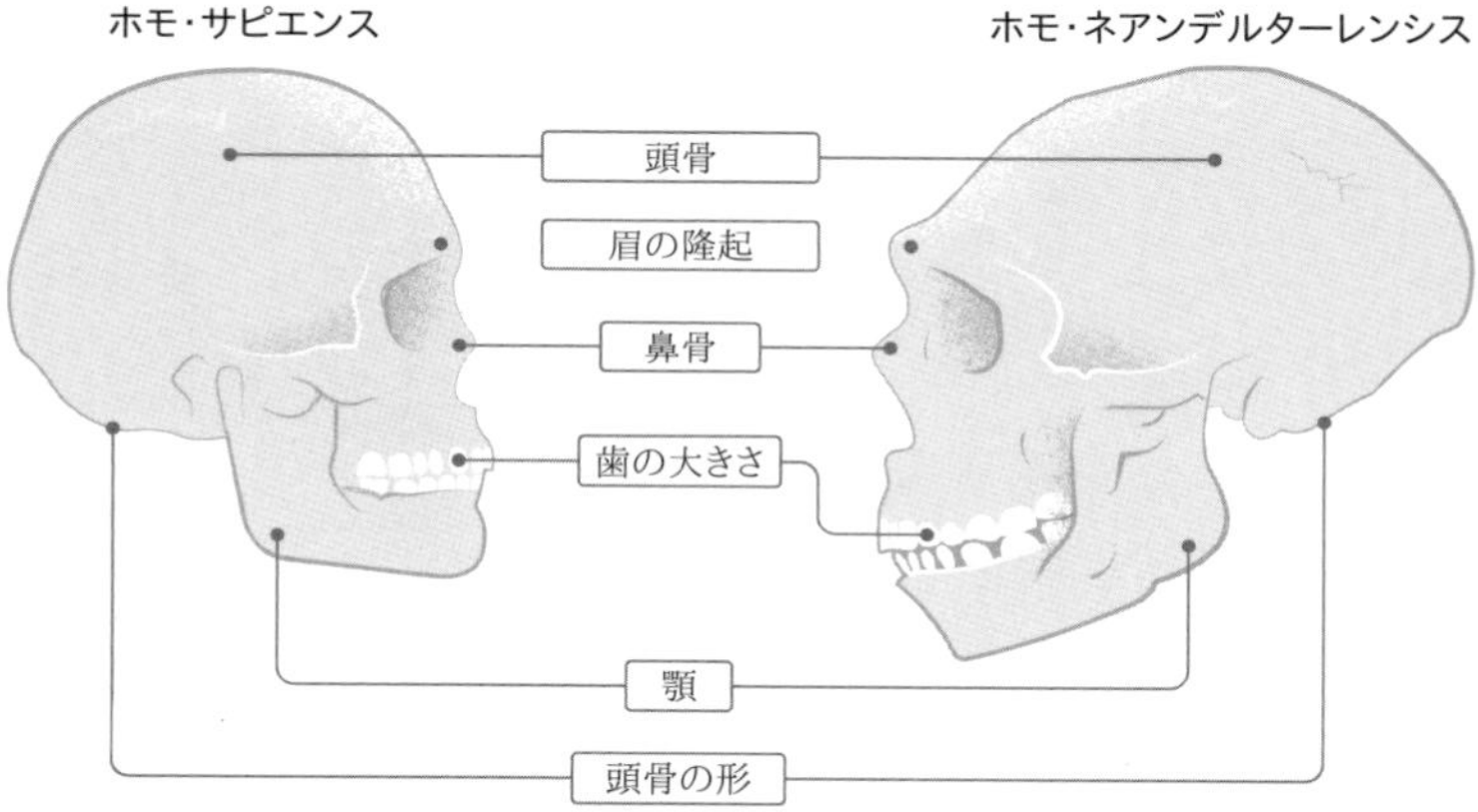

種はつい最近まで他のヒト族と一緒に地球上に暮らしていたという不快な事実なのだ。

現在、多くのヒト族が発見されている。ホモ・エレクトス、ホモ・フローレシエンシス、ホモ・デニソワン、ホモ・ネアンデルターレンシスはそのごく一部だ。ゴシキヒワやメキシコマシコ、ウソがみなスズメ目アトリ科であるのと同様に、それらはみなヒト族である。そうであるなら、なぜ、わたしたちがチンパンジーを動物園の檻に入れ、その逆にならなかったのか、という問いの他に、別の疑問がいくつか浮上する。「フラットヘッド族」はどうなったのだろう。わたしたちはヒト族の兄弟姉妹をどのように扱ったのだろう。なぜ、それらは皆、絶滅したのだろう。

ネアンデルタール人はわたしたちより力が弱かったのだろうか。とんでもない。彼らはホウレンソウの缶詰を食べた後のポパイのような腕を持つ、筋骨隆々たる原始人だった。さらに重要なこととして、彼らはタフだった。一九九〇年代に二人のアメリカ人考古学者がそれを突きとめた。彼らは、ネアンデルタール人の折れた骨や割れた骨を詳しく分析して、ネアンデルタール人は、大型動物を荒々しく扱う現代の職業集団と同じくらい、タフだったという結論に至った。その職業集団とは、ロデオカウボーイである。

この二人の考古学者は、プロ・ロデオカウボーイズ協会に協力を依頼した（これは冗談ではない）。一九八〇年代の当時、同協会は二五九三件の負傷者の記録を持っていた。(注17) 考古学者たちはその骨折のデータをネアンデルタール人のデータと比較して、驚くほどよく似ていることを発見した。唯一の違いは？　ネアンデルタール人は暴れ馬に乗ったり、牛をロープで捕らえたりするのではなく、マンモスやサーベルタイガーを槍《やり》で突いていたのだ。(注18)

なるほど。ネアンデルタール人は弱くはなかった。だとすれば、きっとわたしたちより頭が悪かったのだ。

ここでますます残酷な真実を明かさなければならない。概してネアンデルタール人の脳は一五〇〇立方センチメートル。わたしたちの脳はおよそ一三〇〇立方センチメートルで、彼らの脳の方が一五パーセント大きい。人間はスーパーブレインを自慢するが、彼らの脳はさしずめ巨大《ギガ》ブレインだ。人間の脳がマックブックエアーだとしたら、ネアンデルタール人の脳はマックブックプロだ。

ネアンデルタール人について新たな発見が続くにつれて、彼らは驚くほど知的だったというコンセンサスが高まってきた。(注19) 彼らは火をおこし、調理をした。衣類や楽器や装身具を作り、洞窟に壁画を描いた。ある種の石器の作り方など、わたしたちがネアンデルタール人の真似をしたことを示唆する証拠もある。死者を埋葬する習慣もそうではないかと考えられている。

では、何が起きたのか？　大きな脳とたくましい筋肉を持ち、二度の氷期を生き延びたネアンデルタール人は、なぜ地球上から消えたのだろう。二〇万年以上もの間、生き抜いてきたのに、ホモ・サピエンスが現れると間もなく、ネアンデルタール人にとってゲーム終了となったのは、なぜなのか。

ここに一つの、決定的でいっそう皮肉な仮説がある。

もしわたしたちが、ネアンデルタール人ほど強くはなく、勇敢でなく、賢くもなかったのだとすれば、おそらくわたしたちは彼らより意地が悪かったのだろう。イスラエル人の歴史学者ユヴァル・ノア・ハラリは推測する。「サピエンスがネアンデルタール人に出会った後に起きたことは、史上初の、最も凄まじい民族浄化作戦だった可能性が高い」(注20)。ピューリッツァー賞を受賞した地理学者のジャレド・ダイアモンドも同じ考えで、こう述べている。「状況証拠は弱いが、殺人者たちには有罪の判決が下された」(注21)

3　キツネからイヌをつくり出せるか

本当にそうなのだろうか？　わたしたちはヒト族の仲間を皆殺しにしたのだろうか？

ここで話は一九五八年の春にさかのぼる。モスクワ大学で生物学を学ぶリュドミラ・トルートは、ドミトリー・ベリャーエフ教授の部屋のドアをノックした。動物学と遺伝学を専門とするベリャーエフは、野心的な研究を計画しており、そのための助手を探していた。トルートはまだ大学院生だったが、その職に応募した。(注22)

当時のソ連の科学機関は女性を見下したが、ベリャーエフは、トルートに対して親切で礼儀正しかった。トルートは、例の研究の助手に選ばれたが、その実験を行うには、はるばるシベリアの奥地、カザフスタンおよびモンゴルとの国境近くまで行かなければならなかった。ベリャーエフの実験場はそこにあった。

その研究は危険な挑戦だったので、ベリャーエフはトルートに、参加に同意する前によく考えなさい、と忠告した。当時、ソ連の共産主義政権は、進化論を資本主義者が広めた作り話と見なし、遺伝学の研究をすべて禁じていた。一〇年前、ドミトリー・ベリャーエフと同じく遺伝学の研究者だった兄のニコライ・ベリャーエフは、収容所に送られ、そこで死んだ。そういうわけで、ドミトリーは今回の実験を、表向きは、貴重なキツネの毛皮に関する研究ということにしていた。

しかし、実験の目的は別のことにあった。「キツネからイヌを作り出したいのだ、と教授はわたしに言いました」と、何年も後にトルートは述べている。(注23)

若いトルートは知らなかったが、彼女は壮大な探求に乗り出すことに同意したのだった。ベリャーエフと彼女は人類の起源そのものを解明することになる。

もっとも、彼らが解こうとしていたのは、どうすれば、どう猛な捕食動物をフレンドリーなペットに変えられるか、というシンプルな謎だった。チャールズ・ダーウィンはすでに一〇〇年前に、ブタやウサギやヒツジなどの家畜にはいくつか注目すべき類似点があることを指摘していた。まず、それらは野生の先祖より体が小さい。また、脳と歯も野生の祖先より小さく、多くの場合、耳は垂れ、尾はくるりと巻き上がり、毛皮にはまだら模様がある。そして、おそらく最も興味深いのは、生涯にわたって幼く、可愛らしく見えることだ。

これは、長年ベリャーエフを悩ませてきた謎だった。なぜ家畜化された動物は、そのように見えるのだろう。なぜ、はるか遠い昔に、数えきれないほどの農民が、コルクスクリューのようなしっぽや垂れた耳や子どもっぽい顔を持つ子犬や子豚を好み、それらを選んで飼育したのだろう。

それについて、ベリャーエフは過激な仮説を立てた。こうした可愛らしい特徴は、農民が選択したのではなく、何か別のものの副産物にすぎないのではないか。つまり、それらの特徴は、動物が長い期間、ある性質ゆえに選択されつづけた結果、生まれたのだ、と彼は考えたのだ。

その性質とは？　人懐《ひとなつ》っこさだ。

そしてベリャーエフは、自然の状態では数千年かかる変化を、数十年で再現することを計画した。すなわち、人間を怖がらない個体だけを交配させて、野生の動物を、飼いならされたペットのように変えるのだ。最初に試す動物として、ギンギツネを選んだ。ギンギツネはこれまでに飼いならされたことがなく、非常に攻撃的なので、研究者は、ひじまである厚さ五センチの手袋をはめなければならない。

ベリャーエフはトルートに、期待しすぎないように、と忠告した。「この実験には何年もかかるだろう。生涯を投じることになるかもしれないし、それでも結果が出ない可能性が高い」。だが、トルートはためらわなかった。数週間後、彼女はシベリア鉄道に乗っていた。

ベリャーエフが契約したキツネ飼育場は、巨大な複合施設だった。数千の檻《ケージ》が並び、不快な吠え声の不協和音が鳴り響いている。トルートはギンギツネの習性についてさまざまな資料を読んでいたが、目の当たりにした獰猛さは、想像を超えていた。彼女は、最初の一週間をかけて、全てのケージを見て回ることにした。防護手袋をはめて、ケージの中に手を入れ、キツネの反応を調べるのだ。通常は、激しく吠えたり、攻撃してきたりするが、中には攻撃をためらうキツネもいた。トルートはそのような個体を選んで、交配させた。

進展は驚くほど速かった。

一九六四年に、選択交配の四世代目で、キツネはしっぽを振り始めた。その行動が自然選択の結果であって、生後に学んだものではないことを証明するために、トルートとチームは、キツネたちとの接触を最小限にした。しかし、そうすることは次第に難しくなっていった。数世代たつうちに、キツネたちは人間の気を引こうとし始めたのだ。よだれをたらしながらしっぽを振るキツネの子どもを、誰が無視できるだろう。

野生のキツネは生後約八週間でかなり攻撃的になるが、トルートが選択交配したキツネは、いつまでたっても子どもっぽく、一日中、遊ぶことしか考えていないように見えた。「飼い

ならされたキツネは、成長せよという命令に抵抗しているように見えた」と、後にトルートは書いている。(注24)

同時に、目立った身体的変化も現れた。耳は垂れ、しっぽは丸くカールし、毛皮には斑点が現れた。また、鼻は低くなり、骨は細くなり、オスは次第にメスに似てきた。さらには、イヌのような吠え方をし始めた。やがて彼らは、飼育者に名前を呼ばれると応えるようになった。これまでキツネでは観察されたことのない行動だ。

重要なのは、これらの特徴は、トルートが選んだ特徴ではないということだ。彼女の唯一の選択基準は、人懐っこさだ。他の特徴は、単なる副産物だった。

この実験が始まってから二〇年たった一九七八年までに、ロシアでは多くの変化が起きた。生物学者はもはや研究を隠さなくてもよくなった。進化論は資本主義者の陰謀ではなくなった。政治局は自国の科学を熱心に後押しするようになった。

その年の八月、ベリャーエフの尽力によって、国際遺伝学会議がモスクワで開かれることになった。参加者はクレムリン宮殿に迎え入れられた。六〇〇〇人収容できる大会議場では、シャンパンとキャビアが存分に振る舞われた。

しかし、何より客人たちを驚かせたのは、ベリャーエフの講演の内容だった。簡単な紹介の後、照明が落とされ、ビデオの再生が始まった。画面上に、誰も予想していなかった生物が登場した。ギンギツネだが、しっぽを激しく振っていた。感嘆の声が湧き起こり、照明が明るくなった後も、興奮した話し声が続いた。

ベリャーエフは、その後一時間にわたって、画期的な考えを発表した。「キツネに起きた変化はすべて、ホルモンに関係があると、わたしは考えています」と彼は言った。「ひと懐っこいキツネほど、ストレス・ホルモンの分泌が少なく、セロトニン（幸せホルモン）とオキシトシン（愛情ホルモン）の分泌が多いのです」

そしてこう言って締めくくった。「これは、キツネだけに言えることではありません。もちろん、人間にもあてはまります」(注25)

今から思えば、これは歴史的な主張だった。

リチャード・ドーキンスが利己的な遺伝子に関するベストセラーを出版して、人間は「生まれながらに利己的」だと結論づけた二年後に、ロシアの無名の遺伝学者が、正反対のことを主張した。突き詰めれば、ドミトリー・ベリャーエフは、人間は飼いならされた類人猿だと言っているのだ。数万年の間、良い人ほど、多くの子どもを残した。人間の進化は、「フレンドリーな人ほど生き残りやすい」というルールの上に成り立っていた、というのが彼の主張だ。もし、それが正しければ、わたしたちの体にはその証拠があるはずだ。ブタやウサギや、近年ではギンギツネと同じように、人間はより小さく、より可愛らしくなったはずだ。

ベリャーエフには自らの仮説を検証する方法がなかったが、その後、科学はかなり進歩した。二〇一四年、アメリカ人のチームが過去二〇万年の間に、人間の頭骨がどのように変化したかを調べて、一つのパターンを突き止めた。(注26)その長い年月の間に、人間の顔と体は、よ

ドミトリー・ベリャーエフとギンギツネ。ノヴォシビルスク、1984年。翌年、ベリャーエフは亡くなったが、彼が始めた研究は今もつづいている。
出典: Alamy

り柔和で、より若々しく、より女性的になった。脳は少なくとも一〇パーセント小さくなり、歯と顎骨は、発生生物学の用語を使えば、幼形成熟《ネオテニー》（おとなになっても幼体の特徴を保つこと）した。簡単に言えば、子どものようになったのである。

　人間の頭とネアンデルタール人の頭を比べると、違いはさらに顕著だ。人間の脳は小さくて丸みがあり、額の隆起は小さい。人間とネアンデルタール人の関係は、イヌとオオカミの関係に等しい。（注27）そして、おとなのイヌがオオカミの子どもに似ているように、人間は進化の結果、サルの赤ちゃんに似ている。

　つまり、ホモ・子犬《パピー》である。

人間とイヌの家畜化

結果：
・友好的な行動
・セロトニンとオキシトシンの増加
・幼年期・少年期が長くなる
・外見が女性的で若い
・高いコミュニケーション能力

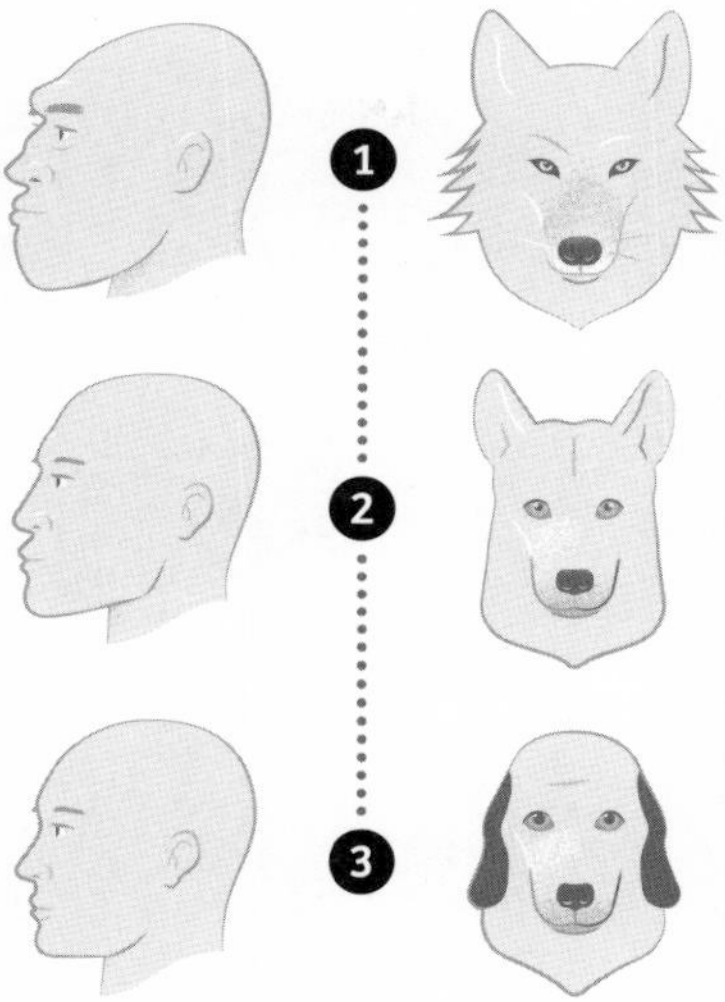

出典: *Brian Hare*, 'Survival of the Friendliest' *Annual Review of Psychology*（2017）

わたしたちの外見に変化が起きたのは、およそ五万年前で、興味深いことに、それはネアンデルタール人が姿を消し、わたしたちが盛んに発明を始めた頃だ。例えば、より優れた砥石、釣り糸、弓矢、丸木舟、洞窟壁画などである。こうしたことはいずれも、進化の観点から見れば、辻褄《つじつま》が合わない。人間は脆弱になり、攻撃されやすくなり、幼く見えるようになった。脳は小さくなった。しかし人間の世界は複雑になっていった。

なぜそんなことになったのだろう。そして、ホモ・パピーはどうやって世界を征服したのだろう。

4　賢いキツネが欲しいのなら

この問いに誰よりうまく答えられるのは、子イヌの専門家ではないだろうか。一九八〇年代にアトランタで育ったブライアン・ヘアは、幼い頃からイヌに夢中だった。彼は生物学の道に進んだが、生物学者はイヌにあまり興味を持っていないことを知った。なぜなら、イヌは可愛いかもしれないが、それほど賢くないからだ。

大学でブライアンは、発達心理学の教授、マイケル・トマセロの授業を受けた。トマセロは後に彼のメンターとなり、同僚になった。トマセロの主な研究対象は、一般にイヌよりずっと興味深いと見なされているチンパンジーだった。ブライアンは、大学の二年生で一九歳だった時に、チンパンジーの知能テストの手伝いをした。

それは典型的な「オブジェクト選択テスト」で、おやつを隠し、被験者はその場所についてヒントを与えられる。人間の幼児はこのテストをうまくこなすが、チンパンジーは途方に暮れる。トマセロと学生たちがバナナを隠した場所をはっきり指差しても、チンパンジーには意味がわからない。

そんなある日、長時間、手ぶりで合図をし続けた後に、ブライアンは思わず、「うちのイヌならわかるのに」と言った。

「まさか」と言って、トマセロは皮肉っぽい笑みを浮かべた。

「いいえ、本当です」とブライアンは言い張った。「うちのイヌなら簡単に合格します」(注28)

二〇年後、ブライアン・ヘアは進化人類学の教授になっていた。彼は一連の入念な実験によって、イヌが非常に賢いことを証明してきた。場合によっては、（脳は小さいのに）イヌはチンパンジーより賢かった。

当初、科学者たちにはその理由がわからなかった。なぜイヌがオブジェクト選択テストに合格するほど賢かったりするのだろう。イヌが祖先であるオオカミの脳をそのまま受け継いでいないのは確かだ。なぜなら、ブライアンが行ったテストでは、オオカミはオランウータンやチンパンジーと同じくらい成績が悪かったからだ。また、飼い主がイヌをしつけたからでもない。その証拠に、生後わずか九週間の子イヌでもこのテストに合格する。

ブライアンの同僚でアドバイザーでもある霊長類学者のリチャード・ランガムは、イヌの賢さは、コルクスクリューのようなしっぽや垂れた耳と同様に、偶然の産物かもしれない、と示唆した。しかし、ブライアンはその考えを受け入れなかった。オブジェクト選択テストで測られる社会的知性のような有益な特徴が、なぜ偶然の産物だったりするだろう？　そうではなく、イヌが賢いのは、祖先たちが賢いイヌを選択して飼ったからだ、と彼は考えた。

ブライアンが自らの仮説を検証する方法が一つだけあった。それにはまず、シベリアに行かなければならない。彼は数年前に、ロシアの遺伝学者が行った、キツネをイヌに変えるという不思議な研究について読んでいたのだ。二〇〇三年にブライアンがシベリア鉄道のノヴォシビルスク駅に降り立った時、トルートのチームは、すでに四五世代のギンギツネを育てていた。ブライアンはトルートらが育てたギンギツネを研究する最初の外国人科学者になった。当然ながらブライアンは、オブジェクト選択テストから始めた。

ブライアンの仮説が正しければ、人懐っこいキツネと野生のままの獰猛なキツネは、そのテストで等しく不合格になるはずだった。なぜなら、ベリャーエフとトルートは、知性ではなく人懐っこさに基づいてキツネを選び、交配させてきたからだ。逆にランガムが言う通り、知性が人懐っこさの副産物であるなら、人懐っこいキツネはやすやすとテストに合格するはずだった。

手短に言えば、結果はランガムの副産物説を支持し、ブライアンが間違っていることを証明した。四十何世代目かの人懐っこいキツネは、獰猛なキツネよりずっと賢かったのである。ブライアンが言った通り、「このキツネたちは、わたしの世界を根本から揺り動かした」[注29]。その時まで、家畜化は動物の灰白質を減らして知力を低下させ、野生で生き延びるために必要な能力を失わさせる、と考えられていた。キツネのようにずるい、牛のようにうすのろ、といった決まり文句は誰もが知っている。しかしブライアンは異なる結論に達した。彼は言う。「賢いキツネが欲しいのなら、賢いキツネではなく、人懐っこいキツネを選ぶべきだ」[注30]

5　ホモ・サピエンスが生き残ったのはなぜか

ここで、本章の初めに投げかけた問いに戻ろう。人間を特別な存在にしているのは何だろう。なぜ、わたしたちは博物館を建設し、一方、ネアンデルタール人はその中にずっと立っているのだろう。

霊長類と幼児に対して行った三八問からなるテストの結果をもう一度見てみよう。先に、そのテストでは空間認識、計算、因果性認識を調べたと述べたが、実は、四つ目の能力として、社会的学習についても評価した。それは、他人から学ぶ能力である。そして、この最後の能力の評価は、興味深いことを明らかにした。

このグラフは、人間を特別なものにしている能力をはっきりと示している。チンパンジーとオランウータンは、ほぼ全ての認知テストで、二歳の子どもと同等の点数を示したが、社会的学習に関しては幼児が楽勝する。人間の子どもの大半は満点を取るが、類人猿の大半は〇点なのだ。

結局のところ人間は超社会的な学習機械であり、学び、結びつき、遊ぶように生まれついているのだ。だとすれば、赤面するのが人間特有の反応なのは、それほど奇妙なことでもないだろう。顔を赤らめるのは、本質的に社会的な感情表現だ。他人の考えを気にかけていることを示し、信頼を育み、協力を可能にする。

わたしたちが互いの目を見る時にも、似たようなことが起きる。それは人間の目には白い部分があるからだ。これも人間だけに見られる特徴であり、おかげで、他者の視線の動きを追うことができる。霊長類は二〇〇種以上いるが、人間以外は皆、白目の部分（強膜）に色がついている。サングラスをかけたポーカープレイヤーのように、これが彼らの視線の動きをわかりにくくしている。

だが、人間は違う。ある人が何に注意を向けているかを、周囲の誰もが容易に察知できる。もし、お互いの目を見ることができなければ、友情や恋愛はどんなものになるだろう？　ど

人間の持つすばらしい資産

４つの知能テストの得点

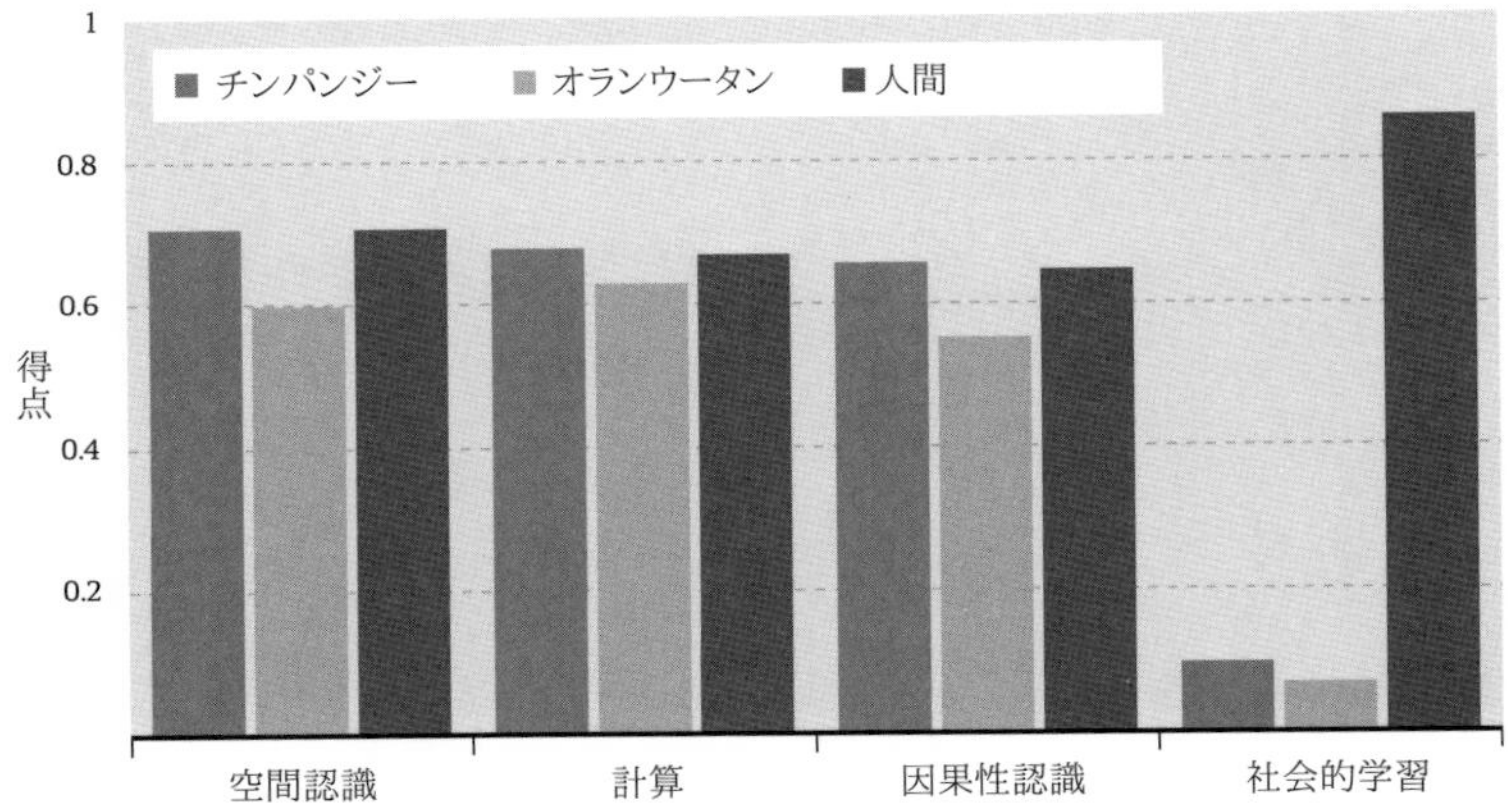

うすれば、互いを信頼できる人だと感じることができるだろう。ブライアン・ヘアは、この人間に特有の目は、人間の家畜化のもう一つの副産物だと考えている。より社会的になるように進化するにつれて、わたしたちは心の内や感情をより明らかにし始めたのだ。[注31]

加えて、人間は、眉の部分（眼窩の上）が平坦だ。一方、ネアンデルタール人やチンパンジーやオランウータンのその部分は隆起しており、それがコミュニケーションの妨げになる、と科学者たちは考えている。人間は眉を微妙に動かして、感情を伝えることができるが、彼らにはそれができない。[注32]驚き、共感、嫌悪感を表情で表現して見れば、眉がどれほど大きな働きをしているかがわかるだろう。

つまり人間は、ポーカーフェイスと呼ぶにはほど遠いのだ。常に感情をあらわにし、周囲の人々とつながりを持つようにできている。しかし、それは人間にとってハンディキャップなどではなく、スーパーパワーの源なのだ。なぜなら、社会的な人間は、一緒にいて楽しいだけでなく、より賢いからだ。

こう考えるとわかりやすい。天才族と模倣族という二つの部族が住む惑星があるとする。天才族は賢く、一〇人に一人は、生きている間に驚くほどすばらしいもの（例えば、釣り竿）を発明する。一方、模倣族はそれほど賢くないので、釣り竿を発明するのは千人に一人だ。従って、この発明に限って言えば、天才族は模倣族より百倍賢い。

しかし、天才族には問題がある。それは社会性に欠けていることだ。釣り竿を発明した天才族には、釣りを教えられる友人が平均で一人しかいない。一方、模倣族は一〇倍社交的で、一人当たり平均で一〇人の友人がいる。

他の人に釣りを教えるのは難しく、半分しかうまく教えられない、と仮定しよう。さて、釣竿の発明からより多くの利益を得るのは、どちらのグループだろう。人類学者のジョセフ・ヘンリックの計算によると、天才族では五人に一人しか釣りのやり方を覚えない。その半分は自分で考え出し、残り半分は他の誰かから教わる。対照的に、模倣族で釣り竿を思いつくのは千人に一人、つまりたった〇・一パーセントだが、最終的に他の九九・九パーセントの人も釣りができるようになる。なぜなら他の模倣族から学ぶからだ。(注33)

ネアンデルタール人は天才族に少し似ていた。一人ひとりの脳は大きかったが、全体としてはあまり賢くなかった。一人のホモ・ネアンデルターレンシスは、一人のホモ・サピエンスより賢かったかもしれないが、ホモ・サピエンスは大きな集団で暮らし、一つの集団から別の集団へとたびたび移動し、また、おそらくは模倣がうまかった。ネアンデルタール人が超高速コンピュータだとしたら、人間は時代遅れのパソコンだ。しかし、Wi-Fiでつながっている。動きは遅いが、より良くつながっているのだ。

科学者の中には、人間の言語能力も、社会性の副産物だと考える人がいる。(注34) 言葉は、自分では考え出せなくても、互いから学ぶことのできるシステムの好例だ。トルートのキツネが吠えるようになったのと同様に、年月がたつにつれて人間は言葉を話すようになったのだ。

では、ネアンデルタール人には何が起きたのだろう。結局、ホモ・パピーが彼らを全滅させてしまったのだろうか。

このシナリオは、刺激的な本や映画のたねになるかもしれないが、支持する証拠は皆無だ。もっと説得力のある説明は、わたしたちは最後の氷期（一一万五〇〇〇～一万五〇〇〇年前）の厳しい気候条件を、ネアンデルタール人よりうまく乗り切ることができた、なぜなら彼らより協力する能力が高かったから、というものだ。

では、あの気の滅入るような本、『利己的な遺伝子』についてはどう考えればいいだろう。あの本は七〇年代の風潮にぴったり適合した。ニューヨーク・マガジン誌によると七〇年代は、「自己中心主義の時代」だった。九〇年代後半、リチャード・ドーキンスの熱烈なファンが、ドーキンスの考え方を実践しようとした。そのファンとは、巨大エネルギー企業エンロンのCEO、ジェフリー・スキリングである。スキリングは『利己的な遺伝子』を読んで落ち込むどころか、エンロンを貪欲さのメカニズムによって運営しようとした。

彼は、社員の業績を評価するために、「ランク・アンド・ヤンク（昇進と処罰）」システムを取り入れた。スコアが一の社員は、トップパフォーマーにランクされ、多額のボーナスが支給される。最下位であるスコア五の社員は、「シベリア行き」グループに入れられる。それは、屈辱的なだけでなく、二週間以内に別のポジションを見つけることができなければ、解雇されることを意味した。このシステムがもたらしたのは、社員が激しく競いあうホッブズ流の社風だった。二〇〇一年後半に、エンロンが巨額の不正会計をしていたというニュースが報じられた。一連の騒動が収まった時、スキリングは刑務所に入っていた。

現在でも米国の大企業の六〇パーセントは、何らかの形のランク・アンド・ヤンクシステムを採用している。(注35) 二〇〇八年のリーマンショック後、ジャーナリストのヨリス・ライエンダイクはロンドンの金融サービス部門を、「万人の万人に対する闘争というホッブズ流の世界」と評し、「その特徴は、下品で、残忍で、長続きしない人間関係である」と語った。(注36) 同様に、組織的に従業員を競い合わせる手法は、アマゾンやウーバーなどでも使われている。ウーバーのある社員は匿名でこう語った。「（ウーバーは）ホッブズ流のジャングルであり、他の誰かが死なないかぎり出世できない(注37)」

一九七〇年代以降、科学は進歩した。『利己的な遺伝子』の二版以降、ドーキンスが「人間は生来、利己的だ」という主張を削除したため、その仮説は生物学者の支持を失った。闘争と競争は確かに進化の要因だが、今日、生物学の学生が初年度に学ぶ通り、協調の方がはるかに重要なのだ。

はるか昔から、それは真実だった。遠い祖先たちは集団で暮らすことの重要性を知っていて、個人をむやみに崇拝することはほとんどなかった。かつては、極寒のツンドラから酷暑の砂漠まで世界のどこでも狩猟採集民は、全てはつながっていると考えていた。彼らは自分のことを何か大きなものの一部であり、他のすべての動物と植物、さらには母なる地球とつながっていると考えていた。おそらく彼らは、人間の状態を、現在のわたしたちよりもよく理解していたのだろう。(注38)

そうであれば、孤独が人を病気にするのは、少しも不思議ではない。人との接触がないことの害が一日にタバコを一五本吸うのに匹敵するのも、(注39)ペットを飼うと鬱になるリスクが減るのも、(注40)不思議ではない。人間は、他者との一体感と交流を何より欲する。(注41)わたしたちの体が食物を渇望するように、わたしたちの心はつながりを渇望する。その渇望のおかげで、ホモ・パピーは月に降り立つまでになった。

わたしはそれを理解して以来、進化と聞いても、以前のように気が滅入ることはなくなった。おそらく、創造主も宇宙の計画も存在しないのだろう。おそらく、わたしたちは偶然の産物であり、数百万年におよぶ目的のない手探りの結果にすぎないのだろう。だが、少なくともわたしたちは一人ではない。わたしたちには仲間がいる。

第４章　マーシャル大佐と銃を撃たない兵士たち

1 「愛情ホルモン」オキシトシンの影響は限定的

そろそろ、これまで見て見ぬふりをしてきたことについて、語らなければならない。わたしたち人間には暗い側面もある。時々ホモ・パピーは、動物王国では他に例を見ない、恐ろしいことをする。カナリヤは捕虜収容所を作らない。クロコダイルはガス室を造らない。同種の動物を数え上げ、監禁し、絶滅させようとしたコアラはいない。そんなことをするのは人間だけだ。つまりホモ・パピーは、きわめて社会的だが、ひどく残酷にもなれるのだ。なぜだろう。

わたしたちは辛い事実に向き合わなければならないようだ。「人間を最も優しい種にしているメカニズムは、人間を地球上で最も残酷な種にもする」と子イヌの専門家ブライアン・

ヘアは言う。(注1)人間は社会的動物だが、致命的な欠点がある。それは、自分によく似ている人々に、より強い親近感を抱くことだ。

この本能はＤＮＡの中に刻み込まれているらしい。ホルモンのオキシトシンについて見てみよう。オキシトシンが出産と授乳に重要な役割を果たしていることはずいぶん前から知られていたが、それが恋愛にも役立つことが発見されると、たいへんな騒ぎになった。中には、デートの前にオキシトシンを少々鼻にスプレーすれば、最高のデートになるはずだ、と考えた人もいた。

いっそのこと、農薬散布用の小型機を使って、空からオキシトシンを散布したらどうだろう。リュドミラ・トルートが育てた愛嬌のあるギンギツネはオキシトシンの分泌量が多い。オキシトシンは人間をより優しく穏やかで、のんびりした気性にする。それを嗅がせれば、乱暴な大男も子犬のように可愛い性質になるだろう。なにしろそのホルモンは、獰猛なキツネを、人懐っこい子イヌのように変えるのだ。そういうわけでオキシトシンは、「愛情ホルモン」とか「優しさのミルク」と呼ばれ、もてはやされてきた。

しかし、その後、別の重大なニュースが届いた。二〇一〇年にアムステルダム大学の研究者たちが、オキシトシンの影響はグループ内に限られるらしいことを発見したのである。(注2)このホルモンは友人に対する愛情を高めるだけでなく、見知らぬ人に対する嫌悪を強める。つまりオキシトシンは、普遍的な友情の燃料ではなく、身内びいきの源だったのだ。

２　人類の祖先は、常習的な殺人者だったか

結局、トマス・ホッブズは正しかったのかもしれない。

おそらく旧石器時代の人間の状況は「万人の万人に対する闘争」だったのだろう。友人との闘争ではなく、敵との闘争。知っている人々との闘争ではなく、見知らぬ人々との闘争。それが本当なら、考古学者はその痕跡を無数に発見し、人間が戦うように生まれついていることを証明しているはずだ。

残念ながら、その通りだ。最初の手がかりは一九二四年に見つかった。南アフリカ共和国北西部のタウングという村の近くで、鉱山労働者が類人猿に似た小さな個体の頭骨を掘り出した。この頭骨は解剖学者のレイモンド・ダートの手にわたり、彼はそれを二〇〇万年から三〇〇万年前に地球上を歩いていた最初のヒト族のものだと断定し、アウストラロピテクス・アフリカヌスと命名した。

最初にそれを見た時から、ダートの心は穏やかでなかった。この頭骨や、他の人間の祖先の骨には、無数の傷があった。原因は何だろう。ダートが出した結論は愉快なものではない。「初期のヒト族は、石や動物の牙や角を用いて獲物を襲っていたに違いない。それに化石の状態から見て、獲物は獣だけではなかった。彼らは互いを殺し合っていたのだ」

レイモンド・ダートは、人間を残忍な人喰いと見なした最初の科学者の一人になった。彼の「キラーエイプ理論」は世界の注目を集めた。「人類がより思いやりのある食生活に切り

替えたのは、ほんの一万年前に農業を行うようになってからだ」と彼は述べた。「人間が自分たちの本当の姿を認めようとしなくなったのは、文明が始まった結果と見なせるだろう」(注3)

しかし、ダート自身は人間の本当の姿を躊躇なく認めた。彼はこう書いている。わたしたちの初期の祖先は「常習的な殺人者だ。肉食性で、生きている獲物を暴力的に捕らえ、虐殺し、その壊れた体を引き裂き、四肢をばらばらにし、犠牲者の温かい血で喉の渇きを癒し、まだ動いている土色の肉をがつがつと貪った」(注4)。

ダートが基礎を築いたことで、科学のための道が開かれ、一群の研究者が彼の後に続いた。一人目は生物学者のジェーン・グドールで、彼女はタンザニアのチンパンジーに狙いを定めた。長年にわたって、チンパンジーは温和な草食動物だと考えられていたので、一九七四年に彼らの総力戦を目の当たりにしたグドールは、強い衝撃を受けた。

チンパンジーの二つのグループが四年にわたって壮大で残忍な戦いを繰り広げた。愕然としたグドールは、その発見を長く隠していたが、ついに世界に公表した時、多くの人はそれを信じなかった。グドールはチンパンジーが戦う様子をこう説明した。「鼻から血を流している敵の頭を両手で持って、血をすすり、手足をねじり取り、歯で皮膚を食いちぎりました(注5)……」

一九九〇年代に、グドールの教え子である霊長類学者のリチャード・ランガム（第3章で紹介した、ブライアン・ヘアのアドバイザー）は、人間の祖先はチンパンジーのように好戦的だったに違いない、と推測した。そして、その好戦的な祖先と二〇世紀の戦場を結びつけ、人間の血には戦争する気質が染み込んでいると述べ、「現代の人間は、五〇〇万年間続いた致命的な闘争を生きのびて、放心状態にある」と結論づけた。(注6)

何がランガムをこの結論に導いたのだろう。答えは簡単だ。殺人者は生き残り、弱い者は死ぬからだ。チンパンジーには、孤立している仲間を、集団で待ち伏せして襲う性癖がある。いじめっ子が校庭でやっていることと同じだ。

おそらく皆さんは、こう考えているだろう。わかった、わかった。だが、この科学者たちが語っているのは、チンパンジーや他の類人猿のことだ。ホモ・パピーは特別だったのではないか。人間が世界を征服できたのはとても優しかったからではないのか、と。では、人間が狩猟採集をしていた時代について、証拠は何を語っているだろう。

初期の科学がその疑問に答えてくれそうだ。一九五九年に、人類学者のエリザベス・マーシャル・トーマスが、ナミビアのカラハリ砂漠に暮らすクン人についての本を出版した。(注7)タイトルは？『Harmless People（無害な人々）』である。トーマスの主張は時代精神と一致していた。当時、人類学の世界では、新世代の左翼の科学者たちが登場し、ルソー的な観点からわたしたちの祖先のイメージチェンジをはかろうとしていた。過去に自分たちがどのように暮らしていたかを知りたいのなら、今も狩猟採集の暮らしを続ける移動民を見ればいい、と彼らは主張した。

トーマスと同僚が行った研究から、ジャングルやサバンナでは時々部族間の衝突が起きたが、それらの「戦い」は、罵《のの》り合いにすぎなかったことが明らかになった。時には矢を放つ者がいたが、仮に一人か二人の戦士がけがをしても、それで終わりにするのが常だった。「つまり、ルソーは正しかった。石器時代の穴居人は、高潔な未開人《バーバリアン》だったのだ」と進歩的な学者たちは言う。

しかし、左翼の学者にとっては残念なことに、たちまち反証がいくつも示された。後に人類学者たちが行った、より目的を絞った研究によって、キラーエイプ仮説は狩猟採集民にもあてはまることがわかった。彼らの儀式的な戦いは悪意がないように見えるかもしれないが、夜闇に紛れての残虐な攻撃や、男、女、子どもの虐殺については、容易に言い逃れできない。長く観察すれば、クン人もずいぶん残忍であることがわかった（一九六〇年代にクン人の領地が国の管理下に置かれた後、クン人の殺人率は急激に下がった。つまり、ホッブズの「リヴァイアサン」がやってきて、法の支配を課したのだ）。（注8）

しかも、これは始まりにすぎなかった。人類学者ナポレオン・シャグノンが一九六八年に発表した、ベネズエラとブラジルのヤノマミ族に関する研究は、科学界を揺るがした。タイトルは？『獰猛な人々（The Fierce People）』である。そこには、「慢性的に戦争状態にある」社会が描かれていた。さらに悪いことに、その本には殺人者である男性の方が妻と子どもの数が多いことが書かれていた。そうであるなら、わたしたちの血に暴力的傾向が多く含まれるのは理にかなっている。

ついにこの議論に終止符を打ったのは、二〇一一年に刊行された、心理学者スティーブン・ピンカーによる記念碑的な著書、『暴力の人類史』である。ピンカーは世界で最も影響力のある知識人の一人と見なされていた。この最高傑作は八〇二ページからなる大著で、小さなフォントの文字と、グラフや表がぎっしりと詰め込まれている。論敵をだまらせるには最適の本だった。

「今日では物語を数字に置き換えることができる」とピンカーは書いている。(注9) そして、それらの数字は自ら真実を語る。二一か所の遺跡で見つかった骨の中で、暴力による死の兆候を示すものの比率は？　一五パーセント。今も狩猟採集の生活を続ける八つの部族における暴力による死の比率は？　一四パーセント。二つの大戦を含む二〇世紀全体での暴力による死の比率は？　三パーセント。現在のその比率は？

一パーセント。

「人間は、初めは卑劣だった」と、ピンカーはホッブズに賛同した。(注10) 生物学、人類学、考古学はすべて同じ方向を指し示している。すなわち、人間は仲間には親切だが、よそ者に対しては冷酷であり、地球上で最も強暴な生き物なのだ。もっとも、幸いなことにピンカーは、人間は「文明の術策」によって気高くなった、と書いて読者を安心させた。(注11) 農業と文字と国家という発明が人間の攻撃的な本能を抑え、人間の卑劣で野蛮な本質を文明というぶあつい膜で覆った、と彼は説く。

この大著で披露された統計の重みにより、この件は決着がついたように思えた。わたし自身、長年にわたって、スティーブン・ピンカーが正しく、ルソーの負けだと思っていた。もはや結果は出ており、数字は嘘をつかない、と。

しかし、わたしはマーシャル大佐のことを知った。

3 「誰もが誰かを撃ち損なった」

一九四三年一一月二二日の夜半、太平洋のギルバート諸島のブタリタリ環礁《かんしょう》(当時はマキン環礁と呼ばれた)では、後に「マキンの戦い」と呼ばれる米軍と日本軍との戦闘が始まった。米軍の攻撃は計画通りに進んでいたが、奇妙なことが起きた(注12)。

大佐で歴史家のサミュエル・マーシャルは、陸軍公認の戦史家として従軍していた。環礁を日本軍から奪還《だっかん》するために西岸に上陸した部隊に、彼は同行した。歴史家がこれほど近くから作戦を観察するのは、きわめてまれなことだ。この侵入は独立した作戦であり、言うなれば実験室で行う実験のようなものだった。マーシャルにとっては、戦争がどのように遂行されるかを観察する絶好の機会になった。

その日、兵士たちは焼けつくような暑さの中、五キロほど進んだ。夕暮れに休止した時、塹壕《ざんごう》を掘って身を隠す力が残っている者はいなかった。彼らは、自分たちが日本軍の陣地に接近していることを知らなかった。日が落ちると日本軍が奇襲攻撃を仕掛けてきた。米軍陣地への攻撃は一一回に及んだ。日本軍は人数こそ少なかったが、米軍の戦列を崩すことにほぼ成功した。

翌日マーシャルは、何が悪かったのかと考えた。地図上の軍旗を凝視したり、将校の業務日誌を読んだりしても、答えは見つからないことを彼は知っていた。そこで、これまで誰もしていないこと、歴史学の世界では革命的なことをやってみることにした。兵士全員を集めて、グループに分け、自由に話すことを求めたのである。下位の兵士が上官を批判することも許可した。

この方法はうまくいった。「たちまちマーシャルは、正確な戦闘報告を得るコツを見つけたことを悟った」と、後に同僚が書いている。「誰もが何かを覚えていて、それをジグソーパズルのように組み合わせると全体像が浮かび上がってきた（注13）」。こうしてマーシャルが知ったのは、驚くべき事実だった。

昨晩、ほとんどの兵士は一度も発砲していなかったのだ。

数世紀、いや数千年にわたって、将軍、総督、芸術家、それに詩人でさえ、兵士は発砲するものだと決めつけていた。人間の内なるハンターを表に引き出すものがあるとしたら、それは戦争だと、誰もが考えていた。戦争になれば、人間は、生来得意とすることを許される。戦争とはわたしたちが、殺すために人を撃つことなのだ。

しかしマーシャル大佐は、最初は太平洋戦線で、次にはヨーロッパの戦場で、兵士たちとのグループ・インタビューを重ねるにつれて、戦場で銃を撃ったことのある兵士は全体の一五〜二五パーセントしかいないことを知った。決定的瞬間に、大多数の兵士はしりごみしたのだ。その様子にいらだった将校は、基地と前線を行き来しながら、「何をしている！　さっさと撃て！」と怒鳴った。しかし、「彼らが撃ったのは、わたしや他の上官が見ている時だけだった（注14）」。

あの夜のマキンは生きるか死ぬかという状況だったので、誰もが必死で戦ったはずだと、あなたは思うだろう。しかし、三〇〇人超の兵士の中で引き金を引いたことをマーシャルが確認できたのは、わずか三六人だった。

経験不足のせいだろうか。そうではない。銃を撃つかどうかに関して、新兵と熟練の兵士に違いはないように見えた。また、銃を撃たなかった兵士の多くは、訓練時には射撃の名手だった。

もしかすると、単に臆病だったのだろうか。それも違う。発砲しなかった兵士たちは、持ち場にとどまった。つまり、リスクを負っていることに変わりはなかったのだ。彼らは勇敢で忠実な愛国者であり、仲間のために命を犠牲にする覚悟ができていた。だが、それでも義務を回避した。

撃つことができなかったのだ。

第二次世界大戦後の数年の間に、マーシャルはその世代の最も尊敬される歴史学者の一人になり、彼の言葉に米軍は耳を傾けた。一九四六年の著書、『Men Against Fire（撃たない兵士）』は、今日でも士官学校で読まれている。同書においてマーシャルは、「平均的で健全な個人は、……普段は意識していないが、人を殺すことに抵抗があり、自分の意志で人を殺そうとはしない」と主張した。(注15) ほとんどの人は「攻撃することを恐れて」いて、その恐れは、人間の「精神的構造」に本来備わるものだ、とマーシャルは言う。(注16)

どういうことだろう。マーシャルは、人間の強い本能か何かを明らかにしたのだろうか。ベニヤ説が全盛をきわめ、レイモンド・ダートのキラーエイプ仮説が流行していた時代に発表されたマーシャルの知見は、人々にとってにわかに受け入れられるものではなかった。それでもマーシャルは、自分の発見は、第二次世界大戦時の連合国の軍人だけでなく、トロイア戦争でのギリシア人からヴェルダンの戦いでのドイツ人まで、歴史上の全ての兵士にあてはまると直感的に感じていた。

マーシャルは生涯を通じて高い名声を保ったが、亡くなった後、疑惑が浮上した。一九八九年二月一九日付のニューヨーク・タイムズ紙は第一面で「S・L・A・マーシャルの戦争行為に関する重要な書籍に虚偽の疑い」と報じた。アメリカン・ヘリテージ誌は、「でっち上げ」とまで言い、兵士へのグループ・インタビューは一度も行われておらず、マーシャルが「全てを捏造した」と主張した。元士官の男性は、「あの男は歴史を曲解した。人間の本性をまるで理解していなかった」と、嘲笑した。（注17）

一二年前に亡くなっていたマーシャルに、抗弁はできなかった。他の歴史学者たちがこの論争に加わり、保管文書を調べ、マーシャルが時々事実を歪めていた兆候を発見した。しかし、グループ・インタビューは本当に行われていて、マーシャルは確かに、Ｍ１ライフル銃を撃ったかどうかを、兵士たちに尋ねていた。（注18）

わたしは数日かけて、マーシャル、彼を批判する人、擁護する人の書いたものを読んだ末に、わけがわからなくなった。わたしはマーシャルが正しいことを期待しすぎたのだろうか、それとも、彼は本当に真実に気づいていたのだろうか。この論争を掘り下げるにつれて、マーシャルは直感に頼りがちな人だと思えてきた。信頼できる優れた統計学者ではなかった。しかし、鋭敏な観察者ではあった。

重要な問いは、マーシャルの主張を裏づける根拠は他にあるのか、というものだ。

短い答えは、イエス。

長い答えは？　この数十年間に、マーシャル大佐が正しかったことを示す証拠が増えてきた。

第一に、戦場で兵士たちを観察した人々は、マーシャルと同じことに気づいた。一九四三年、ライオネル・ウィグラム中佐はシチリア島での軍事作戦時に、自分の部隊で頼りになるのは四分の一程度だ、と嘆いた。(注19)また、バーナード・モントゴメリー将軍は家族に宛てた手紙に「我が英国軍兵士の欠点は、本質的に殺人者でないことだ」と書いている。(注20)

後に歴史学者たちは、第二次世界大戦の退役軍人への聞き取り調査を行い、半数以上が、敵を一人も殺していないことを知った。殺された敵の大半は、ごく少数の兵士が何人も重複して殺したのだった。(注21)同様にアメリカ空軍でも、敵機撃墜のおよそ約四〇パーセントは、パイロットの一パーセント未満によるものだった。(注22)ほとんどのパイロットは「一機も撃墜しておらず、そうしようとしたことさえなかった」と、ある歴史学者は指摘している。(注23)

こうした発見に後押しされて、学者たちは他の戦争についても再調査を始めた。例えば、事実上、南北戦争の決戦となった一八六三年のゲティスバーグの戦いでは、後に戦場から回収した二万七五七四丁のマスケット銃を調べたところ、驚くべきことに九〇パーセントは弾丸が装塡《そうてん》されたままだった。(注24)これは筋が通らないことだ。当時の銃兵は、弾丸の装塡に九五パーセントの時間を費やし、残り五パーセントを発砲に費やした。マスケット銃で敵を撃つには、歯で薬包を破り、火薬を銃身に詰め、弾丸を入れて押し込み、雷管《らいかん》を定位置に入れ、撃鉄《げきてつ》を後ろに引いて初めて、引き金を引くことができる。それほど多くの手間をかけて装填された弾丸が、そのまま残っていたというのは、控えめに言っても、奇妙なことだった。

しかし、さらに奇妙なことが見つかった。約一万二〇〇〇丁のマスケット銃は複数個、装填されており、そのおよそ半分は、弾が三個以上、装填されていたのだ。中には、二三個も詰め込まれているものさえあった。これでは使い物にならない。この兵士たちは、銃の使い方をしっかり教わっていた。そして誰もが知っていたはずだが、マスケット銃は一度に一個、弾丸を発射するように設計されている。

では、この兵士たちは何をしていたのだろう。かなり後になって、歴史学者たちはそれを理解した。銃を装填したのは、銃を撃たないための口実だったのだ。そして、装填し終えたら、もう一度装填した。それを終えたら、さらにもう一度。(注25)

同じようなことは、フランス軍でも確認された。フランス軍のアルダン・デュ・ピク大佐は、一八六〇年代に将校を対象として行った詳細な調査によって、兵士たちはそれほど戦いたいわけではないことを明らかにした。彼らは銃を撃つ時には、あえて敵の頭上を狙う。それが何時間も続くこともある。両軍は、互いの頭上を狙って、弾が無くなるまで銃を撃ち、それ以外の兵士は、何でもいいから他の用事（例えば、弾薬を補充したり、銃に装填したり、隠れるための場所を探したり、といったこと）を見つけて、銃を撃たない言い訳にするのだ。

「明らかな結論は、ほとんどの兵士は敵を殺そうとしていなかった、ということである」と軍事専門家のデイヴ・グロスマンは書いている。(注26)

これを読んで、わたしは、敬愛する作家ジョージ・オーウェルが、同じ現象について書いた一文を思い出した。スペイン内戦についてのルポルタージュ『カタロニア讃歌』にオーウェルはこう綴った。「この戦争では、人道上許される場合は、誰もが誰かを撃ち損なった[注27]」当然ながら、負傷者がいなかったというわけではない。しかし、オーウェルによれば、傷ついた兵士のほとんどは、偶然、自分で自分を傷つけたのだった。

近年、マーシャル大佐が出した結論を支持する専門家が続々と現れている。その一人が社会学者のランドル・コリンズで、彼は戦闘中の兵士の写真を何百枚も分析して、銃を発砲したのは一三〜一八パーセントに過ぎないと、マーシャルの見積もりと大差ない結論を出した。[注28]「最も一般的な証拠から判断して、ホッブズが考えた人間像は間違っている」と、コリンズは断言する。「人間は生来、団結するようにできており、それが暴力を振るうことを難しくしている[注29]」

4　ベストセラー本には書かれていない「科学の真実」

今日まで、わたしたちの文化には、他人に苦痛を与えるのは容易だという神話が浸透している。ランボーやインディアナ・ジョーンズといった攻撃的なアクション・ヒーローはその証拠だ。映画やテレビでは殴り合いが延々と続く。そこでは、暴力行為が伝染病のように広がっていく。登場人物がつまずき、誰かを押し倒し、倒した相手にいきなり殴られ、といった具合で、気がつくと、あなたは万人の万人に対する闘争の真っただ中にいる。

しかし、ハリウッド映画によって作り上げられた暴力のイメージと現実の暴力は、ポルノと現実のセックスが違うのと同じくらい違う。科学が語るのは、暴力に伝染性はなく、暴力はあまり長くは続かず、決して容易ではない、ということだ。

わたしは、マーシャル大佐による分析と後続の研究を読めば読むほど、人間は本質的に戦争好きだという見方に疑いを抱くようになった。何と言っても、もしホッブズが正しかったのなら、わたしたちは皆、人を殺すことに喜びを感じるはずだ。それはセックスほどには好まれないとしても、嫌悪感を抱かせたりしないはずなのだ。

逆に、もしもルソーが正しければ、狩猟採集生活を送っていた祖先たちは、大半が平和を好んだだろう。その場合、わたしたちホモ・パピーは、世界に広がっていった数万年の間に、流血に対する嫌悪感を進化させたと思われる。

大著を残した心理学者のスティーブン・ピンカーが間違っていたという可能性はあるだろうか。有史以前の戦争における犠牲者の多さに関する魅惑的な統計値――わたし自身、初期の著作や記事にピンカーが挙げた数字をたびたび引用した――は、間違っていたのだろうか。

わたしは振り出しに戻ることにした。そして今回は、一般向けの本ではなく、学術的な文献を深く掘り下げた。ほどなくして、一つのパターンが見つかった。それは、科学者が人間はキラーエイプだと述べると、メディアはその研究に飛びつくが、科学者が逆のことを主張した場合は、ほとんど誰も耳を貸さない、というパターンである。

それを知って、わたしはこう考えた。わたしたちは、ホラーとスペクタクルに惹《ひ》かれるせいで、見誤っているのではないだろうか。科学の真実は、ベストセラー小説や頻繁に引用される論文がわたしたちに信じさせようとするシナリオとは異なるのではないか。

一九二〇年代に、最初に発見されたアウストラロピテクス・アフリカヌスの化石を調べたレイモンド・ダートのことをもう一度見直してみよう。ダートは、二〇〇万年前のヒト族の骨に残された傷跡を調べて、彼らは残忍な人喰いだった、と結論づけた。

この結論はヒットした。キラーエイプ仮説を土台として大成功を収めた映画、『猿の惑星』と『二〇〇一年宇宙の旅』（どちらも一九六八年公開）について考えていただきたい。「わたしが人間の残忍で強暴な性質に興味を惹かれるのは、それが人間の本当の姿だからだ」と、スタンリー・キューブリック監督はインタビューで語った[注30]。

しかし、それから何年もたたないうちに、アウストラロピテクス・アフリカヌスの法医学的化石が、違う方向を指し示していることに科学者たちは気づいた。今では専門家が皆同意していることだが、それらの骨に傷を残したのは、他のヒト族（石や牙や角を使って）ではなく、捕食動物だった。ダートが一九二四年に分析した個体の頭骨も同様だ。二〇〇六年に、新たな評決が下された。加害者は大型の猛禽類《もうきんるい》だったのだ[注31]。

では、チンパンジーはどうだろう。人間に近い親戚である彼らは、互いを八つ裂きにすることが知られている。彼らは、血への渇望がわたしたちの遺伝子に書き込まれているという生きた証拠ではないのか？

この件については議論が続いている。中でも学者たちの意見が衝突するのは、チンパンジーはなぜ攻撃を始めるのか、という点だ。中には、人間が干渉するからそうなった、と非難する学者もいる。タンザニアのジェーン・グドールのように、チンパンジーに頻繁にバナナを与えると、彼らはさらに攻撃的になる、結局のところ、そのようなごちそうを逃したいチンパンジーはいないのだから、と彼らは主張した。(注32)

この筋書きは期待できそうに思えたが、わたしは納得できなかった。この筋書きの是非を明らかにしたのは、二〇一四年に発表された大規模な研究である。それは五〇年にわたってチンパンジーの一八集団で収集されたデータを統合したものだ。(注33)そのどこを見ても、チンパンジーの仲間殺しと人間の干渉に相関関係は見つからなかった。チンパンジーは外部からの刺激がなくても残忍になる、と研究者たちは結論づけた。

ありがたいことに、わたしたちの系統樹には、他にも枝がある。例えば、ゴリラはチンパンジーよりはるかに温和だ。さらに良い例はボノボで、彼らは首が細長く、手の骨はきゃしゃで、歯は小さく、終日遊んでいる。じつに友好的で、いつまでも子どもっぽさが抜けない。おわかりだろうか？　その通り。生物学者たちは、ボノボもホモ・パピーと同様に、自らを家畜化したと推測した。ボノボは顔まで不気味なほど人間に似ている。(注34)したがって、人間との共通点を見つけたいのであれば、ボノボから始めるべきだ。

しかし、人間の親戚についての白熱した議論に、どれほどの意味があるだろう。人間はチンパンジーではない。ボノボでもない。霊長類には二〇〇種類を超える種が存在し、それぞれ互いと著しく異なる。優れた霊長類学者であるロバート・サポルスキーは、類人猿は人間の祖先については何も語らないと考えており、「そうした議論に意味はない」と言い切った（注35）。となれば、ホッブズとルソーが取り組んだ問いに戻る必要がある。最初の人間はどれほど暴力的だったか？

先にわたしは、それを知る方法は二つある、と述べた。一つ目は、わたしたちの祖先に似た暮らしをする、現代の狩猟採集民について調べること。二つ目は、わたしたちの祖先が残した古い骨やその他の化石を調べることだ。

一つ目から始めよう。ナポレオン・シャグノンが書いた、ヤノマミ族についての本、『獰猛な人々』については先に述べた。同書は今日に至るまで人類学分野のベストセラーになっている。その記述によると、ベネズエラとブラジルに住むヤノマミ族は、戦いを好み、人を殺す男性は、平和主義の男性（シャグノンに言わせれば「いくじなし」）より子どもの数が三倍多い（注36）。

しかし、シャグノンの研究はどのくらい信頼できるだろう。現在の科学的コンセンサスは、現在の狩猟採集民の大半の暮らしぶりは、祖先の暮らしを代弁するものではない、というものだ。彼らは文明社会にどっぷりつかっていて、農家や都市生活者と接する機会が多い。また、人類学者につきまとわれたという事実だけでも、調査対象としての彼らを「汚染」した（ちなみに、ヤノマミ族以上に「汚染」されている部族はほとんど存在しない。シャグノンは協力の見返りとして彼らに斧となたを配り、彼らは非常に攻撃的だと結論づけた（注37））。

では、殺人者は平和主義者より子どもが多い、という彼の主張はどうだろうか。それは意味をなしていない。と言うのも、二つの重大なミスを犯しているからだ。第一に、年齢の修正を忘れている。シャグノンのデータベースにある殺人者は、「いくじなし」より、平均で一〇歳年上だった。三五歳の男性は二五歳の男性より子どもの数が多い。これは驚くようなことではない。

もう一つの基本的なミスは、生存している殺人者の子どもしか計算に入れなかったことだ。人を殺す人は、往々にして報いを受ける。つまり、復讐されるのだ。そうしたケースを無視するのは、当選者だけに注目して、宝くじを買っても損はない、と主張するようなものだ。（注38）人類学者《アンソロポロジスト》のフィールドワークは、ヤノマミ族のボキャブラリーに新たな単語をもたらした。それは「アンソロ」である。その意味は？「非常に荒々しく野蛮で、興奮しやすい、人間ではない力強い動物」である。（注39）一九九五年に、「アンソロ」は、ヤノマミ族の領域に戻ることを禁じられた。

明らかに、シャグノンのベストセラー本は無視した方がいい。しかし、まだ、心理学者のスティーブン・ピンカーが書いた八〇〇ページ超の大著が残っている。それには人間の暴力的な性質を裏づける確かな証拠として、数多くのグラフや表が満載されている。『暴力の人類史』においてピンカーは、八つの原始社会で起きた暴力死の割合（全死亡者数に占める、他者に殺されて死んだ人の割合）を計算し、平均で一四パーセントという、驚くべき数字を出した。この数字は『サイエンス』などの名高い学術誌に掲載され、新聞やテレビで何度となく報じられた。しかし、他の科学者たちがピンカーの出典資料を調べたところ、ピンカーはいくつかのものを混同していることがわかった。

話はやや専門的になるが、ピンカーがどこで間違ったかを理解する必要がある。わたしたちが知りたいのは、今も狩猟採集生活を送る部族のうち、どの部族が、五万年前の人間の暮らしを体現しているか、ということだ。なんといっても、人類はその歴史の九五パーセントの間、比較的平等な小さな集団で、狩猟採集生活をしながら世界を移動していたのだ。

しかし、ピンカーが注目した研究の大半は、混合文化に関するものだった。人々は狩猟採集をしていたが、すでに集落を作ったり、馬に乗ったりしており、農業さえ行っていた。それらが始まったのは、比較的最近のことだ。農業が始まったのは一万年前、馬が家畜化されたのは五〇〇〇年前だ。馬を飼ったり、畑の手入れをしたりしている人々の生活を調べても、五万年前の祖先たちの暮らしぶりは見えてこないだろう。

仮にピンカーの手法をよしとしたとしても、彼のデータの扱い方は偏っていると言わざるを得ない。パラグアイに住むアチェ族の死者の三〇パーセントと、ベネズエラとコロンビアに住むハイワイ族の死者の二一パーセントの死因は戦争である、とピンカーは結論づけている。そう聞くと、彼らは血に飢えていたように思えてくる。

だが、人類学者のダグラス・フライはピンカーの報告を疑った。フライが元の資料を調べたところ、ピンカーがアチェ族の「戦争による死亡」に分類した四六人は、実際には「パラグアイ人による射殺」として記載された人々であることがわかった。

実のところ、アチェ族は互いを殺し合ったのではなく、「奴隷商人に執拗に追い回され、パラグアイの国境地方の住民に襲われた」と、元の資料には書かれていた。アチェ族は、「力の強い隣人との平和的な関係を望んでいた」とある。ハイワイ族についても同様だった。

ピンカーが戦死者として数えたハイワイ族の男女や子どもは皆、一九六八年にその地域で牛を飼っていた牧場主らに殺されたのだった。(注40)

暴力死の割合が異常に高かったのはそういうわけだ。これらの狩猟採集民は、常習的に殺しあうどころか、「より文化的な」農民の、高度な武器によって殺されたのだ。「パーセンテージを示す棒グラフと表には……科学的客観性が感じられるが、この場合、それはすべて幻想だ」と、フライは書いている。(注41)

では、現代行われている人類学の研究からは何が学べるだろう。今も定住せず、農業を行わず、家畜も飼育しない社会、要するに、旧石器時代の生活のモデルにできる社会を調べたら、何がわかるだろうか。

ご想像の通り、そのような社会を調べたら、戦争はめったに起きないことがわかる。フライは、二〇一三年に「サイエンス」誌がまとめた代表的な部族のリストに基づいて、狩猟採集民は暴力を避ける、と結論づけた。(注42) 他のグループとの対立が起きると、彼らは話し合って解決するか、それが無理なら、次の谷まで移動する。アタ島の少年たちによく似ている。喧嘩が起きると、彼らは島の別々の場所に行って、頭を冷やした。

そして、もう一つ。人類学者たちは長い間、旧石器時代の社会のネットワークはきわめて小規模だったと考えてきた。親族からなる三〇～四〇人の集団でジャングルを歩き回っていて、別の集団に出会うと、すぐ戦いが起きた、と科学者たちは考えていた。

しかし、二〇一一年にアメリカの人類学者のチームが、アラスカの「ヌナミウト族」からスリランカの先住民、「ヴェッダ人」まで、世界中の三二の原始社会を調べて、その人々がきわめて社交的だということを知った。彼らは常に集まって食べたり、宴会をしたり、歌ったりしており、他の集団の人との結婚もタブーではなかった。

確かに彼らは三〇人から四〇人という小さな集団で狩猟採集をするが、その集団は家族ではなく、主に友人で構成され、しかもメンバーは常に変化する。結果として、狩猟採集民は巨大な社会ネットワークを持っている。二〇一四年の調査によると、パラグアイのアチェ族とタンザニアのハッツァ族は、平均で生涯に一〇〇〇人の人に出会うと推定された。(注43)

要するに、あらゆる証拠が、旧石器時代の平均的な人間には多くの友人がいたことを語っているのだ。常に新しい人と出会うことは、常に新しいことを学ぶことでもある。そうであればこそ、わたしたちは、ネアンデルタール人より賢くなった。(注44)

初期の人間の攻撃性を調べる方法がもう一つある。発掘だ。考古学的証拠は、ホッブズ派とルソー派との議論に決着をつけると大いに期待できる。なぜなら化石記録は部族と違って、研究者によって「汚染」されないからだ。しかし一つ問題がある。狩猟採集民は、身軽な旅人だった。彼らは多くを持たず、したがって、多くを残さなかった。

わたしたちにとって幸運なことに、重要な例外が一つある。洞窟壁画だ。もし人間の自然の状態がホッブズ流の「万人の万人に対する闘争」なら、誰かがこの期間のどこかの時点で、そのような絵を描いたと予想できる。しかし、それは見つかっていない。この時代のバイソンやウマやガゼルの狩りを描いた洞窟壁画は数千見つかっているが、戦いを描いたものは、

一つもないのである。(注45)

では、古い骨についてはどうだろう？　スティーブン・ピンカーは著書の中で、二一か所の発掘現場で見つかった骨格のうち、暴力死の割合は、平均で一五パーセントだったと述べている。しかし、この場合も先述したのと同様に、ピンカーのリストは少々混乱している。二一か所の発掘現場のうち二〇か所は、すでに農業が始まっていたか、馬を家畜化していたか、定住が始まっていた時代のものであり、したがって、あまりにも最近すぎるのだ。

では、ウマの家畜化も農業も定住もまだ始まっていなかった時代の考古学的遺物で、戦いの証拠になるものや、戦うことが人間の本性であることを示すものは、どのくらいあるだろう。

答えは、ほとんどない、である。

これまでに、四〇〇か所で発掘された約三〇〇〇のホモ・サピエンスの骨格は、人間の「自然状態」を語れるほど古いものだ。(注46)これらの遺跡を調べた科学者たちは、定住や農業が始まる前に戦争が起きたという証拠を見つけていない。(注47)時代が下ると、もちろん話は違ってくる。著名な人類学者のブライアン・ファーガソンはこう語った。「戦争は、無限に時を遡ることはできない。それには始まりがあった(注48)」

第5章　文明の呪い

1　いつから人類は戦争を始めたのか

つまり、ジャン＝ジャック・ルソーは正しかったのだろうか。人間は生来気高く思いやりがあり、文明が出現するまで全員が仲良く暮らしていたのだろうか。

正直なところ、わたしは、そういう印象を抱き始めた。例えば、一四九二年にバハマに上陸した一人の旅人による記録を読んでみよう。彼は、その島の住民がきわめて平和に暮らしていることに驚いた。「彼らは武器を持っておらず、そもそも武器のことを知らない。わたしが剣を見せたところ……（彼らは）それが何なのかわからず、自分を切ってしまった」。このことから、旅人はあるアイデアを思いついた。「彼らはすばらしい召使いになるだろう……こちらが五〇人もいれば、彼ら全員を服従させ、こちらの望み通りに何でもさせることがで

きる」(注1)

この旅人、クリストファー・コロンブスは、直ちにその計画を実行に移した。翌年、彼は一七隻の船に一五〇〇人の乗組員を乗せてバハマに戻ってきて、大西洋奴隷貿易を始めた。半世紀後、カリブの人口は元の一パーセント未満になった。それ以外の人々は、奴隷として連れ去られたか、病気で亡くなった。

「未開人《バーバリアン》」にとって、「文明化した」入植者との遭遇《そうぐう》は、衝撃的だったにちがいない。人が人を誘拐したり、殺したりするといったことは、異星での出来事のように思えただろう。大げさだと思うのであれば、今でも、殺人が想像のおよばないことである社会が残っていることを考えてほしい。

第二次大戦後、太平洋に浮かぶイファアリク環礁での出来事だ。アメリカの海兵隊員が島の住民を喜ばそうと、ハリウッド製の映画をいくつか上映して見せた。島民にとってそれは、これまでに見たことのない恐ろしいものだった。映画の中での暴力行為は、そうしたことに不慣れな島民を大いに苦しませ、中には数日寝込んだ人さえいた。

数年後、ある人類学者がフィールドワークをするためにイファアリク島を訪れた時、島民たちは彼女に何度も尋ねた。あれは本当のことなのか、アメリカには本当に人を殺す人がいるのか、と。(注2)

人類の歴史の核心には次の謎がある。もし、人間が生来、暴力を嫌悪するのであれば、どこで道を間違えたのか。戦争に始まりがあるのなら、何がわたしたちに戦争を始めさせたのか。

初めに警告しておきたいのは、旧石器時代の生活を過剰に美化してはならないということだ。人間は昔も今も、決して天使ではない。嫉妬《しっと》や激怒や憎悪は古くからある感情で、わたしたちは常に、それらのための犠牲を払ってきた。原始の時代にも、怒りが爆発することはあった。そして公平を期して言えば、ホモ・パピーは、稀にではあっても攻撃をしなければ、世界を征服できなかっただろう。

この最後の一点を理解するには、旧石器時代の政治について少々学ぶ必要がある。基本的にわたしたちの祖先は不平等を嫌った。重要な決定は、全員が発言権を持つ長い審議を経て行われた。あるアメリカ人の人類学者は、三三九件という多数のフィールドワークに基づいてこう述べている。「狩猟採集者は一般に――ほとんど強迫的なまでに、――他者に支配されないことを重視する」(注3)

仮に人々の間に力の差があり、狩猟採集民がそれを認めていたとしても、その差は一時的なもので、何らかの目的があった。リーダーは、知識が豊かであるか、腕が立つか、カリスマ的だった。つまり、与えられた仕事をこなす能力があったのだ。科学者はこれを「能力に基づく不平等」と呼ぶ。

同時に、これらの社会では、メンバーを謙虚にさせるためにシンプルな武器を用いた。それは羞恥心だ。カナダ人の人類学者リチャード・リーは、カラハリ砂漠で狩猟採集の生活を送るクン人とともに数週間をすごし、彼らの生活ぶりを記録した。それを読めば、わたしたちの祖先の間で羞恥心がどのような働きをしたかがわかる。以下は、部族の男が述べる、成功したハンターのあるべき姿だ。

「彼（成功したハンター）は焚き火のそばに黙って座る。他の誰かが来て『今日は何を見つけた？』と聞くと、ようやく静かに答える。『ああ、ぼくは狩りには向いていない。何も見つからなかった……ほんの小さいのを一匹見つけただけだ』それを聞いてわたしは一人でほほ笑む。なぜなら、彼が大きな獲物を仕留めたことを知っているからだ(注4)」

誤解しないでいただきたい。プライドは古くから存在し、貪欲さも同様だ。しかし、数万年の間、ホモ・パピーはそうした性癖《せいへき》を懸命に抑え込んできた。あるクン人はこう言った。「わたしたちが自慢する人間を拒絶するのは、その男はプライドが高いせいで、いつか誰かを殺すことになるからだ。だから、わたしたちはいつもその男に、おまえが捕まえた獲物の肉は価値がない、と言う。そうやって男の頭を冷やし、穏やかにさせるのだ(注5)」。

また、狩猟採集民の間で等しくタブーになっていたのは、備蓄と貯蔵である。歴史の大半を通じて、わたしたちが収集したのは、物ではなく友情だった。ヨーロッパの探検家たちは皆、現地の人々の信じられないほどの寛大さに驚いた。「彼らが持っているものを要求すると、絶対にノーとは言わない。逆に彼らは、誰とでも、分かち合おうとする」と、コロンブスは航海日誌に書いている(注6)。

もちろん、どこにでも、公正な分配を嫌がる人はいるものだ。しかし、傲慢すぎたり、貪欲すぎたりすると、追放されるリスクを負うことになる。そして、追放という脅しが効かない場合、最終的な解決策が採られる。

クン人の部族で起きた次のできごとを例に挙げよう。主役はトウィという乱暴者だ。彼はだんだん手に負えなくなり、すでに二人の人間を殺した。部族のメンバーは苛立っていた。「彼らは全員、トウィに向けて毒矢を撃ち込んだ。そしてトウィがヤマアラシのような姿になって死ぬと、男も女もその亡骸《なきがら》に歩み寄り、槍《やり》を突き刺し、その死に対する責任を共有した」(注7)

人類学者は、先史時代の集団でも、偉そうにする仲間を手早く片付けるために、このような介入は時々起きていたはずだ、と言う。これは、自らを家畜化する方法の一つだ。こうすることで、攻撃的な人は子どもを残すチャンスが少なくなり、穏やかな人は多くの子孫を残すことができた。(注8)

また、人類史の大半の期間、男女はおおむね平等だった。洞窟に暮らす祖先については、こん棒を持ち、短気で、胸を叩くゴリラのような人というイメージが浸透しているが、おそらく昔の男性はそれほどマッチョではなかった。むしろ原始時代のフェミニストだった。科学者は、男女が平等だったことが、ホモ・サピエンスをネアンデルタール人などの他の人類より優位に立たせたのではないか、と推測する。フィールドワークによって明らかになったのは、男性が支配する社会では男性は主に兄弟や従兄弟と共に行動するが、男女が等しく権威を持つ社会では、人々はより多様なソーシャルネットワークを持っていることだ。(注9)そして、第3章で見た通り、友だちが多いほど、人は最終的により賢くなる。

男女平等は子どもの育て方にも表れる。原始的な社会の男性は、現代の父親より多くの時間を子どもたちと過ごしていた。(注10)また、子育ては部族全体が担う責任だった。乳幼児は誰もに抱かれ、母親ではない女性の母乳で育てられることもあった。「そのような幼少期の経験は、狩猟採集社会の子どもが自らの世界を『与えられる場所』と見なしがちな理由を説明する」と、ある人類学者は書いている。(注11)現代の親は子どもに、知らない人と話してはいけないと教えるが、旧石器時代の子どもは、信頼を栄養として育てられた。

そして、もう一つ。狩猟採集民は性生活に関してもかなりおおらかだったことを示す証拠がある。ある生物学者は人間のことを「連続的単婚者」と表現する。タンザニアのハッツァ族は生涯に平均で二～三人の伴侶を持ち、その選択権は女性にある。(注12)また、パラグアイの山地に住むアチェ族では、女性は生涯に平均で一二人もの夫を持つ。(注13)この父親かもしれない人の大きなネットワークには、その誰もが子育てを手伝うという利点が伴う。(注14)

一七世紀に、カナダの先住民族イヌー族の居住地に派遣された宣教師は、不貞はよくない、とイヌーの人々に忠告した。それに対して、イヌー族はこう言い返した。「そんなことはない。あなたたちフランス人は自分の子どもしか愛さないが、わたしたちは部族の子ども全員を愛している」(注15)

２　支配者なしでも神殿や都市が築かれた

祖先の暮らしについて知れば知るほど、わたしの疑問は増えていった。

もし本当に、かつて人間は自由と平等の世界に住んでいたのであれば、なぜそこを去ったのだろう。そして、もし狩猟採集民が偉そうにするリーダーを難なくお払い箱にできるのであれば、なぜわたしたちにはそれができないのだろう。

それについて一般的な説明は、現代社会は傲慢なリーダーなしには成り立たない、というものだ。国家が王や大統領を必要とし、企業がＣＥＯを必要とするのは、地理学者のジャレド・ダイアモンドが言うように、「大集団は、決定を下すリーダーなしには機能しない」からだ。(注16)この説は間違いなく、多くの経営トップや君主の耳に心地よく響くはずだ。そして、それは確かに理にかなっているように聞こえる。実のところ、人々を操る支配者がいなかったら、神殿やピラミッドや都市を築くことができただろうか。

しかし、歴史を振り返れば、厳格なヒエラルキーがないまま神殿や、さらには都市さえ築いた社会はいくつも見つかる。例えば、一九九五年に本格的な発掘が始まった、トルコ南東部の巨大な石の建造物について考えてみよう。その遺跡に林立する美しい彫刻を施した石柱は、それぞれ重さが二〇トンを超える。ストーンヘンジを彷彿とさせるが、それよりはるかに驚異的なものだ。石柱の年代がわかった時、研究者たちは愕然とした。建造物が作られたのは、一万一〇〇〇年以上前のことだったのだ。当時、農耕社会はまだ誕生しておらず、したがって、王や官僚による支配も始まっていなかったはずだ。考古学者は調査を進めたが、農業の痕跡を見つけることはできなかった。この巨大な建造物は狩猟採集民が作ったのだ。(注17)

その建造物は、ギョベクリ・テペ（トルコ語で「太鼓腹の丘」という意味）と名付けられた。それは世界最古の神殿であり、学者たちが「集団作業イベント」と呼ぶものの例だ。数千人が働き、手伝うために遠方から巡礼者がやってきた。完成すると、ガゼルのローストを含む、ごちそうが並べられ、盛大な祝典が開かれた（考古学者はガゼルの骨を数千個も発見した）。このモニュメントが、首長のご機嫌をとるために建てられたのでないのは明らかだ。目的は人々を団結させることだった。（注18）

　正直に言って、有史以前にも時には個人が権力を握ったという手がかりがある。その良い例は、一九五五年にモスクワのおよそ二〇〇キロメートル北にあるスンギルで発見された墓だ。そこに埋葬された人骨は、マンモスの牙で作ったブレスレット、キツネの歯で飾られた帽子、多数の象牙のビーズで飾られていた。全て三万年前のものだ。この墓はある種の王子や王女の墓だったに違いない。もっとも彼らが埋葬されたのは、ピラミッドや大聖堂が作られるずっと前のことだった。（注19）

　たとえそうだとしても、そのような墓地遺跡は非常に稀で、数百キロ離れた場所に、わずかな墓が点在するだけだ。したがって科学者たちは、支配者が権力の座についたとしても、じきに彼らはその座を追われたと考えている。（注20）数万年前からわたしたちは、偉そうにする人を倒すための効率的なシステムを持っていた。ユーモア、あざけり、ゴシップだ。それらが効かない場合は、背後に隠していた弓矢を使った。

　しかし突如としてそのシステムは機能しなくなった。急に支配者たちは玉座に腰をすえ、権力を手放さないようになった。再び、疑問が生じる。なぜ、そうなったのだろう。

３　定住、私有財産、戦争、権力、リーダー

　その理由を理解するには、一万五〇〇〇年ほど前の最後の氷期の終わりまで遡らなければ

ならない。当時、人間の数は少なく、また、彼らは寒さをしのぐために団結しなければならなかった。人々は、生き延びるために戦う《ストラグル》のではなく、生き延びるために寄り添い《スナグル》、互いを暖め合った。(注21)

しかし、やがて氷期は終わり、西のナイル川と東のチグリス川にはさまれた地域は豊穣の地となった。そこでは、団結して厳しい自然に立ち向かう必要はなかった。食物が豊富にあったので、移動するよりとどまったほうが得策だった。家や神殿が建てられ、村や町が形成され、人口が増えた。(注22)

さらに重要なこととして、人々の所有物が増えていった。

このことについて、ルソーは何と言っただろう。「最初に誰かが、杭や溝で土地に囲いをして、これは俺のものだ、と言うことを思いついた」。そこから、全てが悪い方向に進みだした。

もっとも、土地、動物、さらには人間まで個人の所有物にできることを、人々に納得させるのは難しかっただろう。なにしろ狩猟採集民は、ほとんど全てのものを共有していたからだ。(注23)そして、所有の始まりは、不平等の拡大を意味した。誰かが亡くなると、その人の所有物は次の世代に受け継がれた。この種の継承が当たり前になるにつれて、貧富の差が広がっていった。

興味深いのは、最終氷期が終わったのと同じ頃に、最初の戦争が起きたことだ。考古学的研究により、人間が定住を始めた時期に最初の軍事要塞が築かれたことがわかっている。弓の射手が互いを狙っている洞窟壁画が最初に描かれたのも同じ時期だ。そして、この時代以降、暴力の傷跡がはっきり残る人骨が多く見つかるようになる。(注24)

なぜそうなったのだろう。学者たちは、少なくとも二つの理由がある、と考えている。一つは、土地を始め、争いの原因になるものを人間が所有するようになったことだ。もう一つは、定住するようになった人間が、見知らぬ人に対して不信感を抱くようになったことだ。

狩猟採集民の入会資格《メンバーシップ・ポリシー》はかなり緩やかだった。彼らは常に見知らぬ集団と出会い、容易に合流していた。(注25)しかし、村を築いて暮らすようになると、人間は自らのコミュニティと所有物に、より関心を向けるようになった。ホモ・パピーは世界主義者《コスモポリタン》をやめて、外国人恐怖症になったのだ。

皮肉なことに、そんなわたしたちが見知らぬ人々と団結するのは、主に戦うためだった。氏族《クラン》は他の氏族による攻撃を防ぐために、同盟を築き始めた。リーダーが出現した。たいていは戦場で活躍したカリスマ性のある人物だった。新たな戦いが起きるたびに、彼らのリーダーとしての地位は固まっていった。やがて、この戦場のリーダーたちは権力を振るうようになり、平和時にもそれを手放さなくなった。

通常、このようなリーダーは強制的に退位させられた。「永久的な王位を確保できなかった成り上がり者が無数にいたはずだ」と、ある歴史学者は言う。(注26)しかし、大衆による介入が遅れ、リーダーが大衆から身を守るために必要なだけの従者を獲得することもある。このようなタイプのリーダーが支配する社会は、戦争に執着し始める。

「戦争」という現象を理解するには、支配者に目を向けなければならない。将軍と王、大統領と補佐官。彼らは、戦争をすれば自分の力と権威が高まることを知っていて、その目的で戦争を始める怪獣《リヴァイアサン》(注27)だ。旧約聖書では、預言者サムエルが、イスラエルの人々に王を受け入れることの危険性を警告した。これは聖書の中で最も先見性のある、不吉な一節である。

あなたたちの上に君臨する王の権能は次のとおりである。まず、あなたたちの息子を徴用する。それは、戦車兵や騎兵にして王の戦車の前を走らせ、千人隊の長、五十人隊の長として任命し、王のための耕作や刈り入れに従事させ、あるいは武器や戦車の用具を造らせるためである。また、あなたたちの娘を徴用《ちょうよう》し、香料作り、料理女、パン焼き女にする。また、あなたたちの最上の畑、ぶどう畑、オリーブ畑を没収し、家臣に分け与える。また、あなたたちの穀物とぶどうの十分の一を徴収し、重臣や家臣に分け与える。あなたたちの奴隷、女奴隷、若者のうちのすぐれた者や、ろばを徴用し、王のために働かせる。また、あなたたちのヒツジの十分の一を徴収する。こうして、あなたたちは王の奴隷となる。

定住と私有財産の出現は、人類史に新しい時代をもたらした。その時代には、一パーセントの人が九九パーセントの人を抑圧し、口先のうまい人間が指揮官から将軍へ、首長から王へと出世した。こうして人間の自由、平等、友愛の日々は終わった。

4　農耕文明は休みを奪い、女性に重い負担を課した

このような近年の考古学的発見について読みながら、わたしは再びジャン＝ジャック・ルソーに思いを馳せた。「現実主義」を自称する著述家たちはたいてい、ルソーを素朴なロマンチストとして無視するが、わたしには、ルソーは本物の現実主義者のように思えてきた。ルソーは文明の進歩という概念を認めなかった。つまり、洞窟に暮らしていた頃の人間は唸り声をあげて、互いの頭を殴って殺すような野蛮人だったが、農業と私有財産の普及がついに人間に平和と安全と繁栄をもたらしたという考え――今でも学校で教えられている考え――を、ルソーは認めなかったのだ。そして、年中、空腹でけんかばかりしていることに疲れたわたしたちの祖先が平和と安全と繁栄を嬉々として受け入れたということも、認めなかった。

そうしたことは全部嘘だとルソーは思っていた。人間が一か所に落ち着いた時からすべては崩壊し始めた、と彼は考えており、現代の考古学的証拠もそう語っている。また、ルソーは、農業の発明を大いなる失敗と見ており、それについても現代では科学的な証拠が無数にある。

一例を挙げると、狩猟採集民は非常に安楽な生活を送っていて、一週間の労働時間は多くても、平均で二〇～三〇時間だったことを人類学者は突きとめた。それだけ働けば十分だった。自然は彼らが必要とするものを全て与えてくれたので、のんびりしたり、たむろしたり、

セックスしたりする時間はたっぷりあった。

対照的に農民は、大地を耕し、作物を育てなければならないので、のんびり過ごす時間はほとんどない。働かなければ、食べるものはない。神学者の中には、エデンの園からの追放の物語は、組織的農業への転換を示唆している、と言う人さえいる。確かに、創世記の第三章には、神がアダムに語った言葉として、「お前は顔に汗を流してパンを得る」と書かれている。(注28)

定住生活は、特に女性に重い負担を課した。私有財産と農業の始まりは原始のフェミニズムの時代を終わらせた。息子たちは家族の畑や家畜の世話をするために父親の土地にとどまった。それが意味するのは、妻は夫の農場に移り住まなければならないということだ。何世紀もたつうちに、適齢期の娘たちは商品のような存在になり、ウシやヒツジのように取引されるようになった。(注29)

彼女らは嫁ぎ先では、よそ者として扱われたが、男の子を産むと、ようやく家族として受け入れられた。もっとも、それは嫡出子を産んだ場合だ。この頃から女性の純潔が異常なほど重視されるようになったのは、決して偶然ではなかった。狩猟採集の時代の女性は自由に行動できたが、この頃になると家に繋がれ、すっかり覆い隠された。家父長制度が誕生したのだ。

事態は悪くなる一方だった。ルソーは、定住した農民は狩猟採集民ほど健康ではなかったと言ったが、その点でも彼は正しかった。狩猟採集の生活をしていた頃、人間はたくさん体を動かし、ビタミンと食物繊維に富む多様な食物を食べていたが、農民になると、朝も昼も夜も、単調な穀物の料理を食べるようになった。(注30)

人間は密集して、自らの排泄物の近くで暮らすようになった。また、ブタやウシなどの動物を飼いならし、それらの乳を飲み始めた。こうしたことが集落を巨大なペトリ皿に変え、その中で細菌やウイルスが変異した。(注31)「市民社会の歴史を語ろうとすれば、人間の病気の歴史についても語ることになるだろう」と、ルソーは書いている。(注32)

麻疹《はしか》、天然痘、結核、梅毒、マラリア、コレラ、ペストなどの感染症は、農業が始まるまで、人間社会には存在しなかった。では、どこから来たのだろう。人間が新たに飼いならしたペットからだ。より正確に言えば、それらが宿していた病原菌からである。麻疹は、ウシのウイルスから分かれて出現した。インフルエンザは、人間とブタとカモの微細な「三角関係」から生まれ、現在でも絶えず新しい菌株が生まれている。

性感染症も同様である。狩猟採集の時代にはほとんど存在しなかったが、牧畜をするようになると流行し始めた。なぜだろう？　その理由はかなり恥ずかしいものだ。家畜の飼育を始めた時、人間は獣姦を思いついた。つまり、動物とのセックスだ。世の中のストレスが増えるにつれて、農民の中にはこっそりとヒツジやヤギを犯す者が出てきたのだ。(注33)

性感染症は、男性が女性に純潔を求めるようになったもう一つの理由でもある。嫡出子かどうかという問題に加えて、性感染症への恐怖がそうさせたのだ。ハーレムを持つ王や皇帝は、自らが所有する女たちの「貞淑さ」を守るためにあらゆる手を使った。ここから婚前交渉は罪だという考えが生まれ、今も多くの人がそれを支持している。

一か所に定住するようになった人間は間もなく、洪水、飢饉《ききん》、伝染病といった終わりのない災厄と戦わなければならないことに気づいた。凶作や、致死性の感染症の流行のせいで、集落の全員が死ぬこともあった。ホモ・パピーはこのような展開に当惑したはずだ。なぜ、こんなことになったのだろう。裏で誰が操っているのだろう。

学者たちは、人間はいつの時代も神や霊魂を信じていた、と考えている。[注34]しかし、狩猟採集していた頃の祖先が信じた神は、人間の命にはあまり関心がなかったし、ましてや罪を犯した人を罰することには、まったく関心がなかった。その時代の信仰は、むしろ、タンザニアの狩猟採集民、ハッツァ族と何年も共に暮らしたアメリカの人類学者が述べたものに似ていただろう。

「ハッツァ族は宗教を持っていると言えると思う。少なくとも一種の宇宙観を持っている。しかしそれは、(キリスト教やイスラム教やヒンズー教などを信じる)複雑な社会に生きるわたしたちが宗教と考えるものには似ていない。教会、説教師、指導者、宗教的な守護者は存在せず、偶像も神々の像もない。組織化された規則的な集会も、信仰上の道徳もなく、来世への期待もない。彼らの宗教は、主要な宗教とはまるで違っている[注35]」

しかし大規模な集落が出現するようになると、信仰に劇的な変化が起きた。人間は突然降りかかる大惨事を説明するために、執念深い全能の神の存在を信じるようになった。わたしたちが何か間違ったことをすると激怒する神である。
あらゆる種類の聖職者が、神が怒っている理由を見つけることを託された。わたしたちは禁じられた物を食べたのだろうか、禁じられたことを言ったのか。間違った考えを抱いたのだろうか。(注36) 歴史上初めて、人間は罪の概念を発達させた。そして、どうすれば罪を償うことができるのかと、聖職者に教えを請うようになった。祈ったり、一連の儀式をしたりするだけですむ場合もあったが、多くの場合、大切な所有物を神に捧げなければならなかった。食物や動物、果ては人間を生贄にすることもあった。

例えばアステカ族は、首都のテノチティトランに、人間を生贄にするための巨大産業を築いていた。一五一九年にその地を侵攻したコンキスタドールは、最大の神殿テンプロ・マヨールで、巨大な台と塔の上に、何千人分もの頭蓋骨が積み上げられているのを見て衝撃を受けた。これらの生贄の目的は神をなだめるためだけではなかった、と現在の学者たちは考えている。「儀式という状況であっても、捕虜を殺すことは強い政治的声明であり……全住民を支配する方法だった」と、ある人類学者は述べる。(注37)

これらの苦難、すなわち飢饉、伝染病、支配者による抑圧といった苦難を考えると、「なぜ?」と尋ねずにはいられない。なぜ人間は、一か所に定住することが良いアイデアだと思ったのだろう。なぜ人間は、狩猟採集という気楽で健康的な生活を捨てて、農耕民としての苦しく難儀な生活を選んだのだろう。

現在、研究者たちはパズルのピースをあるべき場所にはめ込み、かなり正確な絵を再現している。最初の定住はおそらく、土地があまりにも魅力的だったからだ。枝がたわむほど果実が実り、無数のガゼルやカリブーが草を食むこの世の楽園にいることに気づいた祖先たちは、ここにとどまらないのは頭がどうかしていると思ったにちがいない。

農業に関しても、ほぼ同じだった。誰かが「ユーレカ！」とばかりに作物の育て方を思いついたわけではない。わたしたちの祖先は何万年も前から、植物を植えたら収穫できることを知っていたが、その道へ向かうべきではないということも知っていた。クン人は、ある人類学者にきっぱりと言った。「なぜ、植えなければならないのか？　この世にはこんなにたくさんモンゴンゴ（彼らが常食する木の実）があるのに」(注38)

最も論理的な説明は、人間が罠にはまったというものだ。その罠とは、チグリス川とユーフラテス川の間に広がる肥沃《ひよく》な氾濫原《はんらんげん》である。そこでは手間をかけなくても作物が育った。毎年、洪水が残していった栄養豊かで柔らかい土に、種をまくことができた。自然がほとんどの作業をしてくれたので、働くことが嫌いなホモ・パピーも、農業をやってみる気になったのだ。(注39)

祖先たちに予測できなかったのは、人間の数がいかに増えるかということだった。居住地の人口が増えるにつれて、周辺の野生動物の数は減っていった。不足を補うために、肥沃な土壌がない場所にまで、畑を広げなければならなくなった。突然、農業は楽な仕事ではなくなり、祖先たちは日の出から日没まで、耕したり種をまいたりといった作業に追われるようになった。こうした作業のために作られていたわけではない人間の体は、あちこちが故障し、痛くなった。わたしたちは木の実を集めて、のんきに暮らすように進化してきたが、今やその生活を重労働が占めるようになったのだ。

　では、なぜ人間は、かつての自由気ままな生活に戻ろうとしなかったのだろう。一言でいうと、遅すぎたからだ。食べさせなければならない家族が増えすぎただけでなく、この頃になると人間は、狩猟採集のコツを忘れてしまっていた。また、荷物をまとめて、より緑豊かな草原に引っ越すこともできなかった。なぜなら、周囲の土地にもすでに人間が定住していて、侵入者は歓迎されなかったからだ。要するに、祖先たちは罠にはまったのである。

　ほどなくして農民は狩猟採集民より多くなった。なぜなら、農業は狩猟採集よりも、同じ面積の土地から、より多くの食料を収穫できたからだ。これが大きな軍隊を育てることを可能にした。一方、伝統的な生活を続けた狩猟採集民は、侵略者と彼らが持ち込む感染症との戦いを強いられた。独裁的な支配者に屈することを拒んだ部族は、最終的に力によって倒された。[注40]

　この最初の衝突が、世界の歴史を形作るレースの始まりを知らせた。村は町に征服され、町は市に併合され、市は州に飲み込まれ、といった具合に、社会全体が、戦争の容赦ない要求に応えるために必死になって規模を拡大した。この一連の変化は、ルソーが嘆き悲しんだ最終的な惨事でピークに達した。

　その惨事とは、国家の誕生である。

5　最初に生まれた国家は、奴隷国家

少しの間、トマス・ホッブズが描いた、地球を歩いた最初の人類の絵に戻ってみよう。ホッブズは、自由な生活がわたしたちの祖先を「万人の万人に対する闘争」に追い込んだ、と考えた。したがって、人間が最初のリヴァイアサン（指導者や王）と、それらが約束した安全を望んで受け入れたのは当然だ、とホッブズは主張した。

しかしわたしたちは今では、狩猟採集民だった祖先がそのような支配者を嫌っていたことを知っている。最初に生まれた国家、すなわち、メソポタミアのウルクやファラオが支配したエジプトなどは、例外なく奴隷国家だった（注41）。人々は狭い場所に詰め込まれて暮らすことを選ばなかったが、新たな奴隷を渇望する政府によって捕らえられ、檻に入れられた。天然痘などの疫病のせいで奴隷が死に続けたせいだ（旧約聖書が、都市を否定的に描いているのは、偶然ではない。バベルの塔の崩壊からソドムとゴモラの滅びまで、罪に支配された都市に、神は明瞭な裁きを下した）。

皮肉なことに、お金の発明、文書の発達、法制度の誕生など、今日わたしたちが「文明化の印」として挙げるものは、抑圧の道具として始まった。最初の貨幣を例に挙げよう。人間がお金を作るようになったのは、それが生活を楽にすると考えたからではなく、税を課すための効率的な方法が必要とされたからだ（注42）。また、最初に書かれた文章は、ロマンチックな詩ではなく、未払いの借金の長いリストだった（注43）。

法制度についてはどうだろう。最初の法典である有名なハンムラビ法典には、奴隷の逃亡を手助けした人に下される罰について、びっしりと書かれている。(注44) 民主主義の誕生の地と呼ばれるアテネでは、人口の三分の二は奴隷にされ、プラトンやアリストテレスのような偉大な思想家さえ、奴隷制度がなければ文明は存在し得ないと考えていた。

おそらく、国家の本質を最もよく表しているのは、万里の長城だ。この驚異的な建造物は、危険な「蛮族」を入らせないためのものだが、国民を閉じ込めるためのものでもあった。事実上それは、中華帝国を世界最大の野外刑務所にしていた。(注45)

そしてアメリカの歴史には、大半の歴史書がタブーとして口をつぐむ事実が存在する。それをあえて記録した数少ない人の一人が、建国の父、ベンジャミン・フランクリンだ。ルソーが本を書いたのと同じ頃に、フランクリンは、「野蛮な生活を経験したヨーロッパ人は、再びわたしたちの社会で暮らすことに耐えられない」と記している。(注46) 野蛮な生活を経験したヨーロッパ人とは、アメリカの先住民に捕らえられ、後に解放されたヨーロッパ人のことだ。フランクリンは、「文明人である」はずの白人男女が、植民地の生活に耐えられず、「隙を狙って再び森の中に逃げようとする」様子を書き記した。

植民地の開拓者が続々と未開地に逃げ込むのに対して、反対のことはほとんど起きなかった。(注47) だが、誰が彼らを責められるだろう？　先住民の中で暮らす間、彼らは植民地の農民や納税者より多くの自由を謳歌した。女性にとってその魅力はいっそう強かった。「わたしたちは好きなようにのんびり働くことができました」と、自分を「救う」ために送られてきた同国人から身を隠した女性は語った。(注48)「ここに支配者はいません」と、別の女性はフランス人の外交官に告げた。「望めば結婚できるし、離婚もしたい時にできます。あなたの街に、わたしほど自立した女性がいますか？」(注49)

この数世紀の間、文明社会の出現と衰退についてさまざまな本が書かれてきた。マヤ文明の巨大なピラミッドや、廃墟になったギリシアの神殿について考えてみよう。(注50)これらの本の土台になっているのは、文明が衰退すると何もかもが悪化し、世界は「暗黒時代」に突入する、という考えである。

しかし、現代の科学者たちは、それらの暗黒時代は、むしろ一時的な救済の時代と捉えるべきだ、と提案する。その時代、奴隷は解放され、感染症は少なくなり、食生活は改善され、文化が栄えた。人類学者のジェームズ・C・スコットは、才気溢れる著書『反穀物の人類史』（二〇一七年）において、『イーリアス』や『オデュッセイア』のような傑作は、ミケーネ文明が崩壊した直後の「ギリシアの暗黒の時代」（紀元前一一一〇〜七〇〇年）に生まれた、と指摘している。その後、ホメロスが記録したと言われる。(注51)

わたしたちはなぜ、「未開人《バーバリアン》」に対してネガティブなイメージを持っているのだろう。なぜ、「文明」が欠如した時代を当然のごとく「暗黒時代」と見なすのだろう。誰もが知る通り、歴史は勝者によって書かれる。最古の文章は、国家と君主の宣伝文句であふれている。それを世に送り出したのは、人々を見下して自分の地位を高めようとする抑圧者だ。「未開人《バーバリアン》」という言葉自体、古代ギリシア語を話さないすべての人を表現する言葉として作られた。

こうして今では、文明は平和と進歩の代名詞になり、未開（wilderness）は戦争と衰退の代名詞になった。しかし実際には、歴史の大半を通じて、それは逆だった。

６　長い間、文明は災いだった

例の哲学者、トマス・ホッブズの見解は、これ以上ないほど的外れだった。彼は祖先たちの生活と時代を、「不潔で、野蛮で、短い」と特徴づけた。しかし、正しくは「友好的で、平和で、健康だった」と言うべきだろう。

皮肉にも、ホッブズは生涯を通じて文明という呪いにつきまとわれた。一六二八年には伝染病が、後援者であるデヴォンシャー伯爵の命を奪った。一六四〇年には内乱（清教徒革命）が勃発し、ホッブズはパリに逃れた。彼の人間観は、自らが経験した病気や戦争やその他の災難に根ざしていたが、人間の歴史が始まってから九五パーセントの期間、人間はそうした災厄を経験していなかった。ホッブズは「現実主義の祖」として歴史に名を刻んだが、人間の本性に対する彼の見方は、現実的と呼ぶにはほど遠いものだった。

しかし、文明はすべて悪いのだろうか。文明は多くの良いものももたらしたのではなかったか。戦争と強欲さは別として、現代の世界は、感謝すべき多くのものをわたしたちに与えたのではないのか。

もちろん、その通りだ。しかし、真の進歩はごく最近に起きた現象だということを、わたしたちは忘れがちだ。フランス革命（一七八九年）が起きるまで、ほぼすべての国が強制労働によって支えられていた。一八〇〇年まで、世界人口の少なくとも四分の三が、裕福な支配者の奴隷として生きていた。[注52] 人口の九〇パーセント以上の人々が畑を耕し、八〇パーセント以上がきわめて貧しい生活を送っていた。[注53] ルソーの言葉、「人間は生まれながらにして自由である。しかし、いたるところで鎖につながれている」はまさに真実だった。[注54]

長い間、文明は災いだった。ほとんどの人にとって、都市、国家、農業、文字の出現は、繁栄をもたらさず、苦しみをもたらした。この二世紀の間――全体から見ればほんの一瞬――状況が急速に改善されたため、かつての生活がどれほどひどかったかをわたしたちは忘れたのだ。仮に文明が始まってから今日までの年月を一日に置き換えてみれば、二三時四五分まで、人々は実に惨めな暮らしを送っていた。文明化が良いアイデアのように見えるようになったのは、最後の一五分間だけだ。

その最後の一五分間に、まず、ほとんどの感染症が根絶された。現在、ワクチンは、二〇世紀中に戦争で失われた人命より多くの人命を毎年救っている。[注55] 次に、わたしたちはかつてないほど裕福になった。極貧の生活を送る人の数は、世界人口の一〇パーセント未満になった。[注56] そして三つ目として、奴隷制度が廃止された。

一八四二年に英国総領事がモロッコのスルタンに書簡を送り、奴隷貿易を禁じるために何をしているか、と尋ねたところ、スルタンは驚き、こう答えた。「奴隷貿易は、あらゆる宗派と国がアダムの息子の時代から認めてきたことだ」。[注57] スルタンには知る由もなかったが、その一五〇年後、奴隷制度は世界中で正式に廃止された。[注58]

そして、何より良い変化は、これまでで最も平和な時代が訪れたことだ。(注59) 中世には、ヨーロッパとアジアの人口の一二パーセントが暴力によって死んでいた。しかし、この一〇〇年間に、二つの大戦による死者を含めても、この数字は世界平均でわずか一・三パーセントになった(注60)（米国では〇・七パーセント、わたしが暮らすオランダでは〇・一パーセント未満だ(注61)）。

文明化は悪だと決めつける理由はない。わたしたちは、誰もが恩恵を受ける新たな方法で、都市や国家を組織することを選択できる。文明の呪いは解くことができるのだ。

わたしたちはそうするだろうか。長期的に存続し繁栄することができるだろうか。それは誰にもわからない。過去数十年の進歩は否定できないが、同時にわたしたちは、人類の存続に関わる規模での生態学的危機に直面するようになった。地球は温暖化し、種は次々に絶滅している。差し迫った問題は、この文明化したライフスタイルは持続可能かというものだ。

わたしがよく思い出すのは、一九七〇年代に中国の政治家が、一七八九年に起きたフランス革命の影響について尋ねられた時の答えだ。彼は「判断するのはまだ早い」と答えた。(注62) おそらく同じことが文明化についても言えるだろう。文明化はいいアイデアだったのだろうか。

判断するのはまだ早い。

第6章　イースター島の謎

こうして学んできたことで、人間の歴史についてのわたしの理解は一変した。現代の科学は「ベニヤ説」を手早く片づけた。この数十年間にベニヤ説の反証は多く見つかり、今も増える一方だ。

もっとも、先史時代のすべてを完璧に知るのは不可能だ。祖先の生活にまつわる謎がすべて解明されることは決してない。考古学上のパズルをつなぎ合わせるには、かなりの部分を推測で補わなければならない。加えて、現代の人類学の発見を過去に当てはめることには、常に慎重であるべきだ。

というわけで、ここでもう一度、人間が思うままに行動できる状況に置かれたらどうなるかを見てみたい。現実版の『蝿の王』で島に取り残されたのが、マノを始めとする少年たちだけではなかったと想像してみよう。難破した船には少女たちも乗っていた。この少年少女は、長じて子どもをもうけ、後には孫も生まれた。しかし、数百年後まで、その島の存在は他の国の人々には知られていなかった、と仮定しよう。

さてその島では何が起きただろう。孤絶した状態で発展した社会は、どんな社会になるだろう。

もちろん、先史時代についてこれまでに学んだことを元に、描写することは可能だ。しかし、その必要はないだろう。なぜなら、現実のなりゆきが詳細に記録されているからだ。長らく神話と謎に包まれていた離島で、これまでの章での洞察が一つにまとまる。

1　巨大なモアイ像をいかにして立てたのか

ヤーコプ・ロッヘフェーンは若い頃、父親に約束した。ぼくはいつか「南の大地」を見つける。それを発見したら、歴史に名を残す探検家の一人になれるだろうし、家族にも永遠の名声をもたらすはずだ、と。

その大地は太平洋のどこかにあると考えられていた。ヤーコプの父アレント・ロッヘフェーンは地図製作者で、北半球の大陸塊とのバランスをとるために、南半球には大陸が存在するはずだと信じていた。また、航海者たちがそのような噂を持ち帰ってもいた。ポルトガルの航海者ペドロ・フェルナンデス・デ・キロスは、その大陸を地上の楽園と呼び、キリスト教化を切望する温和な先住民が暮らしている、と語った。その楽園には淡水と肥沃な土壌があり、――瑣末《さまつ》なことだが、――山のように金、銀、真珠があるという話だった。

父が亡くなってから四〇年が過ぎた一七二一年八月一日、ヤーコプはついに船出した。目指すのは、「南の大地」である。彼は旗艦船アレンド号に乗り、三隻の船と七〇台の大砲と二四四人の乗組員からなる船隊を指揮した。この六二歳の提督には歴史をつくるという夢があった。その夢はじきに叶うが、予想外の形でだった。

ヤーコプ・ロッヘフェーンは、新しい文明を打ち立てたのではない。古い文明を発見したのだ（注1）。

出航の八か月後に起きたことは、何度考えても不思議に思える。一七二二年のイースターの日曜日、ロッヘフェーンの船の一隻が旗を高く掲げた。アレンド号は乗組員が見たものを確認するために前進した。それは何だったか。陸だった。右舷の先に小さな島が見えた。その島は何十万年も前に三つの火山の噴火によってできたもので、乗組員は、オランダ語でイースター島を意味する「Paasch Eyland」と名づけた。面積はわずか一〇〇平方マイルほどで、広大な太平洋でロッヘフェーンがその島を見つける確率はゼロに等しかった。

しかし、さらに驚くべき発見があった。そこには住民がいたのだ。

オランダ人たちの船が島に近づくと、海辺には、彼らを見ようとする人々が集まっていた。ロッヘフェーンは当惑した。彼らはどうやってこの島へ来たのだろう。長い航海ができそうな舟は見当たらなかった。ロッヘフェーンをさらに当惑させたのは、島のあちこちに置かれた、見上げるほどの石像だ。島民はそれを「モアイ」と呼んでいた。巨大な胴体に頭部が載った、高さ三・五メートルほどの像である。ロッヘフェーンは日誌にこう綴っている。「重い木材や太い木材がなく、装具をつくるための丈夫なロープもない人々が、どうやってあれ

南の大地を見つけるためのヤーコプ・ロッヘフェーンの航海

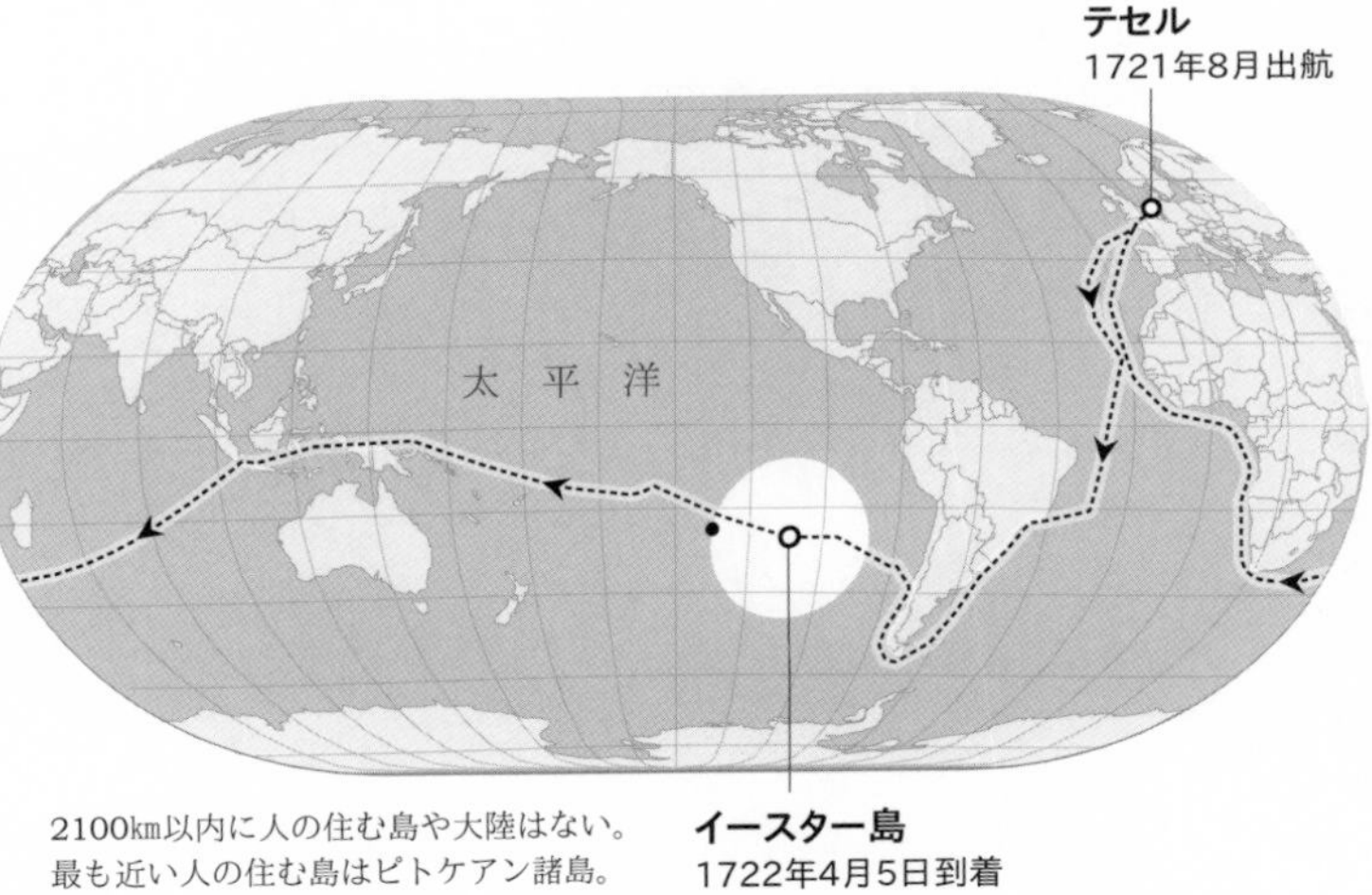

2100㎞以内に人の住む島や大陸はない。
最も近い人の住む島はピトケアン諸島。

らの像を立てることができたのか（注2）」

島で一週間過ごした後、ロッヘフェーンらは錨を揚げた。答えよりも多くの疑問を彼らは抱えていた。今日でも太平洋のこの小島は、世界でも最も謎の多い場所の一つであり、何世紀にもわたってさまざまな仮説が唱えられてきた。たとえば、島民はインカ人の子孫であるとか、石像を立てたのは、背丈が三メートル半もある巨人族だったとか（注3）、果ては、モアイ像は宇宙人が空から落としたという説さえ登場した（宇宙人説を唱えたのは、スイスのホテル支配人だったエーリッヒ・フォン・デニケンで、古代の遺跡を築いたのは宇宙人だとする彼の本は、七〇〇万部売れた（注4））。

真実はそこまで空想的ではないが、かなり現実離れしている。

ＤＮＡ検査のおかげで、ロッヘフェーンがやって来るずっと前にこの島を発見した最初の探検者たちは、太平洋のバイキングこと、ポリネシア人だったことがわかっている。（注5）彼らは無謀に近い勇気をもって、一六〇〇マイルほど離れたガンビエ諸島から出発し、覆いのないカヌーで向かい風をものともせず漕ぎつづけた。そんな航海が何度失敗したのかはわからないが、この話にとっては一度成功すれば十分だ。

では、巨大なモアイ像についてはなにがわかっているだろう。一九一四年、キャサリン・ラウトレッジという若い人類学者がフィールドワークに来た時、立っている石像は一体もなかった。横倒しになり、いくつかは一部が割れ、雑草に覆われていた。

この小さな社会で、どうやって巨大な石像を切り出し、運ぶことができていたのか、と彼女は不思議に思った。島に樹木はなく、クレーンどころか車輪のようなものさえなかった。昔、この島の人口はもっと多かったのだろうか。ラウトレッジは自らの疑問を高齢の島民たちに投げかけた。島民たちは、何百年も前に起きたことを語り始めた。ぞっとするような話だった。（注6）

島民の話をまとめると、こういうことだ。昔、この島には「長耳族」と「短耳族」という二つの部族が住んでいた。彼らは仲よく暮らしていたが、あることがきっかけで反目するようになった。何世紀も続いていた平和は破られ、血なまぐさい内戦が始まった。長耳族は島の東部へ逃げ、溝を掘って身を隠した。翌朝、短耳族はその溝を両側から攻撃し、火を放ち、長耳族を彼ら自身が掘った墓穴の中で焼き殺した。その塹壕の跡は今日でも見ることができる。

だが、それは始まりにすぎなかった。その後、数年の間に状況は悪化し、ホッブズのいう、「万人の万人に対する闘争」の状態になり、島民たちは互いを食べることさえ始めた。何が原因だったのだろう。ラウトレッジには推測するしかなかったが、この社会全体を自滅させる、何かが起きたのは確かだ。

ラウトレッジが島を訪れてから三〇年ほど後の一九五五年に、トール・ヘイエルダールというノルウェーの冒険家が、イースター島探検に乗り出した。彼はちょっとした有名人だった。数年前に五人の友人たちと大型の筏を作り、ペルーからポリネシアまで四三〇〇マイルを航海したのだ。最後はラロイア環礁で難破したが、彼にとってその旅は、インカ人が筏でポリネシアの島々に渡り住み着いたという自説を裏付けるものだった。専門家は納得しなかったが、この説に関する彼の著書『コン・ティキ号探検記』は五〇〇〇万部も売れた。(注7)

このベストセラーのおかげで、ヘイエルダールはイースター島まで遠征する資金を得た。彼は名高い科学者を何人か誘ったが、その一人がウィリアム・ムロイというアメリカ人だった。この遠征がきっかけとなって、ムロイは残りの人生をイースター島研究に捧げることになる。出発前、彼はヘイエルダールに「きみが書いたくだらない本を、わたしは少しも信じていないからね」ときっぱり言った。(注8)

しかし意外なことに、この科学者と冒険家はうまくやっていくことができた。イースター島に上陸して間もなく、二人は沼の底で花粉を発見した。何の花粉かわからなかったので、顕微鏡で分析してもらうために、ストックホルムの著名な古植物学者のもとへ送った。分析の結果はすぐ戻ってきた。古植物学者によると、この島にはかつて広大な森があったのだ。

ゆっくりとながら確実にパズルのピースが集まり始めた。ムロイは、亡くなる数年前の一九七四年に、イースター島と島民がたどった運命について真実の物語を発表した。[注9] ネタバレ注意：この物語はハッピーエンドではない。

2 「絶滅する未来」という教訓

すべては不可思議なモアイから始まった。

ムロイはこう述べている。イースター島の人々はどういうわけか、この巨大な石像をいくら立てても満足できなかった。岩山から次々に巨大な石像が削り出され、あるべき場所に運ばれた。負けず嫌いの族長たちは、ますます大きなモアイをほしがり、労働者を養うために、より多くの食料が必要になった。また、石像を運ぶために島の木は次々に切り倒されていった。

しかし、有限の島が無限の増加を支えることはできない。ある日、気がつくと、木は一本も無くなっていた。そうなると土壌は浸食され、作物の収穫は減った。カヌーを作る木材がないので、魚を獲ることもできなくなった。石像作りは滞り、緊張が高まった。二つの部族間で戦争が始まった。この部族とは、ラウトレッジが記録した長耳族と短耳族のことだ。一六八〇年頃、戦いはピークに達し、長耳族はほぼ全滅した。

生き残った島民たちは大酒を飲んで破壊行為におよび、モアイ像をすべて引き倒した、とムロイは書いている。いっそう悪いことに、彼らは互いの肉で飢えを満たそうとし始めた。島民たちは今でも、祖先の人喰いの物語を語り、お気に入りの侮辱の言葉は、「おまえの母さんの肉がおれの歯の間にはさまっている」だ。(注10) 考古学者は、島民が「マタア」と呼ぶ黒曜石（火山ガラス）の矢尻を大量に発掘した。大規模な殺戮が起きたという証拠だ。

つまり、一七二二年にこの島に上陸したロッヘフェーンが出会ったわずか数千人の島民は、哀れな生き残りだったのだ。今日でもモアイが切り出されたラノ・ララクの石切場は、慌ただしく放棄された作業場のような印象を見る人に与える。石斧は地面に投げ出され、何百体というモアイが未完成のまま残されている。

ムロイの論文はイースター島の謎を解く突破口になり、彼の主張を裏づける証拠が、他の科学者によってその後も次々に発見された。たとえば一九八四年には、二人のイギリス人地質学者が、島の三つの火口すべてで化石花粉を発見したと発表し、かつてこの島は森に覆われていたという説を補強した。(注11)

最終的に、イースター島の悲劇的な歴史を不滅のものにしたのは、世界的に有名な地理学者、ジャレド・ダイアモンドだ。(注12) 彼はベストセラーになった自著『文明崩壊――滅亡と存続の命運を分けるもの』において、明らかな事実を列挙した。

・イースター島には、紀元九〇〇年頃という早い時期からポリネシア人が住んでいた。
・発掘された数多くの住居跡の分析から、一時期、島の人口は一万五〇〇〇人に達したと推定できる。
・モアイのサイズは次第に大きくなり、労働力と食料と木材の必要性も増した。
・石像は倒した状態で木の幹に載せて運ばれ、その作業には、多くの労働者、多くの木、強力な監督者が必要とされた。
・やがて木が一本もなくなると、土壌は浸食され、農業は停滞し、飢饉が島民を襲った。
・一六八〇年頃、内戦が勃発した。
・一七二二年にヤーコプ・ロッヘフェーンが到着した時、島民は数千人しか残っていなかった。おびただしい数のモアイはすでに倒され、島民は互いを食べていた。

この話の教訓は何だろう？

それはわたしたちに直接関係がある。イースター島と地球を並べてみると、いくつか気がかりな共通点が見つかる。ちょっと考えてみよう。イースター島が大海の一点だとすれば、地球は広大な宇宙の一点だ。島民は逃げるための舟を持たなかったが、わたしたちも、逃げるための宇宙船を持っていない。イースター島では森林破壊と人口増加が進み、地球では環境汚染と温暖化が進んでいる。

こうしたことから導かれる結論は、わたしが前章までで述べてきたこととは正反対だ。「人間の貪欲さに限界はない」と、考古学者のポール・バーンとジョン・フレンリーは共著

『Easter Island, Earth Island（イースター島と地球島）』に書いた。彼らはまた、「人間の自己中心性は、遺伝的に備わっているらしい」とも述べている。(注13)

ホッブズのベニヤ説は、振り払ったと思ったとたん、ブーメランのように戻ってくる。イースター島の話は、人間に対する暗い見方を裏づけているように思える。地球が温暖化し続け、わたしたちが消費と汚染を続けるにつれて、イースター島はわたしたちの未来の完璧な象徴として浮かび上がってくる。この際、ホモ・パピー説や、高潔な未開人といった戯言《たわごと》は忘れよう。むしろわたしたちの種はウイルス、あるいはイナゴの大群のようなものだ。すべてを不毛にし、荒廃させる疫病であり、気がついた時には手遅れになっている。

つまりこれがイースター島の教訓だ。その不幸な歴史は、ドキュメンタリーや小説、事典や報告書、学術論文やポピュラーサイエンスの本で繰り返し語られてきた。わたしもそれについて書いたことがある。長くわたしは、イースター島の秘密は、ムロイやダイアモンドや彼らの支持者たちによって解き明かされたと信じきっていた。これほど多くの卓越した専門家が、同じ暗い結論に至っているのであれば、今さら議論の余地があるだろうか。

しかし、わたしはヤン・ボーセマの研究に出合った。

3　ジャレド・ダイアモンドの誤り

ライデン大学のボーセマのオフィスを訪れた時、ドアの向こうからはバッハのカンタータが聞こえた。ノックすると、鮮やかな花柄のシャツを着た男性が現れた。部屋の中は、まさに本の山だった。

ボーセマは環境生物学者だが、書架には歴史書や哲学書がぎっしり並び、自身の研究では、科学と人文学の両分野の情報を活用している。この独特なアプローチにより、ボーセマは二〇〇二年にシンプルだが奥深い発見をするに至った。それは、わたしたちがイースター島について知っていると思っていたあらゆる情報と矛盾した。彼は、他の無数の研究者や著述家には見えなかったこと（あるいは、彼らが見たくなかったこと）に気づいたのだ。

当時、ボーセマは、教授就任講義の準備をしており、イースター島の衰退についての背景知識を必要としていた。そこで、ロッヘフェーンの航海日誌は今も存在するのだろうかと思いながら、図書館の目録を調べた。三〇分後、彼の机の上には、『ジェイコプ・ロッヘフェーン氏の発見の旅の日誌』が開かれていた。

「初めは、自分の目が信じられなかった」と、当時を振り返ってボーセマは言う。殺戮と食人についてのおぞましい記録を予想していたが、その内容は実に明るかった。「崩壊しつつある社会についての記述は皆無だった」。

ロッヘフェーンは島民たちを、筋肉質の体と輝く白い歯を持つ、友好的で、見るからに健康な人々、と描写していた。島民たちは食料をねだるどころか、オランダ人の乗組員に食料をくれたそうだ。ロッヘフェーンはこの島の土壌は「きわめて肥沃だ」と記しており、倒れた石像については言及しておらず、武器や食人のことにも触れていない。それどころか、その島を「地上の楽園」と表現している。

「いったいどういうわけだろう、と不思議に思った」。そう言って、ボーセマは笑みを浮かべた。

ボーセマは、広く受け入れられているイースター島の滅亡の物語について重大な疑念を示した、最初の科学者の一人になった。彼の二〇〇二年の講義原稿に目を通すと、イースター島の歴史は、科学的知識に基づく推理小説のように思えてくる。わたしたちもボーセマのように、一つ一つ謎を解いていこう。目撃者の証言を確認し、島民のアリバイをチェックし、可能なかぎり正確に時系列を突き止め、凶器を詳細に調べよう。この調査には、歴史学から地質学、人類学から考古学まで、あらゆる分野に協力を求めなければならない(注14)。

まずは、犯行現場に戻ろう。一六八〇年に長耳族が隠れ、殺された塹壕だ。この残酷な話の出所はどこだろう。

存在する最古の記録は、一九四一年に島民がキャサリン・ラウトレッジに語った過去の記憶だ。どの探偵も知る通り、人間の記憶は不確かなものであり、しかもこの記憶は何世代も口頭で伝えられてきた。自分の祖先が二、三〇〇年前に何をしていたかを、誰かに説明しなければならない状況を想像してみよう。しかも、歴史書は存在せず、言い伝えられた記憶に頼るしかないとしたら。

結論は？　おそらくラウトレッジの記録は最良の情報源ではない。

だが、伝聞だけが殺戮の証拠ではなかった。ヘイエルダールの探検隊のメンバーだった考古学者カーライル・スミスは、長耳族の虐殺現場とされる塹壕の周りを発掘し、木炭を見つけた。そのうちの二つを年代測定のために専門機関に送った。一つは一六七六年のものと特定された。スミスはそれで満足した。その年代は、長耳族の殺戮や焼殺があったとされる時期と一致したため、話の裏が取れたと思ったのだ。(注15)

もっとも、後にスミスはこの解釈にいくつか但し書きを追加した。また、後の分析により、推定される木炭の年代は、一四六〇年から一八一七年までと、ずいぶん幅が広くなった。加えて、現場では人間の遺体は一つも見つかっていない。しかも、その溝は人の手で掘られたものではなく、自然にできたものであることを地質学者たちが証明した。しかし、一六八〇年に虐殺があったという話は長く消えなかった。(注16)そして、ヘイエルダールやムロイやダイアモンドが、その話を広め続けた。

法医学的証拠に照らすと、部族間で戦争があったという説はいっそう説得力がなくなる。その説は、島民は飢え、互いを食べるようになったと語る。しかし近年、島民の遺骨、数百体を考古学的に分析したところ、ロッヘフェーンの観察が正しかったことがわかった。一八世紀初頭にこの島に住んでいた人々は健康そのものだった。(注17)彼らが飢えていたという証拠は一つもないのだ。

では、大規模な内戦があったことを示す手がかりについてはどうだろう。

数年前、スミソニアン研究所の人類学者のチームは、イースター島で出土した頭蓋骨、四六九個を調査し、大規模な内戦があったという証拠は皆無だと発表した。実のところ、（少なくとも仮説上は）悪名高いマタア（黒曜石の矢尻）で刺された可能性のある痕跡が残る頭蓋骨は二つだけだった。(注18)

もっとも、今では、科学者たちはマタアを武器とは見なしていない。おそらくマタアは、ごく一般的な皮むきナイフだったのだろう。実のところ、ロッヘフェーン隊の船長の一人は、島民が黒曜石のかけらでバナナの皮をむく様子を見ている。アメリカのある研究チームは、二〇一六年に四〇〇個のマタアを調べて、武器としては役に立たなかったと結論づけた。鋭利さに欠けるというのだ。(注19)

だからといって、イースター島の人々が、致命的な武器の作り方を知らなかったというわけではない。しかし、このチームのリーダーが淡々と述べたように、「彼らはあえて作らなかった」。(注20)

となると、謎はさらに深まる。彼らが殺し合わなかったのなら、かつてこの島にいた大勢の人々はどうなったのだろう。ロッヘフェーンは、自分が訪れた時、島には二〇〇〇人ほどしか住んでいなかった、と述べているが、ダイアモンドは、一時は、一万五〇〇〇人もの人がいたと言う。彼らはどこに消えたのか。

ダイアモンドがどうやってその数字を出したかを調べるところから始めよう。彼は、考古学的遺物から、かつて島に何軒の家があったかを推測し、一軒に何人が住んでいたかを推測した。そして端数を切り上げた。信頼できる方法とは思えない。

むしろこのドラマがいつ始まったかを特定できれば、はるかに正確な人数を出せるはずだ。かつては、この島には西暦九〇〇年頃から、あるいは早くも西暦三〇〇年頃から、人が住んでいたと考えられていた。しかし最近では、技術が進歩したおかげで、この年代は大幅に遅れて、西暦一一〇〇年頃と特定されている。(注21)

この年代をもとに、ヤン・ボーセマは簡単な計算をした。一一〇〇年に約一〇〇人のポリネシアの船乗りがイースター島に上陸したとしよう。人口は年に〇・五パーセントずつ増えた。この数字は、産業化以前の社会が到達しうる最高値だ。この計算では、ロッヘフェーンが上陸する頃には、最高で二二〇〇人の住民がいたことになる。まさにロッヘフェーンが見積もった通りだ。

それが意味するのは、互いを拷問《ごうもん》し、殺し、食べたと言われる何千人もの島民には完璧なアリバイがあるということだ。

彼らは初めからいなかったのである。

次の未解決の謎は、イースター島の森はどうなったのか、というものだ。ダイアモンドやムロイを始めとする科学者の一派を信じるなら、島の木々は、できるだけ多くのモアイを立てようとする貪欲な島民によって、ことごとく伐り倒された。カナダのある歴史家にいたっては、「熱狂」と「イデオロギー上の異常」のせいだという診断まで下している。(注22)

しかし、少々計算しただけで、この結論は早計にすぎることがわかる。ボーセマは、一〇〇〇体の石像を所定の位置まで運ぶには、一体につき約一五本の木が必要だったと考えている。だとすれば、多くても一万五〇〇〇本ということになる。さて、島には何本の木があったのか？　生態学的研究によると、数百万本、最大で一六〇〇万本もあったそうだ。(注23)

さらに、こうした石像の多くは、出来上がっても、石切場であるラノ・ララクから運び出されなかった。それらの石像は、内戦が始まったせいで「放棄」されたのではなく、石切場の「守護者」として意図的に残されたと、現在の科学者たちは考えている。(注24)

とは言え、四九三体の石像は別の場所に運ばれた。この数は多いように思えるが、島民たちは何百年もの間、その島に住んでいたことを忘れてはならない。彼らが一年に動かした石像は、せいぜい一体か二体だった。なぜ切りのよい数字でやめなかったのだろう。ボーセマは、それについても簡単に説明できる、と考えている。退屈だったからだ。「そんな風に島で暮らしていると、持て余すほどの時間があった」と彼は笑う。「石を削ったり運んだりといった作業は、そうした生活にメリハリを持たせるのに役立った」(注25)

思うに、モアイを作ることは、集団作業イベントと見なすべきなのだろう。一万年以上も前にギョベクリ・テペで神殿群が建てられたのとほぼ同じだ（第5章参照）。もっと最近でいえば、二〇世紀の初めにスマトラ島の西にあるニアス島で、五二五人もの男性が木製のそりに大きな石像を載せて引く様子が観察されたのも、その例だ。(注26)

こうした作業は間違いなく、もっと効率的に行えたはずだが、効率はどうでもよかった。これは、誇大妄想にとりつかれた支配者が思いついた、自らの威信を守るための事業ではなく、人々を結びつけるために皆で行う儀式だったのだ。

誤解がないよう断っておくと、実のところイースター島の人々は、かなりの数の木を伐り倒した。モアイを動かすためだけでなく、中の樹液を採取したり、カヌーを作ったり、あるいは土地を開墾したりするためだ。そうだとしても、森がすっかり消えた理由を語るとなると、もっと怪しい容疑者がいる。その名はラッツス・エクスランス。別名、ナンヨウネズミ。

おそらくこの齧歯類《げっしるい》は、最初にたどり着いた人々の舟にもぐり込んでやって来た。そして、島には捕食動物がいなかったので、好き放題に食物をあさり、繁殖した。研究室でラットを繁殖させると、四七日で数は二倍になる。このペースで増え続けると、三年間でひとつがいのラットから一七〇〇万匹の子孫が生まれる。

これがイースター島に、真の生態学的災害をもたらした。生物学者たちは、繁殖の速いラットが木々の種を食べたせいで森は育たなくなった、と考えている。(注27)

だが、イースター島の人々にとって、この森林破壊はたいして問題ではなかった。木を伐採すれば、耕地が増えるからだ。考古学者のマーラ・マルルーニーは、二〇一三年の論文で次のように述べている。「樹木がなくなった後、食糧生産は増えた。それは島民が、小石を積み重ねて農作物を風から守り、温度や水分を保つといった、賢明な農業技術を用いたからだ」(注28)

仮に人口が一万五〇〇〇人に達しても、十分な食料があった、と考古学者たちは見積もる。マルルーニーは、イースター島は「人間の独創性が失敗ではなく成功をもたらすことの象徴とされるべきだ」とまで言う。(注29)

4 災厄をもたらしたのはヨーロッパ人だった

だがその成功は短命に終わった。

イースター島を破滅させることになる疫病神は、島で生まれたのではなく、ヨーロッパの船に乗ってやってきた。この悲劇の幕が開くのは、一七二二年四月七日、ロッヘフェーンと乗組員たちが上陸の準備をしていた時のことだ。イースター島から、裸の男が一人、小舟をこいで、ロッヘフェーンらの船までやって来た。五〇歳代とおぼしきこの男は、がっしりした体格で、浅黒い肌にタトゥーを入れ、あごひげを生やしていた。

乗船した男は興奮を隠さなかった、とロッヘフェーンは日誌に書いている。男は「マストの高さやロープの太さ、帆や大砲」に驚き、「見る物すべてに、恐る恐る触れた」(注30)。鏡にうつる自分の姿を見ても、船の時鐘が鳴るのを聞いても、大いに驚き、ブランデーを差し出すと、自分で目に注《そそ》いだ。

ロッヘフェーンが何より感銘を受けたのは、この島民の陽気さだった。彼は踊り、歌い、笑い、何度も「オ・ドロンガ、オ・ドロンガ」と叫んだ。おそらく「ようこそ」と叫んでいたのだとヨーロッパの研究者たちが判断したのは、ずいぶん後のことだ。

しかしそれは苦い歓迎となった。ロッヘフェーンは三隻の帆船と二隻の小型帆船に一三四人の男を乗せていた。イースター島の人々はどう見ても喜んでいたが、オランダ人は戦闘態勢を組んでいた。そして何の警告もなく、四、五発の銃声が鳴り響いた。「さあ、今だ。撃ち方始め」と、誰かが叫んだ。続いて三〇発以上の銃声が鳴った。島民たちは海岸に一〇体ほどの遺体を残し、島の奥へ逃れた。遺体には「オ・ドロンガ」と最初にあいさつした、友好的な男も含まれていた。

ロッヘフェーンは勝手に攻撃した部下に激怒したが、部下は、誤解があったのだと弁明した。日誌は、部下への処罰については触れていない。日が暮れると、ロッヘフェーンは、一刻も早く出発して、「南の大地」を見つけるという任務に戻るべきだと主張した。

ロッヘフェーンたちが去った後、四八年の時を経て、新たな艦隊がこの島を訪れた。ドン・フェリペ・ゴンザレスの率いるこの探検隊は、木でできた十字架を三本立て、スペイン国旗を掲げ、ここは聖母マリアの島であると宣言した。島民は特に気にしていないようだった。

「敵意は感じられなかった」と、征服者たちは書いた。(注31)スペイン人が弓矢をプレゼントしたところ、平和に暮らす島民は、使い方がわからず、弓を首にかけて首飾りのようにした。四年後の一七七四年、ジェームズ・クックが指揮するイギリスの探検隊がやって来た。クックは太平洋横断という壮大な旅を三度なし遂げ、ついに「南の大地」が実在しないことを証明した。彼は偉大な探検家として歴史に名を刻んだが、ロッヘフェーンの名はとうの昔に忘れられた。

運命論者の大半が、この島についてクックの言葉をそのまま信じたのは、クックの名声ゆえだったのだろう。倒れたモアイについて最初に報告したのはクックで、島民は「小柄で痩せていて、臆病で、みすぼらしい」と最初に評したのもクックだった。

少なくとも後の書物では、クックはそう書いた、とされている。奇妙なことに、トロント大学の研究者がクックの日誌を読み直したところ、そのような辛辣な表現はどこにも見つからなかった。(注32)それどころか日誌には、島の住民は「機敏で活発で、容貌が美しく、不快な顔つきではない。よそ者に親切で、快く受け入れる」と書かれていたのだ。(注33)

1786年4月9日にイースター島を訪れた画家ガスパール・デュシェ・ド・ヴァンシーによるエングレービング（版画）。この絵はおそらく、イースター島の原住民についてよりも、このフランス人画家と、植民地時代ならではの彼のものの見方について多くを語っているだろう。この絵が現存するのは、まさに奇跡だ。ド・ヴァンシーは、探検家のラ・ペルーズ伯ジャン＝フランソワ・ド・ガローが率いる不運な遠征隊のお抱え画家だった。1787年、探検隊はロシア北東部のカムチャッカ半島に到達した。そこでラ・ペルーズ伯は、安全のために、この絵を含む探検の記録を母国に送った。1年後、彼らを乗せた船は難破した。ラ・ペルーズ伯、ド・ヴァンシー、乗組員がどうなったかは謎で、学者たちは今日でもそれを解明しようとしている。　出典：Hulton Archive

だとすれば、クックはどこで、「小柄で痩せていて、」というあの辛辣な評価を下したのだろう。イースター島の崩壊の筋書に符合し、科学雑誌「ネイチャー」の神聖なページで紹介されたことさえある、この言葉は、何に記されているのだろうか。(注34) ダイアモンドは、典拠としてポール・バーンとジョン・フレンリーが共著した『Easter Island, Earth Island』を挙げているが、同書に典拠は書かれていなかった。そこでわたしは、この不可解な言葉の出所を自力で突き止めることにした。図書館で長い一日をすごした後に、それは見つかった。一九六一年にアカデミックな読者層のために書かれた、面白味のない本（"Archaeology of Ester Island"）の中に。(注35)

テーマは？　あるノルウェー人のイースター島探検である。著者は？　トール・ヘイエルダール。

そう、クックが書いたとされるこの言葉の出所は、ノルウェーの冒険家にして愚かな考えの擁護者、ヘイエルダールだったのだ。ベストセラーになった著書『コン・ティキ号探検記』に続く著書『アク・アク——孤島イースター島の秘密』で彼は、この島には耳の長いインカ人が住んでいたが、あとから耳の短いポリネシアの食人族が押し寄せてきたという自らの夢想を語った。クックが「無害で友好的だ」と評した島民を、ヘイエルダールは「原始的な人喰い」の集団に書き換えた。(注36)

こうして誤った通説が生まれたのである。

もう一つ、解決すべき謎が残っている。島民はなぜ、巨大な石像を倒したのだろう。

その答えを出すには、ロッヘフェーンの日誌に戻らなければならない。彼が率いる船隊がやってくるまで、何百年もの間、島民たちは世界には自分たちしかいないと思っていた。あらゆるモアイが海ではなく陸に向いて立っていたのはおそらく偶然ではないだろう。

そこへ突然、三隻の巨大な帆船が水平線に現れた。島民たちは、驚異的な船と恐ろしい武器を持つ奇妙なオランダ人たちのことをどう思っただろう。予言者だと思っただろうか。あるいは、神だと思ったか。彼らの到来と、海岸での虐殺は、たいへんな衝撃だったにちがいない。「あの島では孫の代になっても、この話が語られるだろう」と、オランダの船員の一人は予想した。(注37)

次にやってきたのは、派手がましいスペイン人の一団だった。彼らは太鼓を打ち鳴らし、旗を振って大仰な行進を行い、雷鳴のような三発の砲声で示威《じい》行為を締めくくった。

こうした出来事が、島民の世界観に相当な打撃を与えたと考えるのは飛躍しすぎだろうか。ロッヘフェーンは、「島民たちがモアイの前にひざまずくのを見た、と書いているが、クックは、「オランダ人が来たころはどうであれ、今の島民にとって石像はもはや崇拝の対象ではない」と述べ、「島民たちは崩れかかっている石像の土台の修理さえしない」と記している。(注38)

ロシア人船員の記録によると、一八〇四年には、立っているモアイはほんの数体だけになっていた。残りはすでに自然に倒れたか、意図的に倒されたか、あるいはその両方だった。(注39)真実がどうであれ、モアイにまつわる伝統は次第に忘れられた。その本当の理由は今後もわからないままだろう。二つの仮説が唱えられており、そのどちらか、あるいは両方が正しい可能性がある。一つは、島民が新たな娯楽を見つけたというものだ。森がなくなると、巨大な

石像をあちこちに運ぶのは難しくなったため、人々は暇をつぶす新たな方法を考え出した、とその説は語る。(注40)

もう一つの仮説は、学者たちが「カーゴカルト」と呼ぶものと関係がある。カーゴカルトとは、西洋人やその持ち物(カーゴ)に夢中になることだ。(注41)島民たちはどういうわけか、西洋人の帽子に心を奪われた。あるフランスの探検隊は、到着した日に帽子をすべて島民に与え、彼らを大喜びさせた。

またその頃には、島民が、ヨーロッパの帆船の形をした家を建てたり、ボートの形に似た石塚を作ったり、ヨーロッパの船員をまねて儀式を行ったりするようになった。外国人がまた目新しい贈り物を持って戻ってきてくれるのを願ってのことだったと、学者たちは考えている。

そして外国人は戻ってきたが、今回は、贈り物を携えてはいなかった。むしろ、奪い取るためにやって来た。目的は島民だ。

5 奴隷商人とウイルスに滅ぼされた

一八六二年のある暗い日、最初の奴隷船が水平線上に現れた。

イースター島の島民は、ペルーの奴隷商人にとっては格好の標的だった。島は孤立しており、列強がまだ領有権を主張しておらず、丈夫で陽気な人々が暮らしていた。要するに、「島民の身に起きることを知る人も、気にかける人もいそうになく、容易に島民を連れ去る

ことができた」と、ある歴史家は言う。（注42）

最終的に、一六隻の船が、一四〇七人の島民を乗せて出航した。島の人口の三分の一に相当した。一部は、嘘の約束でだまされ、残りは力ずくで連れ去られた。これを行ったのは、アタ島（一〇〇年後に、現実世界で『蠅の王』が展開される島）の住民を拉致《らち》したのと同じ奴隷商人だったことが後に判明する。ペルーに着き、奴隷にされた島民たちは、「蠅」のようにばたばたと死んでいった。鉱山で酷使されて死んだ人もいれば、感染症で死んだ人もいた。

一八六三年、ペルー政府は国際的な圧力に屈し、生き残った島民を島に送り返すことにした。帰島の準備のため、元島民は、ペルーのカヤオという港湾都市に集められた。食料はほとんど与えられず、もっと悪いことに、港に停泊していたアメリカの捕鯨船には、天然痘に感染している乗組員が一人いた。ウイルスは広まった。イースター島までの長い航海の間、毎日のように遺体が海へ投げ捨てられた。解放された四七〇人の奴隷のうち、生きて故郷に戻れたのは、わずか一五人だった。

しかし、島民全員にとっては、むしろ彼らも死んでいたほうがよかったのだ。彼らが戻ると、ウイルスは他の島民に拡がり、死と崩壊の種を撒き散らした。イースター島の運命は決まった。この時代に島を訪れたヨーロッパ人は、島民がいがみ合う姿を目撃している。あるフランス人船長の記述によると、あちこちに頭蓋骨や他の骨の山があり、病がもたらした災厄に絶望した何十人もが、崖から身を投げて死んだ。

一八七七年、疫病がようやく終息した時、島民は一一〇人しか残っていなかった。八〇〇年前に最初にカヌーでやってきてこの島に住み着いた人々の数とほぼ同じだった。伝統は失われ、儀式は忘れられ、文化は廃《すた》れた。奴隷商人と彼らに起因する病気は、島民とネズミがしなかったことを、やり終えた。イースター島を破滅させたのだ。

さて、最初の物語のうちで何が残っただろう？　自己中心的な島民が自らの文明を破壊し尽くしたという物語の、何が真実として残ったのか。

ほとんどない。内戦は起きず、飢饉も起きず、島民は互いを食べたりしなかった。森は消えたが、島は住みにくくなったわけではなく、むしろより生産的になった。一六八〇年に、あるいはその前後に、大量虐殺は起きなかった。人口減少が始まったのは一八六〇年以後だった。さらに言えば、外国からの訪問者は、滅びつつある文明を発見したわけではない。彼らがそれを崖から突き落としたのである。

もっとも、島民に非がなかったわけではない。彼らは図らずもネズミを島に持ち込み、土着の動物と植物を絶滅させた。しかし、前途多難なスタートを切りはしたが、彼らはきわめて適応力と耐久力が高かった。彼らは世界中で長く信じられていたより、はるかに賢明だったのだ。

ということで、イースター島はわたしたちの未来を象徴していると、まだ言えるだろうか。ボーセマ教授と面談した数日後、ある新聞の見出しに「気候変動がイースター島の石像を襲う」とあった。科学者たちは、海面上昇と海岸浸食の影響を分析し、そう予測したのだ。(注43)

気候変動をわたしは疑っていない。それがわたしたちの時代の最大の難問であり、もはや時間の猶予はないという主張は、その通りだと思う。しかし、わたしが疑うのは、運命論的な崩壊のレトリックだ。そのレトリックは、わたしたち人間は生まれつき利己的であり、さらに言えば、地球にはびこる疫病のようなものだ、と語る。この考えが「現実的」だと吹聴されると、本当にそうなのか、とわたしは疑う。逃れる道はない、と聞かされると、やはり疑念が湧いてくる。

あまりにも多くの環境活動家が、人間の回復力を過少評価している。彼らの暗い考えが自己成就的予言になることをわたしは恐れている。つまり、それがノセボ効果となり、わたしたちを無気力にし、温暖化をいっそう加速させるのではないかと懸念しているのだ。気候変動にも新しい現実主義が必要だ。

ボーセマ教授はこう言った。「問題だけでなく、解決策も指数関数的に成長する可能性があることに、この社会は気づいていない。そうなるという保証はないが、それは可能だ」

証拠は？　イースター島を見れば十分だ。最後の木がなくなった後、島民は農業を見直し、新たな技術を開発して、収穫を大幅に増やした。イースター島の真実の物語は、機知と粘り強さによって長い困難を乗り越えた人々の物語だ。避けられない破滅の物語ではなく、希望が湧いてくる物語なのだ。

Part 2

アウシュヴィッツ以降
AFTER AUSCHWITZ

「自分でも不思議に思うのは、今でもわたしは理想をすべて捨ててしまったわけではないということです。どれもばかげていて、非現実的に思えるのに、わたしはそれらにしがみついています。なぜなら、何があったとしても、人間の本性は善だと信じているからです」

アンネ・フランク（1929-1945）

人間は本質的に優しいというのが本当なら、そろそろ、避けられない問いに取り組むべき時だ。それは、ドイツの出版社の多くが、本書の出版に前向きになれなかった理由であり、本書を書いている間ずっと、わたしを悩ませ続けた問いだ。

アウシュヴィッツをどう説明するのか。

ユダヤ人への襲撃、集団的迫害《ポグロム》、大量虐殺、強制収容所をどう説明するのか、ヒトラー、スターリン、毛沢東、ポル・ポトに賛同し、望んで人々を処刑したのは誰だったのか。

六〇〇万人を超えるユダヤ人が組織的に殺害された後、文学と科学は、人間はなぜそこまで残酷になれるのかという疑問にとりつかれた。初めのうちは、ドイツ人を自分たちとは異なる動物と見なし、すべてを彼らのひねくれた魂と病んだ心と野蛮な文化のせいにしようとした。いずれにせよ、彼らは自分たちとはまるで違うのだ、と。

しかし、問題が一つあった。歴史上最も凶悪なこの犯罪は、辺境の未開地で起きたわけではなく、世界で最も裕福で最も進歩している国の一つにして、カントとゲーテの国、ベートーベンとバッハの国で起きたのだ。

結局のところ、文明社会はベニヤ板でさえなかったのだろうか。ルソーの述べたことが正しく、文明とは陰湿な腐敗なのだろうか。当時、科学の新しい分野が台頭し、現代の人間には根本的な欠陥があるという不穏な証拠をもたらし始めた。その分野とは、社会心理学である。

一九五〇年代から一九六〇年代にかけて、社会心理学者は、何が普通の人々を怪物に変えるのかを突き止めるために、詮索と探求と精査を始めた。この新種の科学者たちは、人間は誰でも恐ろしい行動をとり得ることを示す実験を、次々に考案した。わたしたちが置かれた状況にほんの少し手を加えるだけで、「ほら、出来上がり！」、誰の心にもナチスが生まれるのだ。

『蝿の王』がベストセラーになっていた頃、スタンレー・ミルグラムという若い研究者が、人は怪しげな権力者の命令にもおとなしく従うことを立証した（第8章参照）。また、ニューヨークで起きた若い女性の殺害は、現代の無関心に関する何百件という研究の土台になった（第9章参照）。さらには、ムザファー・シェリフやフィリップ・ジンバルドといった心理学教授が実験を行い（第7章参照）、善良な少年でも、機会さえあれば暴君に変わることを示した。

わたしの興味をそそるのは、こうした研究のすべてが、比較的短い期間に行われたことだ。それは、言うなれば社会心理学の開拓時代で、野心的な若い研究者が、衝撃的な実験の力を借りて科学界のスターダムにのし上がっていった。

それから五〇年が過ぎ、こうした研究者たちは亡くなったか、あるいは名高い教授として世界を飛び回っている。彼らの研究は有名で、新しい世代の学生たちに教えられ続けている。だが最近では、彼らが戦後に行った実験の資料が公開されるようにもなった。初めてわたしたちは、その舞台裏を見ることができるようになった。

第7章

「スタンフォード監獄実験」は本当か

1　スタンフォード大学の地下室にて

一九七一年八月一五日、午前一〇時少し前、カリフォルニア州パロアルト市の警官が、それぞれ自宅にいた九人の若者を逮捕した。五人は窃盗、四人は武装強盗の容疑だ。若者たちはボディチェックされ、手錠をかけられ、待機するパトカーへ追い立てられた。近隣の人々は驚いた表情でそれを見ている。

見物人たちが知らなかったのは、これが実験の一部だったことだ。この実験は、科学史上、最も悪名高い実験の一つであり、新聞の第一面を飾り、大学一年生の教科書に掲載され、何百万人もの学生が学ぶことになる。

その日の午後、若い犯罪者たち（本当は無実の学生たち）は、スタンフォード大学の四二

○号棟の石の階段を降りて、心理学部の地下室へ向かった。「スタンフォード郡監獄」という表示が彼らを迎える。階段の下で彼らを待っていたのは、九人の学生からなる別の集団で、全員が看守の制服を着て、ミラーサングラス（鏡面レンズのサングラス）で目を隠している。手錠をかけられた学生たちと同じく、彼らも小遣い稼ぎのためにここにいる。唯一の違いは、手錠の学生は囚人役で、サングラスの学生は看守役だということだ。

囚人たちは、服を脱いで廊下に並ぶよう、命じられる。足首に鎖をかけられ、ナイロンストッキングで作った帽子をかぶせられ、各人に数字が割り当てられている。以後はその数字で呼ばれる。最後に、女性用のスモックを与えられ、一部屋に三人ずつ閉じ込められる。

その後に起きたことは、世界中に衝撃を与えた。ほんの数日で、スタンフォード監獄実験は制御不能に陥るのだ。その過程で、人間の本性に関する残酷な真実が明らかになる。

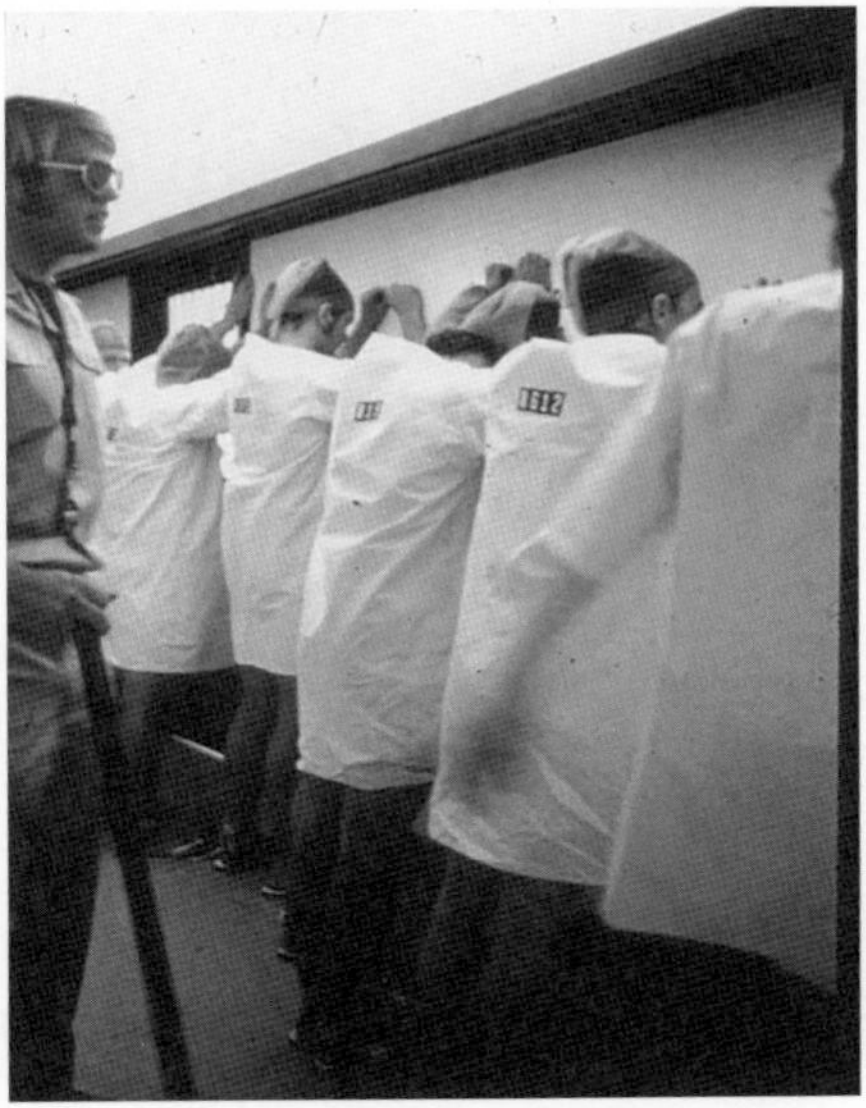

スタンフォード大学の地下、1971年８月。
出典：フィリップ G.ジンバルド

この実験は、ごく普通の健

康な若者を対象として始まった。何人かは、被験者として登録した時に、自分は平和主義者だと書いた。

二日目で早くも変化が現れた。囚人たちは反乱を企て、看守たちは鎮圧した。それから数日間、看守は囚人を服従させるためのあらゆる戦術を考案した。人糞の悪臭が漂う部屋で、睡眠を剥奪され、虐待された囚人は、一人また一人と実験を離脱した。一方、看守たちは思うままに権力を振るった。

ある時、囚人の八六一二号が感情を爆発させた。実験監獄のドアをけり、こう叫んだ。「何だってんだ。ジーザス！ はらわたが煮えくり返る。わからないか？ おれは出たいんだ。ここは最悪だ。もう一晩も耐えられない。うんざりだ！[注1]」

この研究の責任者である心理学者フィリップ・ジンバルドもこの芝居に参加しており、囚人を完全に支配しようとする看守長を演じた。彼は、六日目にようやくこの悪夢を終わらせた。実験の展開に恐怖を感じた大学院生（ジンバルドの恋人でもある）に、「何をやっているの！」となじられたからだ。すでに囚人のうち五人が「極度の落ち込み、号泣、激怒、激しい不安」の兆候を示していた[注2]。

実験の後、ジンバルドと研究チームは、答えにくい問いに直面した。「何が起きたのか？」という問いだ。今日では、心理学入門書の大半にその答えは載っている。ハリウッド映画やネットフリックスのドキュメンタリーでも描かれたし、マルコム・グラッドウェルのベストセラー『ティッピング・ポイント』も述べている。オフィスの冷水器のそばで誰かに聞いたら、教えてくれるだろう。

答えはこういうことだ。一九七一年八月一五日、平凡な学生の一団が怪物に変わった。それは彼らの性質が悪かったからではなく、悪い状況に置かれたからだった。グラッドウェルはこう述べている。「普通の人を、恵まれた環境、幸福な家庭、良い学校から連れ出し、身辺の詳細を変えるだけで、行動に強い影響を与えることができる」(注３)

ジンバルドは、実験がここまで暴走するとは誰にも予想できなかった、と強く主張した。彼が出した論理的な結論は、わたしたちは誰しも凶悪な行動をとることができる、というものだ。スタンフォード大学の地下室で起きたことは、「『看守』の制服を着たことの『当然の』結果と見なされるべきだ(注４)」と彼は書いている。

２　子どもを対立させたい実験者

その一七年前に別の実験が行われ、ほぼ同じ結論に達したことを知る人はほとんどいない。それはロバーズ・ケーブ実験で、学界の外では忘れられたが、数十年にわたって社会心理学者を刺激し続けた。スタンフォードの実験とは異なり、被験者は大学生のボランティアではなく、疑うことを知らない子どもたちだった。

一九五四年六月一九日、オクラホマ市のバス停で、一一歳前後の少年一二人がバスを待っていた。誰も互いを知らないが、みな善良で敬虔《けいけん》なキリスト教徒の家庭に育った。知能指数は平均的で、学業成績も平均的だった。問題児もいじめられっ子もいない。全員が心身ともに健康な普通の子どもである。

もっとも、この日の彼らは興奮気味だった。これからオクラホマ州南東部のロバーズ・ケーブ州立公園に行き、サマーキャンプに参加するからだ。このキャンプ地は、ベル・スターやジェシー・ジェームズのような伝説的な無法者の隠れ家になったことで知られ、およそ二〇〇エーカーの広大な森林地帯に、湖や洞窟が点在する。少年たちに知らされていないのは、翌日、他の少年の一団がやって来て、このパラダイスを分かち合わなければならないことだ。また、このキャンプが実は科学実験だということも知らされていなかった。彼らは実験のモルモットだった。

この実験を統括したのは、トルコ生まれの心理学者ムザファー・シェリフだ。かねてよりシェリフは、集団間の対立がどのように生じるかに興味を持っていた。このキャンプは入念に下準備され、研究チームへの指示ははっきりしていた。少年たちは好きなことを自由に行うことができ、何の制限も受けない、というものだ。

最初の段階では、どちらのグループも、もう一つのグループの存在を知らない。彼らは別々の建物で過ごし、公園には自分たちしかいないと思っている。そして二週目になると、二つのグループは慎重に引き合わされる。どうなるだろうか。彼らは仲良くなるか。あるいは、騒動が始まるか。

このロバーズ・ケーブ実験は、後にシェリフが「最良の子どもたち」と表現した品行方正な少年たちが、ほんの数日で「邪悪で、心がすさんだ、乱暴な子どもの集団」(注5)になることを示した。行われたのは、ウィリアム・ゴールディングが『蠅の王』を出版した年だ。しかし、ゴールディングが、子どもは生来、邪悪だと考えていたのに対し、シェリフは、すべては状況次第だと確信していた。

キャンプは楽しく始まった。両グループはそれぞれ、「ラトラーズ（ガラガラヘビ）」、「イーグルス（ワシ）」と自分たちに名前をつけた。一週目、互いの存在に気づいていない彼らは、グループ内で協力して作業をこなした。ロープでつり橋を作り、湖への飛び込み台を設置し、ハンバーガーの肉を焼き、テントを立てた。ともに走り、遊び、誰もが互いと友だちになった。

二週目、実験は別の方向へ向かう。研究者は慎重に、両グループを互いに紹介した。その後、ラトラーズが、「自分たちの」野球場でイーグルスがプレーしているのを聞きつけた。その後、ゲームで勝ち負けを決めることになり、ライバル心と競争の一週間が始まった。対立は急速にエスカレートしていった。二日目、綱引きで負けたイーグルスは、腹いせにラトラーズの旗を燃やした。対してラトラーズは夜襲を仕掛け、カーテンを切り裂き、マンガ本を略奪した。イーグルスは靴下に重い石を入れ、それを武器にして決着をつけようとした。間一髪のところで、キャンプリーダー（実は研究者）が仲裁に入った。

この週の終わりに、ゲームの勝者はイーグルスだと宣言され、そのメンバーは全員、光り輝くポケットナイフをもらった。腹立ちが収まらないラトラーズは、また夜襲をしかけて、賞品をすべて奪って逃げた。イーグルスの面々が、ナイフを返せと迫っても、ラトラーズはあざけるだけだった。一人が「かかってこい、この臆病者」と言って、ナイフをこれ見よがしに振り回した。（注６）

少年たちが殴りあいを始めると、キャンプ場の管理人を装ったシェリフ博士は、すこし離れた場所に座って、忙しそうにメモをとった。彼にはすでに、この実験が金鉱になることがわかっていた。

ロバーズ・ケーブ実験の話は、ここ数年、特にドナルド・トランプがアメリカ大統領に選ばれて以来、再び注目されるようになった。数え切れないほどの専門家が、現代を理解するための鍵として、この研究を取り上げた。ラトラーズとイーグルスの対立は、右派と左派、保守と革新という普遍的な対立を象徴しているのではないだろうか。

テレビのプロデューサーたちはこの研究の設定に注目し、これはヒットすると見込んだ。オランダのテレビ局はこのキャンプを再現する番組を作ろうとした。タイトルはふさわしくも「This Means War（これは戦争を意味する）」である。しかし、そのコンセプトが本当に戦争を意味することが判明し、撮影は早々に打ち切られた。

そろそろ、ムザファー・シェリフがまとめた一九六一年のオリジナルの研究報告書を読むべきだろう。わたしはすでに読んだので保証するが、その報告書はかなり専門的で、すらすら読めるものではない。最初のページでシェリフは「状況によって外集団に対する否定的態度が生じる」と述べている。わかりやすく言えば、戦争が起きるということだ。

それでも、専門的でわかりにくい表現の中に、わたしはいくつか興味深い事実を見つけた。まず、ゲームでの競争を提案したのは、子どもたちではなく実験者だった。しかも、当初イーグルスは、その考えにあまり乗り気ではなかった。ある少年はこう言っている。「彼らと

は仲良くできそうだ。そうした方が、誰も腹を立てたり、恨んだりしないですむよ」(注7)

加えて、研究者たちが提案したのは、バスケットボールや綱引きのように、勝ち負けがはっきりしているゲームだけで、残念賞はなかった。さらには、接戦になるよう、研究者たちはスコアを操作した。

こうした陰謀は、ほんの始まりにすぎなかった。

3　「あの人たちは、子どものことを完全に誤解している」

わたしは二〇一七年の夏にメルボルンでジーナ・ペリーに会った。彼女がロバーズ・ケーブ実験に関する本を刊行する数か月前のことだ。ペリーはオーストラリア人の心理学者で、シェリフの実験に関する大量の記録や録音を調べるうちに、過去五〇年の間に教科書で何度となく語られたあらゆることと食い違う事実を見つけた。

まず、ロバーズ・ケーブ実験に先立って、シェリフが「現実的葛藤理論」を立証しようとしていたことが判明した。［訳注：現実的葛藤理論とは、利害が相反する外集団に対しては敵対的になりやすく、利害が一致する内集団に対しては協力的になりやすい、という理論］。シェリフは一九五三年に、ニューヨーク州のミドル・グローブという小さな町の郊外で、サマーキャンプを催した。そこでも彼は全力を尽くして、少年たちを対立させようとした。後に彼がこの実験について唯一、（しかも脚注に紛れ込ませて）語ったのは、「さまざまな問題と好ましくない状況のせいで」この実験を中断しなければならなかった、ということだけだった(注8)。

ペリーは、この忘れられたサマーキャンプの成り行きについて、シェリフの資料からわかったことを教えてくれた。キャンプの二日目には、少年たちは皆、仲よくなっていた。ゲームをしたり、森を駆け回ったり、弓矢で遊んだり、大声で歌ったりした。

三日目、実験者は、少年たちを「パンサーズ」と「パイソンズ」という二グループに分け、その週の残りの数日、ありとあらゆる手を使って両グループを敵対させようとした。パンサーズの少年たちは、グループで着るお揃いのTシャツのデザインとして、平和の象徴であるオリーブの枝のイラストを提案したが、却下された。数日後、実験スタッフの一人が、パイソンズのテントを一つ引き倒した。パンサーズの犯行だと思われることを期待したが、実験者にとっては腹立たしいことに、両グループは協力して、テントを立て直した。

次に、スタッフは、パイソンズが疑われるのを期待して、パンサーズのキャンプ地を荒らした。少年たちはまたもや助け合って、そこを元どおりにした。自分のウクレレを壊されたある少年は、スタッフを呼び出し、アリバイを尋ねた。そしてこう非難した。「たぶん、あなたはぼくらの反応を見たかっただけでしょう?(注9)」

日がたつにつれて、研究チームの雰囲気は悪くなっていった。お金をかけた彼らの実験は、完全な失敗へと突き進んでいた。少年たちは、シェリフの「現実的葛藤理論」が予測するような喧嘩はせず、仲のいい友だちのままだった。シェリフはスタッフを責め、午前二時になっても寝ようとせず、酒を飲んでいた(ペリーが聞いた録音テープによると、シェリフはいらいらと歩き回っていた)。

最終日が近づいたある夜、研究チームのストレスは限度を超えた。少年たちはすやすや眠っていたが、シェリフは、子どもたちを仲違いさせるために全力を尽くしていないと言って、研究アシスタントの一人になぐりかかった。そのアシスタントは自衛のために、薪《まき》をつかんだ。「シェリフ博士、そんなことをするなら、こちらもなぐりますよ」(注10)。彼の声は夜の闇に響き渡った。

一人の少年が、スタッフによる詳細な観察を記したノートを見つけ、自分たちがモルモットにされていることを知った。そうなると、実験は中止するほかなかった。この実験で立証されたことがあるとすれば、それは、子どもたちがいったん仲よくなると、仲違いさせるのはかなり難しいということだ。この時の少年の一人は何年か後に、心理学者たちについてこう語った。「あの人たちは人間の本性がわかっていなかった。子どものことを完全に誤解していた」(注11)

４　操作されていた看守役たち

この実験でのシェリフ博士の操作は言語道断だとあなたが思ったとしても、一七年後の監獄実験のシナリオに比べれば大したことはない。表面上、ロバーズ・ケーブ実験とスタンフォード監獄実験とには、多くの共通点がある。どちらも被験者は二四人の白人の男子で、どちらも善人が自然に悪人になりうることを証明しようとした(注12)。だが監獄実験は、さらに先へ進んだ。

ジンバルドが行った実験は、疑わしいだけではない。捏造《ねつぞう》だったのだ。わたしが最初に捏造を疑ったのは、二〇〇七年に出版されたジンバルドの著書『ルシファー・エフェクト』を読んだ時のことだった。それまでわたしはずっと、彼の「看守たち」は自発的にサディストになったと思っていた。ジンバルド自身、数え切れないほどのインタビューで、その点を強調していたし、看守たちが米国議会の聴聞会で、「法と秩序と尊厳を守るために、独自のルールをつくり上げた」[注13]と証言したことさえあった。

しかし、その本の五五ページで、ジンバルドは実験前の土曜日に行われた、看守たちとのミーティングについて述べている。その午後、ジンバルドは看守たちに彼らの役割について手短に説明した。その内容は誤解のしようのないものだった。

> 我々は欲求不満を生み出すことができる。彼らの恐怖心を生み出すこともできる。……さまざまな方法で彼らの個人としての人格を奪うつもりだ。彼らは制服を着せられ、けっして名前では呼ばれない。数字を与えられ、その数字で呼ばれるのだ。一般的に、こうしたことのすべては、彼らに無力感を生じさせるはずだ。[注14]

ここまで読み進んで、わたしは愕然とした。れっきとした科学者が、自分が看守に教え込んだと、公然と述べているのだ。囚人を数字で呼ぶ、サングラスをかける、サディスティックなゲームをさせるといった設定は、看守たちが考案したのではなかった。彼らはそうするように命じられていたのだ。

加えて、実験が始まる前の土曜日にはすでに、ジンバルドはあたかも自分と看守が一つのチームであるかのように、「我々」と「彼ら」という表現をしていた。後にジンバルドは、実験が進むにつれて自分は自然に看守長の役目を果たすようになった、と言ったが、それは嘘だった。初日から彼は采配を振っていたのである。

このことは、研究の客観性に致命的な影響を及ぼす。それを理解するには、社会学者の言う「要求特性」を知る必要がある。要求特性とは、被験者が実験の狙い（要求）を推測して、それに合う行動をとろうとすることで、そうなると科学実験は茶番劇に変わる。そして、ある研究心理学者が述べているように、スタンフォード監獄実験では、「要求はあからさまだった」(注15)。

では、看守たちは、何を要求されていると思っただろう。のんびり座って、トランプをしたり、スポーツや女の子の話をしたりすることだろうか。後のインタビューで、看守役を務めたある学生は、することを前もって細かく計画していた、と語った。「ぼくの頭には、明確なプランがありました。受刑者の行動を引き出し、何かを発生させ、研究者に研究材料を提供しようとしたのです。結局のところ、カントリークラブにいるかのようにのんびりくつろいでいる若者から何を学べるでしょうか(注16)」。

このような告白がありながら、いまだにスタンフォード監獄実験が教科書から削除されていないのは、きわめて遺憾なことだ。だが、話はまだ終わりではない。二〇一三年六月、フランスの社会学者ティボー・ル・テクシエは、二〇〇九年にジンバルドが行ったＴＥＤトークを偶然目にした。短編映画を数本制作したことのあるル・テクシエは、スクリーンに映った画像にたちまち興味を引かれた。それは激しく泣く学生を映した未処理のフィルムで、ル・テクシエの目には、人の心をつかむドキュメンタリーに最適な素材のように見えた。そこで彼は実験の記録の調査に乗り出した。

ル・テクシエはフランス国立映画センターの助成金を得ると、さっそくカリフォルニアへのフライトを予約した。訪れたスタンフォード大学では、二つの衝撃的な発見をした。一つは、ジンバルドの資料を調べたのは自分が最初だということ。もう一つは、その資料の内容だ。ドキュメンタリー映画を作ろうという彼の熱意は、たちまち困惑に変わり、やがて絶望へと変わった。気がつくと彼は、ジーナ・ペリーと同じように、この実験がまったく異なる内容だったことを明かす記録と録音の山に囲まれていた。

「それがでたらめだったことを理解するまでに、かなり時間がかかりました」と、彼は言った。二〇一八年の秋のことだ。翌年、彼の情け容赦ない分析が、世界有数の心理学雑誌「アメリカン・サイコロジスト」に載った。「最初は信じたくなかったです。いや、この方はスタンフォード大学の名声ある教授なのだから、自分が間違っているのだと思いました」

だが証拠は堅牢だった。

そもそも、この実験を思いついたのはジンバルドではなかった。デーヴィッド・ジャッフエという修士課程の学生だった。ジャッフェと四人の級友は、ある科目の課題をこなすために、自分たちの寮の地下を監獄にするのは名案だと考えた。一九七一年の五月、彼らは友人に声をかけ、六人を看守、六人を囚人にし、ジャッフェ自身が刑務所長になり、二四時間限定で、その試みを実行した。

看守たちは、「囚人は互いを数字でしか呼んではならない」、「囚人は刑務所長をつねに『刑務所長様』と呼ばなければならない」といったルールを考え出した。翌日の月曜日の授業で、ジャッフェはこのエキサイティングな「実験」と、それが参加者に引き起こした強い感情について熱っぽく語った。ジンバルドは強く興味をそそられ、自分で試さずにはいられなくなった。

実験に際して、ジンバルドが心配したのは、次の二点だけだった。十分にサディスティックな看守を見つけることができるだろうか。人々に潜む邪悪さを引き出すのを誰が手伝ってくれるだろうか。ジンバルドはジャッフェを研究助手として雇うことにした。後に、ジャッフェはこう説明した。「優れたサディストとしての以前の経験をもとに、戦術を提案しなさい、と言われました」(注17)

以後、四〇年間、数え切れないほどのインタビューや論文において、ジンバルドはこの実験の看守役には一切、指示を与えなかった、と言い続けた。囚人に課したルール、罰則、屈辱は、すべて看守たちが考え出したのだ、と。さらにジンバルドは、実験に参加したジャッフェのことを、看守役の学生で、他の看守役と同じくこの実験にのめり込んでいた、としか書いていない。

真実はそれとは程遠いものだった。一七のルールのうち一一は、ジャッフェが考案したものだった。囚人が到着してからの詳細な手順を決めたのも彼だった。足首に鎖をつけるのは？　彼のアイデアだ。囚人を裸にするのは？　同じく。一五分間、裸のまま立たせるのは？　それもジャッフェのアイデアだった。

それだけでなく、実験前の土曜日、ジャッフェは他の看守たちと六時間を共に過ごし、鎖と警棒の最も効果的な使い方などを説明した。「実験で起きることのリストがここにある。そのうちのいくつかは、起きなければならないことだ」(注18)と、彼は語った。実験が終わった後、仲間の看守たちは、ジャッフェの「サディスティックな発想力」(注19)を称賛しさえした。

一方、ジンバルドも、サディスティックなゲームプランに貢献していた。彼は囚人を常に寝不足の状態にするために、点呼と称して午前二時半と午前六時に起こすという厳しいスケジュールを立てた。また、妥当な罰として、囚人に腕立て伏せをさせたり、彼らの毛布を植物の棘だらけにしたりした。独房に入れることも好んだ。

なぜジンバルドは、ここまで詳細に実験を管理しようとしたのだろう。答えは簡単だ。彼は看守には興味を持っていなかった。この実験が焦点をあてていたのは、囚人だった。強いプレッシャーを受けた囚人が、どう振る舞うかを解明したかったのだ。彼らはどのように退屈するか？　どのようにイライラするか？　どのように怖がるか？

看守たちは自らを研究アシスタントと見なしていた。ジンバルドが看守たちをどう扱ったかを振り返れば、彼らがそう思うのも当然だった。看守たちが次第にサディスティックになっていったことにジンバルドが衝撃を受けたとか、そうした看守役の変化がこの実験の真の教訓だといった主張は、事後につくり上げられたものだった。実験の間、ジンバルドとジャッフェは、囚人をもっと厳しく扱うよう看守たちに圧力をかけ、厳しさの足りない看守を叱責したのである。

後に見つかった録音テープでは、ジャッフェが「手ぬるい」看守のジョン・マーカスに圧力をかけているのがわかる。早くも実験の二日目に、ジャッフェは囚人に対してもっと強硬な態度に出ることを求めていた。

ジャッフェ「きみはあまり目立った行動をとらないね……もっと積極的に、熱心に取り組まないと。看守役には、全員がぼくらの言う『タフな看守』になるという自覚を持ってほしいんだ。でも今のところきみは……」

マーカス「あまりタフじゃない……」

ジャッフェ「その通り。でも、そうなるようにしないと」

マーカス「でも、どうすればいいのか、わからないんだ……」

ジャッフェ「いいかい、タフというのは、つまり、厳しくなるという意味だ。そして厳しい行動をとる……それがこの実験にとって、とても重要なことなんだ」

マーカス「悪いけど……どうするかを決めるのはぼくだと言うのなら、ぼくは何もしないよ。むしろ皆を冷静にさせたい」(注20)

興味深いのは、この実験の看守の大半が、こうした圧力をかけられていながら、「タフな」戦略をとるのを躊躇し続けたことだ。三分の二は、このサディスティックなゲームに参加することを拒んだ。三分の一は明らかに囚人に対して親切で、ジンバルドらのチームにとってては欲求不満の種になった。看守の一人は、そのような指示には従えないと言って、実験が始まる前の日曜日に、参加をとりやめた。

それでも被験者の大半が最後までやり通したのは、ジンバルドが報酬をはずんだからだ。報酬は日に一五ドル（今の約一〇〇ドルに相当）だったが、実験が終わるまで、もらえない約束だった。看守たちも囚人たちも、ジンバルドの劇的な演出通りに演じないと報酬をもらえないのではないか、と恐れた。

しかしそうした報酬も、一人の囚人を引き止めるには十分でなかった。初日で彼はすっかり嫌気がさし、もうやめたいと言い出した。囚人八六一二号こと、二二歳のダグラス・コルピだ。彼は二日目にヒステリーを起こし、こう叫んだ。「何だってんだ。ジーザス！……もう一晩も耐えられない」(注21)。このセリフは、多くのドキュメンタリーで取り上げられ、実験の録音の中で最もよく知られるセリフになった。

二〇一七年の夏、一人のジャーナリストがコルピを訪ねた(注22)。コルピは、あのヒステリーは全部芝居だった、と語った。もっとも、コルピはそれをずっと秘密にしていたわけではない。実験の後で、彼は何人かに打ち明けた。ジンバルドにも告げたが、無視された。あるドキュメンタリー制作者は、コルピからヒステリーが芝居だったことを聞いて、その部分をフィルムから削除した。

後に心理学で博士号をとったコルピは、あの実験に参加した当初は楽しかった、と語った。初日は「本当に愉快だった」と彼は回顧する。「わたしは不満や抗議の声を上げ、ヒステリックな行動をとった。囚人のように振る舞ったのだ。わたしは囚人役という仕事をうまくこなしていた。楽しい経験だった(注23)」

しかし、楽しさは長くは続かなかった。被験者に登録した時、コルピは、この実験の間に試験勉強ができると思っていた。しかし、監獄に入ると教科書は取り上げられた。そういうわけで、翌日、彼はやめることを決意したのだった。

ところが、コルピが驚いたことに、ジンバルドは彼を解放しようとしなかった。囚人たちは、身体的あるいは精神的な問題が見られた場合にのみ、解放されることになっていたのだ。そこでコルピは、そのふりをすることにした。初めは腹痛を装ったが、うまくいかなかったので、作戦を変えて、感情を抑制できないふりをした。その結果が、「何だってんだ。ジーザス！　はらわたが煮えくり返る。わからないか？　おれは出たいんだ。ここは最悪だ。もう一晩も耐えられない。うんざりだ！」である(注24)。

この叫びは、世界中に知られることとなった。

スタンフォード監獄実験から何十年も経ったが、今も大勢の人が、ジンバルドの茶番劇を真実だと信じている。

囚人役を務めたある男性は、二〇一一年にこう言った。「最悪なのは、四〇年たってもまだジンバルドが脚光を浴びていることだ(注25)」。ジンバルドは、データの分析も済まないうちに、複数のテレビ局に実験の画像を送った。それから数年で彼は、その時代の最も注目される心理学者になり、アメリカ心理学会の会長にまで登り詰めた(注26)。

一九九〇年代に作られた、スタンフォード監獄実験をテーマとするドキュメンタリーでは、実験で看守役を務めたデーヴ・エシェルマンが、「研究者が看守にプレッシャーをかけなかったらどうなっていたかわからないし、今後もわからないだろう」とため息混じりに語った。[注27]ところが、それがわかるようになった。

エシェルマンは知らなかったが、その後、イギリスの二人の心理学者が、二番目の実験を行うことになる。その実験の目的は、「普通の人々が制服を着て、監獄に入ったらどうなるか」を調べることだった。

5　ＢＢＣが再現実験を行うも

すべては二〇〇一年にＢＢＣ（英国放送協会）からかかってきた一本の電話から始まった。当時は「ビッグ・ブラザー」を始めとするリアリティ番組が登場して間もない頃で、各テレビ局は、毎週そのアイデアの捻出に追われていた。そういうわけで、ＢＢＣからの依頼はそれほど突飛でもなかった。「囚人と看守のあの忌まわしい実験を、もう一度試すことに興味はおありでしょうか。プライムタイムで放映する予定です」

どちらも心理学博士であるアレクサンダー・ハスラムとスティーヴン・ライヒャーにとって、夢のような申し出だった。スタンフォード監獄実験の大きな問題は、それがあまりに非倫理的だったので、誰もあえて検証実験をしようとしなかったことだ。おかげで、ジンバルドは何十年もの間、自説を吹聴しつづけることができた。しかし、この時、この二人のイギリス人心理学者は、その実験を行う機会、しかもテレビで行う機会をBBCから差し出されたのだ。

彼らは二つの条件つきで承諾した。一つ、自分たちがこの実験の一切を監督する。二つ、事態が手に負えなくなったら実験を中止する権限を、倫理委員会に付与する。

放送に先立つ数か月間、イギリスのマスコミでは憶測が飛び交った。人々はどこまで堕落するだろう。「このリアリティ番組は狂気の沙汰ではないか?」とガーディアン紙はいぶかった。(注28) ジンバルドまでもが不快感を露わにしてこう語った。「明らかに彼らは、わたしの研究で起きたような緊迫したドラマを期待している(注29)」

「ジ・エクスペリメント(実験)」の初回のエピソードは、二〇〇二年五月一日に放送された。イギリス全土の何百万人もが、テレビの前に釘づけになった。それから起きたことは、国中に衝撃を与え……いや、少しも与えなかった。

実のところ、ほぼ何も起きなかったのだ。

わたし自身、全部で四時間になるこのエピソードを最後まで見るのはたいへんだった。なぜなら、見たこともないほど退屈でつまらなかったからだ。

BBCのやり方は、どこが間違っていたのだろう。ハスラムとライヒャーは、ある条件を除外した。彼らは看守たちに行動を指示せず、観察しただけだった。平凡な男たちがカントリークラブにいるかのようにのんびり座っているのを、ただそばで眺めていたのだ。

実験が始まって間もない頃、ある看守が、自分は看守役に向いていないと言い出した。

「正直なところ、囚人の方が向いていると思うのです……」と彼は言った。二日目には別の看守が、「全員の士気を高めるために、看守の食料を囚人と分け合おう」と提案した。そして四日目、ちょっとした口論が起きそうになったが、一人の看守が囚人にこう助言した。「これが終わったら、パブに行って、一杯やれるんだよ」。別の看守が同意した。「そうだよ。人間らしく話し合おう」。

五日目、囚人の一人が民主主義の設立を提案した。六日目、何人かの囚人が牢から脱走した。彼らは看守の食堂へ行って、タバコを吸ってくつろいだ。じきに看守たちがやって来て、彼らに加わった。七日目、この囚人と看守のグループは、生活共同体を作ることを投票によって決めた。

遅ればせながら、数人の看守が、元の体制に戻るよう、そのグループを説得しようとしたが、彼らは聞く耳持たずだった。実験は行き詰まり、収録は早々に打ち切ることになった。最終回の大半は、ソファーでくつろぐ男たちの映像だ。番組の最後では、被験者たちが互いを抱き合う感傷的な場面が見られる。その後、看守の一人が、囚人の一人に自分の上着を贈った。

一方で、視聴者はだまされたように感じていた。足かせはどこにあるんだ？　なぜ頭に紙袋をかぶせないのか？　いつになったらサディスティックなゲームが始まるのか？　トータルで四時間におよぶこのＢＢＣの番組は、最初から最後まで、のんきに座ってタバコを吸い、雑談する男たちの姿を映しただけだった。あるいは、サンデー・ヘラルド紙がうまくまとめたように、「善人を邪悪な場所に入れて、テレビ用に撮影したらどうなるか？　まあ、大し

たことは起きない」のである。[注30]

この実験はＴＶプロデューサーらに残酷な真実を突きつけた。それは、普通の人々を放っておいても何も起きない、ということだ。悪くすれば、彼らは平和主義の生活共同体を作り始める。

科学的な観点から言えば、この実験は大成功だった。ハスラムとライヒャーは、複数の名高い学術誌に、この結果に関する論文を一〇本以上発表した。しかし、それ以外は失敗だったと言える。このＢＢＣの監獄実験は次第に忘れ去られ、スタンフォード監獄実験はいまだに議論されている。

さて、ジンバルドはこのすべてについて何と言っただろう。あるジャーナリストが二〇一八年に、あなたがどれほど操作したかが明らかになれば、この実験に対する今日の人々の見方は変わるのではないか、と訊ねた。すると、この心理学者は、そんなことはどうでもいい、と答えた。「あの実験について、人は何でも言いたいことが言える。しかし、現時点で、あれは心理学の歴史上、最も有名な実験だ。行われてから五〇年たっても議論される実験は、他には存在しない。一般の人でもあの実験のことは知っている。……あれはもう自らの命を持っているのだ。……わたしにはもうあれを守るつもりはない。この先、あの実験を守るのは、これほど長く生き延びたという事実だ[注31]」

第8章 「ミルグラムの電気ショック実験」は本当か

1 「六五パーセントが感電死レベルの電圧を与えた」

スタンフォード監獄実験よりさらに有名な心理学実験があり、ジンバルドよりさらに広く知られるようになった心理学者がいる。わたしは本書を書き始めた時に、その人物に触れないわけにはいかないと思った。それはスタンレー・ミルグラムだ。

その実験に着手した時、ミルグラムは弱冠二八歳の助教だった。一九六一年六月一八日、彼はニューヘブン・レジスター紙に全面広告を載せた。「ご協力くださった方には、一時間につき四ドルをお支払いします」(注1)。広告には、人間の記憶に関する研究の被験者として、理髪師、バーテンダー、建設作業員、ビジネスマンその他、一般人五〇〇人を募集する、と書かれていた。

それからの数か月間、何百人もが、イェール大学にあるミルグラムの研究室を訪れた。被験者は二人一組になり、くじを引いて、一人は「先生」役、もう一人は「生徒」役になる。先生は大きな装置の前に座るよう指示され、それは電気ショック発生器だと教わる。その部屋には研究スタッフもいて、実験中、指示を出す。一方、生徒は隣の部屋で椅子に縛られており、声だけが先生に聞こえるようになっている。こうして記憶テストが始まるが、生徒が答えを間違えると、先生は研究スタッフの指示通りにスイッチを押して、生徒に電気ショックを与えなければならない。

実を言えば、生徒役はミルグラムの研究チームのメンバーで、しかも、装置は少しも電気ショックを与えなかった。しかし先生役はそれを知らなかった。先生役の人は、この実験は記憶力に関する罰の効果を調べるものだと思っていたが、彼ら自身が実験の対象だったのだ。

電気ショックは一五ボルトという弱い電圧から始まる。そして生徒が間違えるたびに、灰色の実験着を着たスタッフが、電圧を上げるよう命じる。一五ボルトから三〇ボルトへ。三〇ボルトから四五ボルトへ。隣室の生徒が苦痛のあまり金切り声をあげても、スイッチの表示が「危険――苛烈な衝撃」と書かれた域に達しても、電圧を上げ続ける。三五〇ボルトになると、生徒は壁を激しく叩き、それを超えると、隣室からは何も聞こえなくなった。

実験に先立ってミルグラムは、仲間の心理学者、四〇人ほどに、被験者はどこまで電圧を上げるだろう、と尋ねた。彼らは揃って、四五〇ボルトまで上げるのはせいぜい一、二パーセントで、完全な精神異常者だけだと言った。(注２)

実験の結果は衝撃的だった。被験者の六五パーセントが電圧を上げ続け、ついには最大となる四五〇ボルトの電気ショックを生徒に与えたのだ。ごく普通の父親、仲間、夫の三分の二は明らかに、見知らぬ人を感電死させても構わないと思ったのである。(注3)なぜだろう。そうするよう指示されたからだ。

若き心理学者ミルグラムは、たちまち有名人になった。新聞とラジオとテレビのほぼすべてが、彼の実験を取り上げた。ニューヨーク・タイムズ紙は、「被験者の六五パーセント、苦痛を与えよという命令に無批判に従う」という見出しを掲げた。(注4)記事はこう語る。何百万という人々をガス室に送ることができるのは、いったいどんな人間だろう。ミルグラムの実験結果から判断すると答えは明らかだ。わたしたち全員である。

ミルグラムはユダヤ人で、最初からこの研究を、ホロコーストの究極の説明として発表した。ムザファー・シェリフの、人間の集団は対峙するとすぐ闘争が始まる、という主張や、ジンバルド（ミルグラムとは高校の同級生だった）の、わたしたちは制服を着ると怪物に変わるという主張に比べて、ミルグラムの説明はより洗練され、より知的で、何よりも、より不安にさせられるものだった。

ミルグラムから見れば、要《かなめ》になっているのは権威だった。人間は命令に無批判に従う動物だ、と彼は言う。イェール大学の地下にある彼の研究室では、大のおとなが、何も考えない子どもになった。「座れ」でも「お手」でも「橋から跳び降りろ」でも、命じられれば喜んで従う、訓練されたラブラドール犬になったのだ。その姿は、「Befehl ist Befehl（命令は命

スタンレー・ミルグラムと電気ショック発生器。
出典：The Chronicle of Higher Education

令だ）」という使い古されたフレーズを戦後も吐き続けた元ナチス党員に、気味が悪いほどよく似ていた。

ミルグラムの結論はただ一つ、それは、「人間には生まれつき致命的な欠陥があり、そのせいで、子犬のように従順に振る舞い、きわめて恐ろしいことも平気でする」というものだ。(注5)「もしアメリカに強制収容所システムが生まれたら、中規模のどの町でも、それを運営するのに十分な人材を見つけることができるだろう」(注6)と、彼は主張した。

この実験は絶妙なタイミングで行われた。最初の被験者が彼の研究室に足を踏み入れた日、国際的な論争の的になっている裁判が、証言の最終週に入っていた。エルサレムでジャーナリスト七〇〇人の目の前で、ナチス戦犯のアドルフ・アイヒマンが裁かれていたのだ。ジャーナリストの中にはユダヤ人哲学者ハンナ・アーレントもいて、彼女によるこの裁判の記録は、ニューヨーカー誌に連載された。

公判前の勾留中、アイヒマンは六人の専門家による精神鑑定を受けた。行動障害の兆候は見つからなかった。医師の一人によると、彼の唯一奇妙な点は、「普通以上に普通に(注7)」見えることだった。アイヒマンは精神異常者でも極悪人でもないと、アーレントは書いた。彼はごくふつうの人間だった。ミルグラムの研究室にやって来た、建設作業員や理髪師やビジネスマンや市役所職員らと同じだ。アーレントは自著『エルサレムのアイヒマン』の本文の最後で、そうしたアイヒマンの有り様を「悪の陳腐《ちんぷ》さ(注8)」と呼んだ。

以来、ミルグラムの研究とアーレントの哲学は、常に結びつけて考えられるようになった。アーレントは二〇世紀屈指の哲学者と見なされ、ミルグラムは彼女の説を裏打ちする証拠をもたらした。彼が用いた悪名高い電気ショック発生器に焦点をあてたドキュメンタリーや小説や舞台劇やテレビ番組が数多く作られた。若き日のジョン・トラボルタが出演した映画や、テレビアニメ「ザ・シンプソンズ」の一話、フランスのゲーム番組はその一部だ。仲間の心理学者、ムザファー・シェリフは、「ミルグラムの服従実験は、社会心理学の分野、おそらくは心理学全般でなされた、人間の知識に対する最大の貢献だ(注9)」とまで言っている。

正直言って、わたしは当初、ミルグラムの実験のいかさまを暴くつもりだった。人間の善良さを擁護《ようご》する本を書くのであれば、何人もの大物に立ち向かい、彼らの主張に反論しなければならない。ウィリアム・ゴールディングとその暗い物語、リチャード・ドーキンスと利己的な遺伝子、ジャレド・ダイアモンドとイースター島の堕落《だらく》の物語。世界で最も有名な、存命する心理学者、フィリップ・ジンバルド。

そして、このリストのトップにいたのが、スタンレー・ミルグラムだ。彼の電気ショックを用いた服従実験ほど冷笑的で憂鬱《ゆううつ》で、同時に有名でもある実験を、わたしは他に知らない。数か月も調べれば、彼の遺産を片づけるのに十分な攻撃材料を集められるだろうと思った。手始めに、最近になって公開された彼の個人的な資料にあたったところ、かなり汚点があることがわかった。

二〇一七年にわたしがメルボルンを訪れた時、ジーナ・ペリーはこう言った。「アーカイブの資料が入手可能だと聞いた時、ぜひ舞台裏を見てみたいと思いました」（彼女は、ローズ・ケーブ実験がまやかしであることを暴いたジーナ・ペリー、その人である。第7章参照）。こうしてペリーが「幻滅のプロセス」と呼ぶものが始まり、それは彼女が出した痛烈な本でピークに達した。アーカイブで発見したものは彼女を、ミルグラムの信奉者から痛烈な批判者に変えた。

まずペリーが見つけたものを見ていこう。これもまた、名声と称賛を渇望する心理学者の物語だ。望む結果を得るために被験者を騙《だま》し、実験を操作した男。科学的実験に協力したかったただけの善意の被験者に、深刻な精神的苦痛を与えた男の物語である。

2 〝映像監督〟ミルグラム

一九六二年五月二五日、実験の最後のセッションが始まった。それまでに数百人の被験者が電気ショックの実験を終えていた。ふいにミルグラムは、重要なものが欠けていることに気づいた。被験者の反応を記録した映像である。

そこで、急いで隠しカメラが設置された。その被験者の名は、「悪の陳腐さ」と同義語になった。ミルグラムは「スター」被験者を見つけた。以降の三日間に及ぶセッションの中で、ミルグいや、そうなったのは本名ではなく、仮名のフレッド・プロジの方だ。あなたが、ドキュメンタリーやユーチューブの動画でミルグラムの実験映像を見たことがあれば、そこに映っているのがプロジだ。監獄実験の囚人八六一二号がそうだったように、プロジはミルグラムのメッセージをはっきり人々に伝えた。

映像には、五〇歳くらいの太った優しそうな男が、見るからにしぶしぶ命令に従う姿が収められている。「でも、向こうの人は死ぬかもしれないんだ」と彼は悲痛な叫びをあげ、続いて、次のスイッチを押す。(注10) 映像を見る人は、この男はどこまでやるのかと、怖いもの見たさで引き込まれていく。

その映像はセンセーショナルなテレビ番組にうってつけだとミルグラムは思った。彼はプロジの振る舞いを「すばらしい」と評し、プロジの「完全な責任放棄と過度の緊張」に胸を躍らせ、この男を自分の映画の主役にすることにした。(注11) そんなミルグラムをあなたが科学者というより映画監督のようだと思うのであれば、それは間違いではない。この心理学者が真の才能を発揮したのは、映像監督としてであった。［訳注：ミルグラムはプロジの映像を利用して『服従』というタイトルのドキュメンタリーフィルムを作った］

ミルグラムの台本の通りに動こうとしない被験者は、強いプレッシャーをかけられた。実験助手を務めた灰色の実験着をまとった男――ジョン・ウィリアムズという名の生物学教師――は、被験者により高い電圧のスイッチを押させるために、八回も九回もそうするよう求めた。ある四六歳の女性と口論になったことさえあった。彼女が電気ショック発生器のスイッチを切ったからだ。彼は再びスイッチを入れ、実験を続けるよう命じた。(注12)「録画の音声を聞けば誰でも、これは権威への服従についての実験というより、むしろいじめと強制についての研究だと思うだろう」とジーナ・ペリーは書いている。(注13)

ここで重要な問いは、被験者が、自分は本当に電気ショックを与えていると思っていたかどうかだ。実験後まもなくミルグラムは、「数名の例外を除けば、被験者はこの実験の仕組みを信じて疑わなかった」と書いている。(注14)しかし、ミルグラムの資料を読むと、被験者が疑っていることを示唆する言葉が、いくつも見つかる。実験設定の異常さを思うと、驚くようなことではない。イエール大学のような名門校の科学者が見守る中、罪もない人が拷問され殺害されるという状況を、被験者が疑わなかったりするだろうか。

実験を終えたミルグラムは、被験者全員にアンケートへの回答を求めた。質問の一つは、「この状況をどれだけ信じられると思いましたか？」というものだった。彼は一〇年後に著した本の最終章で、ようやくその結果を公表した。それを読んでわたしは初めて、生徒が本当に苦しんでいると思っていたのは、被験者の五六パーセントにすぎないことを知った。それだけではない。公表されなかったが、ミルグラムの研究アシスタントの分析によると、電気ショックを本物と思った人の大半は、スイッチを押すのをやめていたのだ。(注15)

では、被験者のほぼ半数が、この設定を見せかけだと思っていたのなら、ミルグラムの研究のいったい何が、真実として残るのだろう。ミルグラムは表向きには、自分の発見は「人間の本性の深遠で不穏な真実」を明らかにしたと述べた。だが裏では、彼自身、納得していなかった。「こうした空騒ぎが、意義深い科学を示唆するのか、単によくできた芝居なのかは、まだ何とも言えない。わたしは後者を受け入れつつある」(注16)。一九六二年六月、彼は日記にそう書いた。

一九六三年に彼が結果を発表すると、世間はこの実験に嫌悪感を抱いた。「明らかな虐待」、「卑劣」、「ナチスの人体実験に匹敵する」といった罵倒は、マスコミによる非難のごく一部だ。(注17)こうした抗議の声は、実験的研究の新たな倫理ガイドラインの策定につながった。

この間を通じて、ミルグラムはもう一つの秘密を守っていた。それは実験終了後も六〇〇人ほどの被験者には、電気ショックが嘘であることを伝えなかったことだ。本当のことが知れ渡って、被験者に応募する人がいなくなることを恐れたからだ。その結果、何百人もが、自分は人を感電死させたのではないかという疑念を抱いたままとなった。ある被験者は後にこう語った。「実験の後、少なくとも二週間は、ニューヘブン・レジスター紙の死亡広告を毎日チェックした。生徒役の人の死に、自分が関与していないか、原因になっていないかを確認したかったからだ(注18)」

3　それでもスイッチを押し続けた人をどう説明するか

この章の最初のバージョンはここで終わる。わたしの出した結論は、ジンバルドのサディスティックな芝居と同様、ミルグラムの研究も茶番だったというものだ。

しかし、ジーナ・ペリーに会ってからの数か月間、わたしはしつこい疑念に悩まされた。自分は、電気ショック発生器をやっつけることに少しばかり熱中しすぎたのではないか。そして、最大の四五〇ボルトまで進む被験者はどのくらいいるだろうとミルグラムから尋ねられた、四〇人ほどの心理学者の予想を思い出した。彼らは一人残らず、最後のスイッチを押すのは、完全な精神異常者だけだ、と答えた。

確かなことが一つある。それは、彼らの予測が完全に間違っていたということだ。ミルグラムの偏った見方や、被験者を威圧する研究助手、被験者たちの疑念を考慮に入れても、権威に屈した人の数はまだ多すぎる。ごく普通の人でありながら、電気ショックを本物だと信じ、それでも最大のスイッチまで押し続けた人の数が多すぎた。どんな見方をしても、彼の実験結果には心がざわつく。

しかもそれはミルグラムの実験だけではない。世界中の心理学者が、大学の倫理規定に違反しないよう、（電気ショックの時間を短縮するといった）わずかな修正を施して、さまざまな形で彼の実験を再現してきた。こうした実験に批判すべき点は多いとしても、不愉快な真実は、何度行っても同じ結果が出ることだ。

ミルグラムの研究は難攻不落のように見える。まるで防弾チョッキだ。ゾンビのごとく、殺しても殺しても生き返る。「学者たちはそれを叩きのめそうとしてきたが、いつも息を吹きかえす」(注19)と、あるアメリカ人心理学者は言う。ごく普通の人が、他者に対してきわめて残酷な行いができるというのは、明らかな事実なのだ。

しかし、なぜだろう？　わたしたち「ホモ・パピー」が人に優しくするよう生まれついているのなら、なぜ四五〇ボルトのスイッチを押したりするのだろう。

これこそが、わたしが答えなければならない問いだ。

わたしがまず疑問に思ったのは、そもそもミルグラムの服従実験が調べたのは、人が権威に服従するかどうかだったのか、ということだ。彼がウィリアムズ（灰色の実験着をまとった「実験助手」）のために書いた台本を見てみよう。この台本は、反抗的な被験者には、四つの具体的な「刺激」を与えるよう指示している。

第一段階「続けてください」

第二段階「あなたが続けないと、この実験は成り立ちません」

第三段階「続けてもらわないと、本当に困るのです」

最終段階「他に選択肢はありません。続けてください」

現代の心理学者たちは、この最後の「刺激」は命令だ、と指摘している。ドキュメンタリーの映像を見ると、ウィリアムズがこの言葉を発したとたん、どの被験者も動きを止めることがわかる。つまり、この刺激は即座に、不服従を導くのだ。このことは一九六一年の最初の実験でも真実だったし、それ以後に行われてきた再現実験でも真実だった。(注20)

さらに、電気ショック発生器を用いた何百回というミルグラムの実験を入念に分析したところ、実験者が高圧的になるにつれて、被験者がいっそう服従しなくなることがわかった。別の言い方をすれば、「ホモ・パピー」は、無分別に権威者の命令に従ったわけではなかった。権威者が横柄な態度を取ると、被験者は嫌悪感を抱いたのだ。

それなら、ミルグラムはなぜ、被験者にスイッチを押し続けさせることができたのだろう。ＢＢＣの監獄実験を行った心理学者のハスラムとライヒャー（第７章参照）は、ある興味深い説を考え出した。「被験者は灰色の実験着をまとった実験者に服従したのではなく、彼の仕事に参加することにした」というのだ。なぜだろう。実験者を信用したからだ。

ハスラムとライヒャーは、被験者の大半は、協力したいという思いから実験への参加を志願したことに注目する。被験者はウィリアムズ氏の研究を助けたかった。これは、ミルグラムがこの実験を平凡なオフィスで行うと、イェール大学という高尚な環境で行った場合に比べて、協力の度合いが落ちた理由を説明する。それはまた、（「この実験は、あなたが続けることを必要とします」のような）科学的な目的を示唆する「刺激」が効果的だった理由も説明する。(注21)そして、被験者が心のないロボットのようにではなく、疑念を抱きながら行動した理由も。

被験者は、一方では、すべては科学のためと言い続ける実験助手と自分を同一視し、一方では、隣室の生徒の苦しみを無視できなかった。次のスイッチに進んだとしても、「これ以上はできない」、「もうやめる」と繰り返し叫んだ。

ある被験者は後に、自分が実験をやり通したのは、当時六歳の脳性まひの娘のためだった、と語った。医学界がいつか治療法を見つけることを願ってのことだ。「わたしに言えるのは、人間を助けるためなら、わたしは何でも喜んでやるということだけだ」(注22)と彼は言った。

実験を終えた被験者にミルグラムが、あなたの貢献は科学に役立つだろう、と伝えると、その多くは安堵の表情を浮かべた。「お役に立ててうれしいです」というのが典型的な答えだった。「世の中のためになるのであれば、ぜひともこの実験を続けてください」。この混乱した世界では、わずかでも善なるものが必要とされているのです」と言った人もいた。(注23)

心理学者のドン・ミクソンは、一九七〇年代にミルグラムの実験を再現した時、同じ結論に達した。後に彼はこう述べている。「実のところ人々は、多大な苦しみが伴っても、どうにか善良でありたいと思っている。善良であろうとすることに人々は囚われている……(注24)」

つまりこういうことだ。十分強くプッシュしたり、しつこく突いたり、うまく誘ったり、操作したりすると、多くの人に悪事を行わせることができる。しかし、悪は心の深みに潜んでいるので、引き出すには、相当な労力が要る。そして、ここが肝心なのだが、悪事を行わせるには、それを善行であるかのように偽装しなければならない。地獄への道は、偽りの善意で舗装されているのだ。

皮肉なことに、第7章で紹介したスタンフォード監獄実験でも、善意が重要な役割を果たした。学生看守のデーヴ・エシェルマンは、明確な指示がなかったら自分はあのような行動をとらなかったのではないか、と語った。また彼は自分のことを「心は科学者だ」と言った。(注25) 後には、「自分は建設的なことをしたと思う」と語っている。「なぜなら、形はどうあれ、人間の本性を理解することに貢献したからだ」(注26)

この点に関しては、監獄実験を思いつき、ジンバルドの助手を務めたデーヴィッド・ジャッフェも同じだ。彼は、善良な看守たちに実験の崇高な目的を伝え、囚人に対して厳しい態度をとることを勧めた。おじけづく看守には、こう言って励ました。「ぼくたちの目的は、……この実験の結果を世界に向けて発表し、『さあ、見てください。こんな風に振る舞う看守がいると、こうなりますよ』と言うことだ。だが、そう言うには、そんな風に振る舞う看守がいなければならない」(注27)

最終的にジャッフェとジンバルドは、自分たちの研究が、監獄体制の全面的な見直しのきっかけになることを願っていた。ジャッフェは看守役の学生に約束した。「この研究から、改革を促す重要な提言が生まれることを期待しよう。それがぼくらの目的だ。ぼくらがこんなことをしようとしているのは、なんて言えばいいか、そう、ぼくら全員がサディストだからじゃないんだ」(注28)

4 アイヒマン「悪の陳腐さ」は本当か

この言葉を聞くと、またアドルフ・アイヒマンが思い出される。一九六一年の四月一一日に、この元ナチス親衛隊中佐の戦争犯罪の裁判が始まった。それからの一四週間、何百人もの目撃者が証言台に立ち、検察は総力をあげて、怪物アイヒマンが何者であるかを明らかにしようとした。

これは単なる裁判ではなかった。大規模な歴史の授業であり、何百万人もの人々が注目する、メディアの見世物でもあった。スタンレー・ミルグラムも視聴者の一人で、妻に「ニュース中毒」と言われながら、裁判の進行を熱心に見守った。(注29)

一方、ハンナ・アーレントはこの法廷にいた。彼女はのちにこう書いた。「アイヒマンの理解しがたい点は、多くの人が彼のようであり、その多くが、異常でもサディストでもなく、当時も今も、恐ろしいほど普通であることだ」。(注30)その後の数年で、アイヒマンは、心を持たない「机上の殺人者」、誰の中にも存在する「悪の陳腐さ」の象徴になった。

しかし最近、歴史家たちは異なる結論に達した。一九六〇年、イスラエルの諜報機関に捕らえられた時、アイヒマンはアルゼンチンにいた。アルゼンチンでは、旧ナチス戦犯を支援する組織「戦友会」の世話になっており、その組織の導きで、オランダ出身の元親衛隊付き従軍記者、ウィレム・サッセン［訳注：母国及びベルギーで戦犯として有罪判決を受け、同じくアルゼンチンに逃亡していた］によるインタビューを受けた。サッセンの目的は、ホロコーストはナチス政権をおとしめるための嘘だとアイヒマンに認めさせることだったが、その期待は外れた。「わたしは少しも後悔していない」と、アイヒマンは言い切った。(注31) 一九四五年に彼はすでにこう断言していた。「わたしは笑って墓穴に飛び込むだろう。五〇〇〇万の人間の命がわたしに良心を求めていると思うと、途方もない満足を覚えるからだ(注32)」

突飛な考えや空想に満ちた一三〇〇ページにおよぶ尋問の記録を読むと、アイヒマンが思慮に欠ける官僚などではなかったことがはっきりわかる。彼は狂信者だった。無関心からではなく、確信ゆえに行動した。ミルグラムの被験者と同じく、自分は善を行っていると確信していたので、悪を行ったのだ。

裁判で検察側は、サッセンによるインタビューの筆記録を、証拠として利用しようとしたが、アイヒマンは、それは偽物だと主張し、世界を間違った道へと進ませた。その間、サッセンによるインタビューを録音したテープは、ドイツのコブレンツ市の連邦公文書館で朽ちるに任せられた。五〇年後、哲学者のベッティーナ・シュタンクネートがそれらのテープを発見した。彼女はそれを聞き、あの筆記録のすべてが真実であったことを知った。

「ことの大小にかかわらず、アドルフ・ヒトラーか上官の誰かからの明確な指示がなければ、わたしは何もしなかった」と、アイヒマンは法廷で証言した。これは見え透いた嘘だった。同じ嘘を、後に無数のナチス党員が繰り返すことになる。「わたしはただ命令に従っただけだ」と。

実のところ、第三帝国の官僚機構における命令は、かなり曖昧だったことを、現在の歴史家は理解している。公式の命令はめったに出されなかったので、ヒトラーの信奉者たちは自らの創造性に頼らざるを得なかった。彼らはただ指導者に従うのではなく、総統の精神に沿う行動をして「ヒトラーに近づこうと努めた」と、歴史家イアン・カーショウは説明する。(注33)そこから人を出し抜く文化が生まれ、ナチス党員は、ヒトラーの気に入られようと、ますます過激な手段を考え出すようになった。

別の言い方をすれば、ホロコーストは、突然ロボットになった人間の仕業ではなかった。ミルグラムの被験者が、無分別にスイッチを押そうとしなかったのと同じだ。加害者たちは、自分は歴史の正義の側にいると確信していた。アウシュヴィッツは、長く複雑な歴史的プロセスの到達点であった。その過程で、電圧は次第に高められ、悪が善としてまかり通るようになった。ナチスのプロパガンダ工場は、作家、詩人、哲学者、政治家を使って、何年にもわたってドイツ人の心を鈍らせ、毒した。「ホモ・パピー」は欺かれ、教化され、洗脳され、操作された。

そういう時に初めて、信じがたいことが起きる。

ハンナ・アーレントがアイヒマンは怪物ではない、と書いた時、彼女は惑わされていたのだろうか。証言台での彼の演技を真に受けたのだろうか。

多くの歴史家はそう考えており、彼女の本を「良案にして悪例」の典型として挙げる。(注34)しかし、哲学者の中には、それらの歴史家はアーレントの考えを理解できていない、と反論する人もいる。と言うのも、アーレントは裁判中にサッセンによるインタビューの筆記録の一部を調査しており、また彼女は、アイヒマンは命令に従っただけだとは、どこにも書いていないからだ。

さらにアーレントは、ミルグラムの服従実験を公然と批判している。ミルグラムはアーレントを大いに称賛したが、それは片思いだった。アーレントはミルグラムの「誘導と強制は同じだという無邪気な思い込み」を非難した。(注35) 彼女はミルグラムと違って、誰の中にもナチスが隠れているとは考えなかった。

ではなぜミルグラムとアーレントは、歴史書では並べて語られるのだろう。アーレントの研究者の中には、彼女が誤解されたからだと考える人がいる。哲学者にはありがちだが、彼女は格言や謎めいた表現をよく用いたため、誤解されやすかった。アイヒマンは「考えなかった」という彼女の表現を例にとろう。アーレントは、アイヒマンがロボットのような机上の殺人者だったと言ったわけではない。そうではなく、アーレントの専門家ロジャー・バーコウィッツが指摘するように、「アイヒマンは他者の視点に立って考えることができなかった」と言っているのだ。(注36)

実のところ、アーレントは、ほとんどの人は基本的に善良だと信じる数少ない哲学者の一人だった。(注37) 彼女は、わたしたちの愛や友情への欲求は、憎悪や暴力への傾向よりも人間らしい、と論じた。また、わたしたちは悪の道を選ぶ時でさえ、うわべは善に見える嘘や決まり文句を必要とする、と指摘した。

アイヒマンはその好例だった。彼は、自分は歴史的な偉業を成し遂げたのであり、後の世代に賞賛されるはずだと信じ切っていた。その信念ゆえに彼は、怪物にもロボットにもならず、同調者になった。長い年月を経て、心理学者たちは、ミルグラムの研究に関して同じ結論に至った。電気ショック実験は、命令への服従に関する実験ではなかった。それが調べたのは同調性だった。

アーレントは何十年も前にこの結論に達していた。その先見性には驚かされる。

だが、残念ながら、ミルグラムの単純な推論（人間は無分別に悪に服従する）の方が、アーレントの重厚な哲学（人間は善を装う悪に惹かれる）よりも、永続的な印象を残した。そうなったのは、ミルグラムの舞台監督としての才能、ドラマを見出す慧眼、テレビ受けするものを見きわめる鋭い感覚があればこそだ。

しかしわたしは、ミルグラムを有名にしたのは何よりも、彼が昔ながらの信念を裏づける証拠をもたらしたからだと考えている。心理学者のドン・ミクソンはこう書いた。「ミルグラムの実験は、最も古く最も深刻な自己成就的予言、つまり、わたしたちは生まれながらの罪人である、という予言を裏づけているように思えた。ほとんどの人は、無神論者でさえ、自分たちの罪深い本質を思い出すのは良いことだと信じている」（注38）

なぜわたしたちは、これほど熱心に自らの堕落を信じたがるのだろう。なぜベニヤ説はこうして何度も復活するのだろう。それは、その方が都合がいいからだ。奇妙なことに、自らの本質は罪深いと信じると、人は心が休まる。そう信じれば、一種の赦《ゆる》しが得られる。なぜなら、ほとんどの人が本質的に悪人であるなら、約束も抵抗も無駄だからだ。

また、その考え方は悪の存在をうまく説明する。憎しみや身勝手さに直面しても、「仕方がない、それが人間の本性だから」と自分に言い聞かすことができる。逆に、人間は本質的に善だと信じるのであれば、なぜ悪が存在するのかと問わなければならない。また、約束や抵抗は価値あるものとなり、そうする義務が生じてくる。

二〇一五年、心理学者のマシュー・ホランダーは、ミルグラムの実験、一一七回分の録画を再調査した。(注39) 徹底的な分析をした結果、あるパターンが見つかった。実験を止めることができた被験者は、三つの戦略を用いていた。

・生徒役に話しかける。
・実験助手に責任を思い出させる。
・続けることを繰り返し拒む。

コミュニケーション、対決、共感、抵抗。事実上すべての被験者が、これらの戦略を用いていた。結局のところ被験者は皆、実験の中止を望んでいたのだ。やめることができた人々は、そうした戦略を使う回数がはるかに多かった。幸い、それはトレーニングが可能なスキルだ。抵抗するには練習するしかない。ホランダーはこう述べる。「ミルグラムの英雄たちを分けたのは、主に、疑わしい権威に抵抗するという教育可能な能力だった」(注40)

そんな抵抗はどうせ失敗する、と思う人には、本章の最後に一つだけ実例を紹介しよう。第二次世界大戦中のデンマークで並外れた勇気を示した普通の人々の話だ。勝算がなさそうな時でも、抵抗することにはつねに価値があることを、この例は語る。

5　ナチスからユダヤ人を守ったデンマークの奇跡

一九四三年九月二八日。

コペンハーゲンのローマスゲーデ通り二四番地の労働者会館にある社会民主党本部では、幹部が顔を揃えていた。彼らの前に、ナチスの制服を着た男が立っている。幹部たちは呆然とした表情で、その来訪者の話を聞いている。

彼はこう語った。「大きな災難が迫っています。すべては綿密に計画されています。船がコペンハーゲンの沖に停泊します。気の毒なユダヤ人の同胞は、ゲシュタポに拘束され、無理やりその船に乗せられ、未知の運命が待ち受ける地に移送されるのです(注41)」

彼は震えていて、顔は青ざめている。名前はゲオルゲ・フェルディナント・ドゥクウィッツ。この警告は奇跡を起こし、彼は改心したナチ党員として歴史に名を残す。

一斉検挙は、一九四三年一〇月一日の金曜日、ナチス親衛隊の詳細な計画に従って遂行されることになっていた。午後八時に、何百人ものドイツ兵がデンマーク中のドアをノックし、国内のユダヤ人を全員、駆り集める。ユダヤ人は港に連行され、六〇〇〇人の囚人を収容できる船に乗せられる。

電気ショック実験にたとえれば、デンマークでは、電圧は一五ボルトから三〇ボルトへ、三〇ボルトから四五ボルトへと上がったわけではない。その国の人々は、いきなり最高の四五〇ボルトの電気ショックに見舞われたのだ。この時まで、デンマークには、ユダヤ人を差別する法律も、ユダヤ人識別章（黄色い星のバッジ）の着用義務もなかったし、ユダヤ人が財産を没収されることもなかった。デンマークのユダヤ人は、自分の身に何が起きたのかもわからないまま、ポーランドの強制収容所へ移送されるのだ。

少なくとも、計画ではそうだった。

予定された夜、何万人もの普通のデンマーク人（建設作業員や理髪師やビジネスマンや市役所職員）が、電気ショック発生器の最後のスイッチを押すことを拒んだ。その夜、ドイツ兵は、ユダヤ人たちはこの検挙を前もって知らされ、大半はすでに逃亡していたことを知った。実のところ、この警告のおかげで、デンマークにいたユダヤ人のほぼ九九パーセントがこの戦争を生き延びた。

デンマークで起きたこの奇跡はどのように説明できるだろう。この小国を、漆黒《しっこく》の海を照らす一条の光にしたのは何だったのか。

戦後、歴史家たちはさまざまな答えを提示した。重要な要因の一つは、ナチスがデンマーク政権と協力関係にあるという印象を保とうとし、同国の全権を掌握《しょうあく》していなかったことだ。そのせいで、デンマークでは、オランダなどの他国に比べて、ドイツに抵抗することがそれほど危険でなかった。

だが最終的に一つの説明が他を圧する。「この答えは否定しがたい」と、歴史家ボー・リデゴーは書いている。「デンマークのユダヤ人は、同胞の一貫した献身によって守られたの

だ」（注42）

一斉検挙の情報が広まると、抵抗する動きが国中で起きた。教会、大学、ビジネス界、王室、弁護士会、デンマーク女性評議会はすべて、一斉検挙への反対を表明した。そしてほぼ即座に、逃亡経路のネットワークができあがった。もっともそれは、中央が指示したわけではなく、また、何百人という個々人の活動を統括しようとする動きもなかった。そんな時間はなかった。何千人ものデンマーク人は、貧しい人も裕福な人も、若者も老人も、今が行動すべき時であり、目を背けるのは母国への裏切りになることを理解していた。

「ユダヤ人から助けを求められた場合、人々は決して拒まなかった」と、歴史家レニ・ヤヒルは記している。（注43）学校や病院は彼らに門戸を開いた。いくつもの小さな漁村が、何百人もの避難民を受け入れた。デンマーク警察もできるかぎり支援し、ナチスへの協力を拒んだ。「我々デンマーク人は自国の憲法を曲げない。とりわけ市民の平等に関しては」と、レジスタンス新聞のダンスク・モーネスポスト紙は息巻いた。（注44）

強大なドイツは、何年にも及ぶ人種差別プロパガンダに浸り切っていたが、小国デンマークは人道的精神に満ちていた。デンマークの指導者たちは常に、民主的な法の支配を尊重してきた。人々を敵対させようとする者は、デンマーク人と呼ぶに値しないと見なされた。「ユダヤ人問題」などというものは存在し得なかった。この国に住む人は皆、デンマーク人なのだ。

数日のうちに、七〇〇〇人以上のデンマーク系ユダヤ人が、エーレスンド海峡を横断する小型船で、スウェーデンに運ばれた。この救出劇は、暗黒の時代に差し込む、わずかな、しかし輝かしい光であった。それは、人間性と勇気の勝利だった。「デンマークで起きたこの例外的な抵抗《レジスタンス》は、市民社会の人道主義の発動が……理論的に可能なだけではないことを示している。それは可能なのだ。現実にそうなったのだから」とリデゴーは書いている。(注45)

また、デンマークのレジスタンスは伝染力が強く、この国にいた、ヒトラーの忠実な信奉者までもが疑念を抱き始めた。次第に彼らは、正当な目的を支持しているかのように振る舞うのが難しくなった。リデゴーはこう述べる。「不法行為でさえ、見せかけの法を必要とする。社会全体が強者の権利を否定する時、そのような法を見つけるのは難しい」(注46)

ナチスに対する同様のレジスタンスが起きたのは、ブルガリアとイタリアだけだった。その二国では、犠牲になったユダヤ人の数はやはり少なかった。歴史家たちは、ナチスの占領地域で行われた強制移送の規模は、各国の協力の程度にかかっていた、と主張する。(注47)アイヒマンはサッセンのインタビューを受けた時に、デンマークでは他の国の時より苦労させられた、と語った。「結果は不十分だった……わたしが計画していた強制移送も取り消すはめになった。わたしにとってはひどく不名誉なことだった」(注48)

はっきり言って、デンマークを占領していたドイツ人が穏健派だったわけではない。デンマークの統治にあたったのは親衛隊の高位にあったヴェルナー・ベストで、前任地パリではユダヤ人強制移送に辣腕を振るい、「パリのブラッドハウンド［訳注：嗅覚の鋭い警察犬］」と異名をとった。「改心したナチ党員」ドゥクウィッツさえ、一九三〇年代は狂信的なユダヤ人排斥主義者だった。しかし月日が経つにつれて彼は、デンマーク人の人道精神に感化されていった。

ハンナ・アーレントは自著『エルサレムのアイヒマン』において、デンマークでのユダヤ人救出について、魅力的な見解を述べている。「それは、ナチスが現地の人々の公然たる抵抗を受けた、わたしたちが知る唯一の事例であり、結果的に、抵抗に直面したナチスの個々人は決意を翻したようだ。彼ら自身、一つの民族を根絶させることを当然と見なさなくなったのは明らかだった。彼らは主義に基づく抵抗に遭ったのであり、彼らの『強硬さ』は日光を浴びたバターのように溶けていった……」(注49)

第９章　キティの死

１　「殺人を目撃した三七人は警察を呼ばなかった」

一九六〇年代には、お伝えしたい話がもう一つある。それは、人間の本性に関する痛ましい真実を明らかにする。もっとも、この場合、問題は何かをしたことではなく、しなかったことだ。この話はまた、第二次大戦中に数百万のユダヤ人が逮捕され、強制移送され、殺害されたことについて、後にドイツ、オランダ、フランス、オーストリア、その他、ヨーロッパ中の人々が主張した言葉を思い起こさせる。

「わたしたちは、知らなかった」

一九六四年三月一三日、午前三時一五分。キャサリン・スーザン・ジェノヴィーズは赤いフィアットで駐車禁止の看板を走り過ぎ、オースティン・ストリートの、地下鉄の駅にほど近いパーキングに車を停めた。

誰もがキティと呼ぶ彼女は、エネルギーの塊だ。二八歳、ダンスに夢中、友だちが多く、空いている時間はほとんどない。ニューヨークの街が大好きで、街も彼女が大好きだ。そこは彼女がありのままの自分でいられる場所、自由でいられる場所だ。

しかし、その夜、街は冷え切っていて、キティは、ガールフレンドのメアリ・アンと暮らすアパートへ急いで戻るところだった。メアリと付きあってちょうど一年になる。今、キティが望んでいるのは、メアリと抱きしめあうことだけだった。車のライトを急いで消し、ドアをロックすると、三〇メートルほど先の小さなアパートへと向かった。

キティは知らないが、今、彼女は人生最後の一時間を過ごしている。

「助けて！　刺された！　助けて！」

三時一九分、夜の街に叫び声が響いた。近隣の人々が目をさますほど大きな声だった。アパートのいくつかの部屋で灯りがともった。窓が開き、ささやき声が聞こえた。一人が「その娘を放してやれ」と叫んだ。

暴漢はいったん姿を消したが、また戻って来た。男は再びナイフでキティを刺した。アパートの角のところで、彼女はよろめきながら叫ぶ。「死にそう、死にそうなの！」

誰も出て来ない。指一本動かそうとしない。近隣の数十人は、まるでリアリティショーを見るかのように、窓から眺めるだけだ。ある夫婦は椅子を窓際に引き寄せ、よく見えるようにと部屋の灯りを暗くした。

男が再度、戻ってきた。キティは自分のアパートの建物のすぐ内側にある階段の下に横たわっていた。階上ではメアリ・アンが何も知らずに眠っている。

男はキティを何度も刺した。

三時五〇分、警察署に最初の通報があった。通報したのは近隣住民で、どうするべきか長く考えた末にようやく通報したのである。二分以内に警官が到着したが、もはや手遅れだった。「巻き込まれたくなかったのです」と通報者は認めた。[注1]

「巻き込まれたくなかった」、この言葉が世界中に響き渡った。

当初、キティの死は、その年ニューヨーク市で起きた六三六件の殺人事件の一つにすぎなかった。[注2]一つの命が失われ、一人の恋人が消えたが、街は動き続けた。しかし二週間後、この話は新聞の紙面を飾り、後に歴史の本に収められた。そうなった理由は、殺人者や被害者にではなく、見物していた人々にあった。

メディアの狂乱は一九六四年三月二七日、復活祭直前の金曜日に始まった。ニューヨーク・タイムズ紙の一面には「殺人を目撃した三七人は警察を呼ばなかった」の見出しが掲げられた。記事はこう始まる。「クイーンズ地区キューガーデンの遵法精神に富む立派な市民三八人は、三〇分以上にわたって、殺人犯が女性を三度襲うのを見ていた」。そして記事は、キティは今も生きていたかもしれない、と語る。刑事の一人が言うように、「通報の電話がありさえすれば[注3]」。

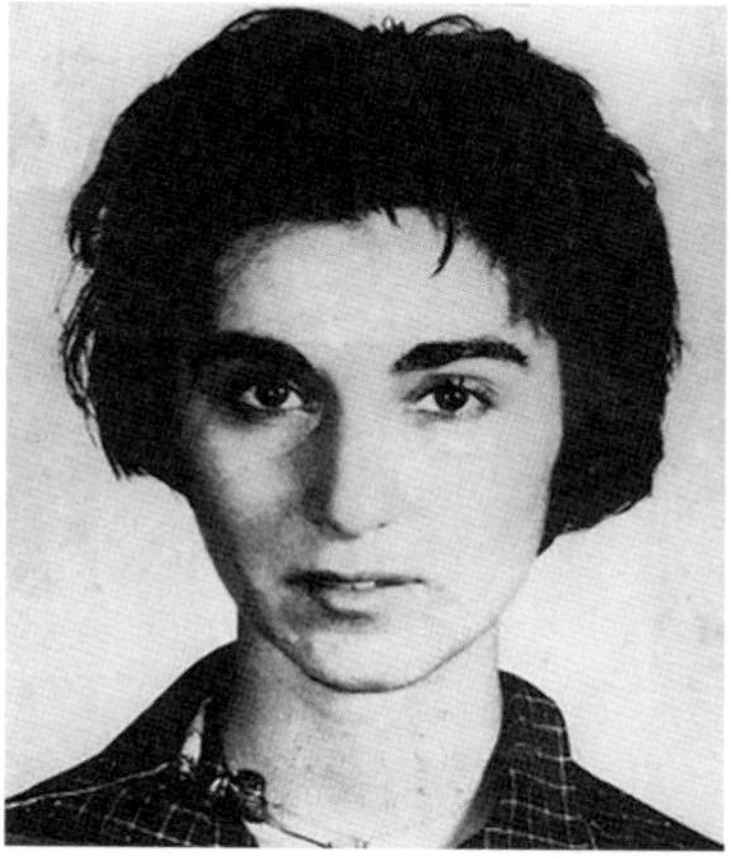

キティ・ジェノヴィーズの最も有名な写真。1961年に軽犯罪で逮捕された直後、警察で撮影された。（彼女はバーで働いていて、常連客の競馬賭博を手伝った）。キティは50ドルの罰金を支払った。ニューヨーク・タイムズ紙が、顔の部分だけを全世界に配信した。

イギリス、ロシア、日本、イランを含む世界各国で、キティの死は大々的に報じられた。ソ連の新聞、イズベスチヤは、この事件は、資本主義の「ジャングルにおけるモラルの欠如」の証拠だと記した。[注4] ブルックリン地区の牧師は、アメリカ社会は「イエスを十字架にかけた人々と同じくらい病んでいる」と語った。あるコラムニストは自国民を「冷淡で、臆病で、不道徳な人間」だと責めた。[注5]

ジャーナリストや写真家やテレビクルーが、キティが暮らしていたキューガーデンに殺到した。その誰もが信じられなかったほど、そこに暮らす人々は礼儀正しく立派で、きちんとしていた。そんな彼らがどうして、あの恐ろしいほど完璧な無関心を貫くことができたのだろう。

テレビの影響で鈍感になったのだ、と主張する人がいた。いや、フェミニズムのせいで男たちが意気地なしになったのだ、という声もあった。大都市の匿名性ゆえだと考える人々もいた。そうだとしたら、ホロコースト後のドイツ人の言葉が思い出される。彼らも無知を主張した。「わたしたちは知らなかった」と。

しかし、最も広く受け入れられたのは、ニューヨーク・タイムズ紙の編集主幹で、その時代の主導的なジャーナリストだったエイブ・ローゼンタールによる分析だ。曰く、「オースティン街のアパートや家々で起きたことは、人間性の恐ろしい現実を語っている(注6)」。結局のところ、わたしたちは誰にも頼れないのだ。

2 傍観者効果

わたしが初めてキティ・ジェノヴィーズについての記述を読んだのは、学生時代だった。ジャーナリストのマルコム・グラッドウェルのデビュー作『ティッピング・ポイント』を、数百万の人々と同様に夢中になって読んだが、その二七ページに、三八人の目撃者のことが書かれていた(注7)。

ミルグラムの電気ショック発生器やジンバルドの監獄実験と同じく、この話はわたしの心をとらえた。「あの事件については今も手紙が送られて来る」とローゼンタールは後に語っている。「(人々は)この話に取り憑かれているようだ。それは宝石のようで、見つめていると、心の中でさまざまなことが起きる(注8)」

あの一三日の金曜日は、演劇や歌の主題になった。テレビドラマ『となりのサインフェルド』、『ガールズ』、『ロー&オーダー』のそれぞれ一話は、この事件をテーマにしている。クリントン大統領は一九九四年にキューガーデンで行った演説で、キティ殺人事件の「血も凍るようなメッセージ」を振り返った。国防副長官ポール・ウォルフォウィッツに至っては、二〇〇三年のイラク侵攻を遠回しに正当化するためにこの事件を利用した。（この戦争に反対するアメリカ人は三八人の目撃者と同じく無関心なのだ、と彼は示唆した）(注9)

この物語の教訓は明らかだとわたしにも思える。なぜ誰もキティ・ジェノヴィーズを助けようとしなかったのか？　それは誰もが冷たく、他人に対して無関心だったからだ。このメッセージは、キティ・ジェノヴィーズの名前が拡散し始めた頃には、すでに広まりつつあった。当時は、『蠅の王』がベストセラーになり、アドルフ・アイヒマンが裁判にかけられ、スタンレー・ミルグラムが世界中に電気ショックを送り、フィリップ・ジンバルドが心理学の道を歩み始めた時代でもあった。

しかしわたしは、キティの死の状況を調べていくうちに、またしても、別の物語に行き着いた。

ビブ・ラタネとジョン・ダーリーは、当時、心理学者としてのキャリアをスタートさせたばかりだった。緊急事態における傍観者の行動を研究していた彼らは、キティの死からほどなくして、ある実験を試みた。被験者は大学生で、閉めきった部屋に一人で座り、同年代の学生数人とインターコムで学生生活についておしゃべりするよう指示される。

だが実を言うと、他の学生はいない。被験者が聞いているのは、研究者たちが事前に録音した音声だ。まもなく、誰かがうめき始める。「助けて！　誰か、助けて。お願い、誰か、た……す……け……て……（窒息するような音）……死にそうだ……」(注10)

次に何が起きただろう。この叫びを聞いたのは自分だけだと思った被験者は、廊下に駆け出した。被験者の全員が、その人を助けようと駆け出した。しかし、最初に、近くの部屋に他に五人の学生がいると説明され、その五人も叫び声を聞いていると思い込んだ被験者では、六二パーセントしか行動を起こさなかった。(注11) これが傍観者効果だ。

ラタネとダーリーの発見は、社会心理学にとって最も重要な発見の一つになる。以来二〇年にわたって、緊急事態に傍観者がとる行動に関する論文と著書が一〇〇〇本以上出版された。(注12) また彼らが出した結果は、キュ－ガーデンでの例の三八人の目撃者が動かなかった理由も説明した。キティ・ジェノヴィーズは、叫び声で多くの隣人を目覚めさせたにもかかわらず死んだのではなく、多くの隣人を目覚めさせたせいで死んだのだ。

近隣に暮らすある女性が後に記者に語った言葉は、それを裏づける。彼女の夫は警察に通報しようとしたが、彼女は夫を引き留めた。「通報の電話はもう三〇本以上、かかっているはずよ」と言って。(注13) キティは、もし人気のない路地で襲撃され、目撃者が一人しかいなかったら、助かっていたかもしれない。

このすべてが、キティをますます有名にした。現在、彼女の話は、大学の心理学の主要な教科書に掲載され、ジャーナリストや専門家によって頻繁に引用されている。(注14) 彼女の物語は、大都市の生活の危険な匿名性を語る寓話になった。

3　アムステルダムの運河で起きた救出劇

何年もの間、わたしは、傍観者効果は大都市の生活では避けられないものだと考えていた。しかし、わたしが働く都市で、その仮説の見直しを強いる事件が起きた。

二〇一六年二月九日、午後三時四五分、若い母親サンネが、アムステルダムの運河沿いの道、スローテルカーデに、白いアルファロメオを停めた。(注15) 車から降りて、助手席へまわり、チャイルドシートから子どもを降ろそうとしていると、突然車が動き出した。急いで運転席に戻ったが、ブレーキを踏むには遅すぎた。車は運河に落ち、沈み始めた。

悪い知らせがある。大勢の人がその様子を見ていた。

さらに多くの人が、サンネの叫び声を聞いたはずだ。キューガーデンと同じように、ここにも、災難の現場を見下ろすアパートが無数にあった。そしてここも、こぎれいなアッパーミドルの住宅地だった。

しかし、思いがけないことが起きた。「瞬間的な反応だった」と、現場近くの不動産会社の社長、ルーベン・アブラハムスは、後に地元テレビ局のレポーターに語った。「車が運河に？　たいへんだ」(注16) 彼は急いで工具箱から金槌を取り出すと、氷のように冷たい運河に飛び込んだ。

一月の寒い日にわたしはルーベンを訪ねた。彼は白髪混じりの無精髭を生やした、長身でがっしりした体格の男性で、車が落ちた場所に案内してくれた。「不思議な偶然だった」と彼は言った。「ほんの一瞬で、すべてが揃ったんだ」

ルーベンが運河に飛び込んだ時にはすでに、同じく転落を目撃したリアンク・ケンテイが、沈み始めた車に向かって泳いでいた。もう一人の目撃者、ライニール・ボッシュも運河の中にいた。そしてルーベンが飛び込む直前に、一人の女性がレンガを手渡した。このレンガは後に重要な働きをする。四人目の目撃者、ヴィーツェ・モルが、自分の車から緊急脱出用ハンマーを取り出し、それを握って運河に飛び込んだ。

「わたしたちは窓を叩き始めた」とルーベンは振り返る。(注17)ライニールがサイドウィンドウを粉砕しようとしたが、だめだった。そうする間にも車は前方から沈んでいく。ライニールはレンガをリアウィンドウに激しく叩きつけた。ついに窓は割れた。

その後の展開はきわめて速かった。「母親がリアウィンドウから子どもをわたしに預けた」とルーベンは続ける。一瞬、子どもは窓にひっかかったが、数秒でルーベンとライニールが助け出した。ライニールは子どもを抱いて、安全なところまで泳いでいった。母親はまだ車の中にいて、車はあと数インチで沈みそうになっている。ぎりぎりのタイミングで、ルーベンとリアンクとヴィーツェは彼女を引っ張り出した。

二秒もしないうちに、車は運河の黒々とした水の中へ消えていった。

すでに、大勢の傍観者が運河の縁に集まっていた。その人々は、母親と子どもと四人の男性を運河から引き上げるのを手伝い、彼らをタオルで包んだ。

この救出劇は、二分弱の出来事だった。四人の男性は、互いと面識がなく、その間、言葉を交わすこともなかった。もしその中の一人が、ほんの一瞬でもためらっていたら、手遅れになっていただろう。四人全員が飛び込まなかったなら、救助は失敗に終わったはずだ。そして名前もわからない女性が、ライニールにレンガを手渡さなかったら、彼はリアウィンドウを粉砕して母子を救出することができなかった。

言い換えれば、サンネと幼児は、多くの傍観者がいたにもかかわらず、ではなく、いたからこそ命拾いしたのだ。

4　九〇パーセントの確率で、人は人を助ける

あなたはこう思っているのではないだろうか。確かに感動的な物語だが、傍観者ルールの例外にすぎないだろう。あるいは、オランダ文化、あるいは、アムステルダムのこのあたり、または、この四人の男性に、ルールの例外になる理由があるのだろうか。

事実は逆だ。

今でも傍観者効果は多くの教科書で教えられているが、二〇一一年に発表されたメタ分析が緊急事態における傍観者の行動に新たな光を当てた。メタ分析というのは、研究についての研究で、過去に行われた多くの研究を分析する。このメタ分析は、ラタネとダーリーによる最初の実験（部屋に学生を入れた実験）を含め、過去五〇年間に行われた一〇五件におよぶ、傍観者効果に関する重要な研究を分析した。（注18）

このメタ分析から二つの洞察がもたらされた。一つ、傍観者効果は確かに存在する。わたしたちは、時には、他の誰かにまかせた方が筋が通っていると思って、介入しない。また時

には、間違った介入をして非難されることを恐れて、何もしようとしない。また時には、誰も行動を起こしていないのを見て、まずいことは起きていないと思い込む。

では、二つ目の洞察は？　もしも緊急事態が（誰かが溺れているとか、襲撃されているといった）命に関わるものであり、傍観者が互いと話せる状況にあれば（つまり、別々の部屋で孤立しているのでなければ）、逆の傍観者効果が起きる。「傍観者の数が増えると、救助の可能性は減るのではなく、増える」と論文の著者は記している。(注19)

話はこれで終わりではない。自発的な救助についてルーベンにインタビューした数か月後、わたしはアムステルダムのカフェで、デンマークの心理学者、マリー・リンデゴーと面談した。その日は雨で、彼女は衣服の水滴を払いながら腰を下ろすと、テーブルにどさっと書類を置き、ノートパソコンを開いて語り始めた。

マリーは、「わたしたちはなぜ、込み入った実験やアンケートや聞き取り調査を考案するのか」と最初に問いかけた研究者の一人だった。「なぜ、現実の状況で、現実の人の姿を、そのまま観察しようとしないの？　現代の都市は、監視カメラだらけなのに」と彼女は同僚に問いかけた。

「いいアイデアだが、それらの映像を手に入れることはできないだろう？」と同僚は言った。

それに対してマリーは、「じきにわかるわ」と答えた。現在、マリーは、コペンハーゲン、ケープタウン、ロンドン、アムステルダムで録画された一〇〇〇件を超すビデオ映像を含むデータベースを持っている。それらには、乱闘、レイプ、殺人未遂が録画されており、彼女の発見は社会科学にちょっとした革命を引き起こした。

彼女はノートパソコンの画面をわたしに向けた。「どうぞご覧ください。明日、わたしたちはこの論文を著名な心理学雑誌に提出します」(注20)

仮題は、「傍観者効果についてあなたが知っていると思うことのほぼすべてが間違っている」だった。

マリーは、画面を下にスクロールして表を指し示した。「ここにあるように、九〇パーセントのケースで、人は人を助けるのです」

九〇パーセント。

5 ジャーナリズムによる歪曲

そうだとしたら、あの二月の午後、氷のように冷たいアムステルダムの運河にルーベンとライニールとリアンクが飛びこんだことは、少しも不思議ではない。それは自然な反応だった。問うべきは、キティ・ジェノヴィーズが殺害された一九六四年三月一三日に何が起きたか、である。あの有名な話は、どこまでが真実なのだろう。

目撃者の無関心を最初に疑った一人は、キティの死から一〇年後にキューガーデンに引っ越してきたジョゼフ・ド・メイだ。在野の歴史研究家である彼は、この場所を世界に知らしめた殺人事件に興味をそそられ、自分で調べてみることにした。アーカイブを探っていくうちに、色あせた写真と古い新聞と警察の捜査報告書が見つかった。一つ一つの情報をパズルのピースのように組み合わせていくと、実際に起きたことの映像が浮かび上がってきた。

最初に巻き戻そう。一九六四年三月一三日に何が起きたか。以下は、ド・メイと彼に続く人々による徹底的な調査に基づいて再現した、その日の経過だ。(注21)

午前三時一九分。ぞっとするような悲鳴が、オースティン街の静寂を破った。しかし、外は寒く、多くの住人は窓を締め切っていた。悲鳴を聞いて外を見た人もいたが、通りが暗かったので、ほとんどの人は異変に気づかなかった。数人が、よろめきながら歩道を歩く女性のシルエットを見たが、酔っ払っているのだろうと思った。珍しいことではない。すぐ近くに酒場があるのだから。

それでも、少なくとも二人の住人が、電話で警察に通報した。一人はマイケル・ホフマンの父親で、マイケルは後に警察官になった。もう一人は、近くのアパートに住むハッティ・グランドだ。事件から何年も後に、ハッティはこう語った。「警察は、この件についてはすでに何本か電話があった、と言いました(注22)」

しかし警官は来なかった。

警官が来なかったって？　なぜ、サイレンを鳴らしてすぐ駆けつけなかったのだろう。

これらの最初の通報を聞いて、警察はそれを夫婦喧嘩だと思ったらしい。すでに警察を引退したマイケル・ホフマンは、現場への到着が遅れたのはそのためだと考えている。覚えておいてほしい。これは、夫から妻への暴力が軽視され、夫婦間のレイプが犯罪と見なされなかった時代の出来事なのだ。

だが、三八人の目撃者については、どうなのだろう。
この悪名高い数字は、歌や芝居から大ヒット映画やベストセラーまで、あらゆるものに登場するが、その起源は、この事件について刑事が尋問した人々のリストにさかのぼる。リストに記された名前の大半は、目撃者でさえなかった。せいぜい物音を聞いたくらいで、中には、気づかず、寝ていた人もいた。

二人だけは明らかに例外だった。一人は同じアパートに暮らすジョゼフ・フィンクだ。変わり者の孤独な男で、ユダヤ人を嫌悪しており、近所の子どもたちはヒトラーになぞらえて彼を「アドルフ」と呼んでいた。フィンクは事件が起きた時には目を覚ましていて、キティへの最初の襲撃を目撃したが、何もしなかった。

キティを運命にまかせたもう一人の人物は、近所の住人、カール・ロスで、キティとメアリ・アンの友人だった。ロスは階段のところで二度目の襲撃を目撃した（襲撃は三度ではなく、二度だった）。しかし彼は、酔っぱらっていたせいもあり、パニックになって走り去った。ロスは警察に、「巻き込まれたくなかった」と語ったが、彼は、世間に注目されたくなかったのだ。

それは自分がゲイであることが世間に知られるのを恐れたからだ。

一九六四年当時、同性愛は完全に違法と見なされていた。警察も、ニューヨーク・タイムズのような大手の新聞も、同性愛に危険な病気という烙印を押していたので、ロスはその両方を恐れていた。[注23] ゲイの男性は日常的に警察に虐待されており、新聞は同性愛を疫病であるかのように描写していたのだ。（キティを有名にしたニューヨーク・タイムズの編集主幹、エイブ・ローゼンタールの同性愛嫌いは有名だった。キティ事件の三か月前、同紙は、ある記事を掲載した。見出しは、「都市での同性愛の明白な増加は幅広い懸念を引き起こす」である（注24）

もちろん、こうした事情があったとしても、ロスの怠慢の言い訳にはならない。酔っ払っていて、怖がっていたとしても、ロスは友人を助けるために何かできたはずだ。実のところロスは、友人に電話をかけた。友人は、すぐ警官を呼ぶよう促した。しかし、ロスは自分のアパートから警察に電話をかけようとはせず、屋根越しにアパートの隣人を訪ねた。隣人はロスの話を聞いて、隣に暮らす女性を起こした。

その女性はソフィア・ファーラーという名前だ。キティが階下で血を流して倒れていることを聞くと、彼女は一瞬もためらうことなく部屋を飛び出した。後ろでは夫がズボンをはきながら、待ちなさい、と叫んでいた。ソフィアは、殺人者と鉢合わせするかもしれないと思ったが、階段を駆け下りた。「わたしはキティを助けるために走りました。そうするのは当然だと思ったのです」と彼女は語った。（注25）

ソフィアが階段に出るドアを開けると、キティはそこに横たわっていた。暴漢の姿はなかった。ソフィアが両腕で抱きかかえると、キティは彼女にもたれ、全身の緊張を解いた。こうしてキャサリン・スーザン・ジェノヴィーズは亡くなった。彼女は近所の人の腕に抱かれて逝ったのだ。キティの弟ビルは、長い年月が過ぎた後に、この話を聞いてこう言った。「ぼくたち家族はずいぶん救われたはずだ。姉が親しい人の腕に抱かれて息をひきとったことを知っていれば（注26）」

なぜソフィアは忘れられたのか？

なぜ、どの新聞も、彼女のことに触れなかったのだろう。

真実を知るとかなり落胆させられる。ソフィアの息子によると「当時、母は、新聞社から来た女性に一部始終を話した」。しかし翌日の記事には、ソフィアは巻き込まれることを望まなかった、と書かれていた。ソフィアはその記事を読んで激怒し、「マスコミの人間とは二度と口をきかない」と誓った。

ソフィアだけではない。実のところ、キューガーデンに暮らしていた数十人は、自分たちの話が報道機関によって歪められ、曲解され続けることに苦しめられ、多くは、その地域を去った。一方、ジャーナリストはキューガーデンに通い続けた。一九六五年三月一一日、キティの最初の命日の二日前、ある記者はキューガーデンに行って真夜中に叫び声をあげ、残忍な殺人を再現したらおもしろいだろうと考えた。カメラマンは住民の反応を捉えようと、カメラを手に待ち構えた。

何もかもが狂気じみているように思える。その年、積極行動主義《アクティヴィズム》がニューヨークで産声《うぶごえ》をあげ、マーティン・ルーサー・キングがノーベル平和賞を受賞し、数百万のアメリカ人が街頭を行進し、クイーンズ地区には二〇〇を超す地域組織が存在していたというのに、マスコミは、「無関心の蔓延」と自らが吹聴する説に執着し続けたのだ。

もっとも、当時「傍観者の無関心」を疑ったジャーナリストが一人いた。ラジオ記者のダニー・ミーナンだ。彼は事実を調べて、ほとんどの目撃者は、キティのことを単なる酔っ払いだと思っていたことを突き止めた。ミーナンがニューヨーク・タイムズ紙の記者に、なぜこの情報を記事に載せなかったのかと尋ねたところ、「そんなことをしたら話が台無しになる」と記者は答えた。(注27)

では、なぜミーナンはそれを秘密にしていたのだろう。自衛のためだ。当時、後ろ盾のないジャーナリストが世界一有力な新聞に盾つくなどというのは、到底考えられないことだった。少なくとも、仕事を続けたいのであれば。

数年後、別の記者が批判的な記事を書いたところ、ニューヨーク・タイムズ紙のエイブ・ローゼンタールが激怒して電話をかけてきた。「この話がアメリカの状況の象徴になっているのを知らないのか？」とローゼンタールは電話の向こうで叫んだ。「社会学の講座や書籍や論文のテーマになっていることを知らないのか？」(注28)

報道された話に真実がほとんど残っていないことには衝撃を覚える。運命の夜、彼女を助けそこねたのは、ニューヨークの住人ではなく、警察だった。キティはたった一人で死んだのではなく、友人に抱かれて亡くなった。この点に関して、傍観者の存在は、学問の世界で長く主張されてきたのとは、正反対の効果を発揮する。わたしたちは大都市でも、地下鉄でも、混み合った街路でも、一人ぼっちではない。わたしたちには、助け合う他者がいるのだ。

そして、キティの話はこれで終わりではない。最後に奇遇なことが起きた。

キティの死から五日後、クイーンズ地区の住人ラウル・クリアリーは、街路に見知らぬ男がいることに気づいた。男は、近隣の家からテレビを運び出そうとしていた。ラウルが何をしているのかと尋ねると、男は、自分は引っ越し業者だと言い張った。

しかしラウルはそれを疑い、隣人のジャック・ブラウンに電話をかけた。

「バニスターさんは引っ越すのですか？」と。

「そんなはずはない」とブラウンは答えた。

二人はためらわなかった。ジャックは男の車をパンクさせ、ラウルは警察に通報し、警察は、男が再び家から出てきたところを逮捕した。数時間後、男は認めた。今回の侵入と窃盗だけでなく、キューガーデンで若い女性を殺したことについても。(注29)

そう。つまり、キティの殺人者は二人の傍観者の介入によって、逮捕されたのだ。しかし、どの新聞も、この件については報道しなかった。

これが、キティ・ジェノヴィーズの真実の物語だ。この物語は、大学の心理学部の一年生だけでなく、報道記者を志望するすべての若者が読むべきだ。なぜなら、それは三つのことを教えてくれるからだ。一つ目は、人間の本性についてのわたしたちの見方が間違った方向に進みがちであること。二つ目は、ジャーナリストは、扇情的な話を売るために容易に世論を操ること。三つ目にして最も重要なのは、緊急事態において、いかにわたしたちは互いを頼りにできるか、ということだ。

アムステルダムの運河を見ながら、わたしはルーベン・アブラハムスに、運河でひと泳ぎした後、ヒーローになったような気分でしたか、と尋ねた。「いいや」と彼は肩をすくめた。「人生で、互いに気を配るのは当然のことだ」


〈下巻へ続く〉

Psychologist, Vol. 62, Issue 6 (2007).

15 サンネは仮名である。わたしは実名を知らないが、4人の救助者には知らされている。

16 'Mannen die moeder en kind uit water redden: "Elke Fitte A'dammer zou dit doen"', *at5.nl* (10 February 2016).

17 'Vier helden redden moeder en kind uit zinkende auto', *nos.nl* (10 February 2016).

18 Peter Fischer et al., 'The bystander-effect: a meta-analytic review on bystander intervention in dangerous and non-dangerous emergencies', *Psychological Bulletin*, Vol. 137, Issue 4 (2011).

19 同上。

20 R. Philpot et al., 'Would I be helped? Cross-National CCTV Shows that Intervention is the Norm in Public Conflicts', *American Psychologist* (June 2019).

21 この説明は以下の3冊に基づいている。Cook, *Kitty Genovese*; Catherine Pelonero, *Kitty Genovese. A True Account of a Public Murder and Its Private Consequences* (New York, 2014); and Marcia M. Gallo, '*No One Helped.' Kitty Genovese, New York City, and the Myth of Urban Apathy* (Ithaca, 2015).

22 彼女の言葉は、Kittyの兄Bill Genoveseが制作したドキュメンタリー*The Witness* (2015年)に記録されている。

23 Baker, 'Missing the Story'.

24 Robert C. Doty, 'Growth of Overt Homosexuality In City Provokes Wide Concern', *New York Times* (17 December 1963).

25 以下で言及されている。Pelonero, *Kitty Genovese*, p. 18.

26 同上。

27 同上。

28 同上。

29 Saul M. Kassin, 'The Killing of Kitty Genovese: What Else Does This Case Tell Us?' *Perspectives on Psychological Science*, Vol. 12, Issue 3 (2017).

42 同上。p. 353.

43 同上。p. 113.

44 同上。p. 262.

45 同上。p. 173.

46 同上。p. 58.

47 Peter Longerich, 'Policy of Destruction. Nazi Anti-Jewish Policy and the Genesis of the "Final Solution" ', United States Holocaust Memorial Museum, Joseph and Rebecca Meyerhoff Annual Lecture (22 April 1999), p. 5.

48 Lidegaard, *Countrymen*, p. 198.

49 同上。p. 353.

第9章　キティの死

1 この殺人に関する最初の報道については以下を参照。Martin Gansberg, '37 Who Saw Murder Didn't Call the Police', *New York Times* (27 March 1964).

2 Nicholas Lemann, 'A Call for Help', *The New Yorker* (10 March 2014).

3 Gansberg, '37 Who Saw Murder Didn't Call the Police', *New York Times*.

4 Peter C. Baker, 'Missing the Story', *The Nation* (8 April 2014).

5 Kevin Cook, *Kitty Genovese. The Murder, The Bystanders, The Crime That Changed America* (New York, 2014), p. 100.

6 Abe Rosenthal, 'Study of the Sickness Called Apathy', *New York Times* (3 May 1964).

7 Gladwell, *The Tipping Point*, p. 27.

8 Rosenthalは、Kittyの兄Bill Genoveseが制作したドキュメンタリー*The Witness*（2015年）の中でこう述べた。

9 Bill Keller, 'The Sunshine Warrior', *New York Times* (22 September 2002).

10 John M. Darley and Bibb Latané, 'Bystander Intervention in Emergencies', *Journal of Personality and Social Psychology*, Vol. 8, Issue 4 (1968).

11 Malcolm Gladwell はその著書で、叫びを聞いたのは自分だけだと思って駆け出した人は85パーセント、他に５人の学生が叫びを聞いたと思いながら助けに向かったのは31パーセントだった、と述べている。しかし、元の論文は、それは、「犠牲者の」最初の叫びが終わる前（75秒以内）に救助に駆けつけた人の割合だと明記している。75秒以内ではなかったが、その後2分半以内に多くの人が助けに向かい、100パーセント（全員）と62パーセントという数字になった。

12 Maureen Dowd, '20 Years After the Murder of Kitty Genovese, the Question Remains: Why?', *New York Times* (12 March 1984).

13 Cook, *Kitty Genovese*, p. 161.

14 Rachel Manning, Mark Levine and Alan Collins, 'The Kitty Genovese Murder and the Social Psychology of Helping. The Parable of the 38 Witnesses', *American*

British Journal of Social Psychology, Vol. 52, Issue 2 (2011).

21 S. Alexander Haslam, Stephen D. Reicher and Megan E. Birney, 'Nothing by Mere Authority: Evidence that in an Experimental Analogue of the Milgram Paradigm Participants are Motivated not by Orders but by Appeals to Science', *Journal of Social Issues*, Vol. 70, Issue 3 (2014).

22 以下で言及されている。Perry, *Behind the Shock Machine,* p. 176.

23 以下で言及されている。S. Alexander Haslam and Stephen D. Reicher, 'Contesting the "Nature" of Conformity: What Milgram and Zimbardo's Studies Really Show', *PLoS Biology,* Vol. 10, Issue 11 (2012).

24 以下で言及されている。Perry, *Behind the Shock Machine,* p. 70.

25 以下で言及されている。Blum, 'The Lifespan of a Lie '.

26 同上。

27 以下で言及されている。'Tape E' (no date), *Stanford Prison Archives,* No.: ST-b02-f21, p. 6.

28 同上。p. 2.

29 Perry, *Behind the Shock Machine,* p. 240.

30 Arendt, *Eichmann in Jerusalem*, p. 276.

31 以下で言及されている。Bettina Stangneth, *Eichmann Before Jerusalem: The Unexamined Life of a Mass Murderer* (London, 2014).

32 以下で言及されている。'The Adolph Eichmann Trial 1961', in *Great World Trials* (Detroit, 1997), pp. 332–7.

33 Ian Kershaw, ' "Working Towards the Führer." Reflections on the Nature of the Hitler Dictatorship', *Contemporary European History,* Vol. 2, Issue 2 (1993).

34 例えば以下を参照のこと。Christopher R. Browning, 'How Ordinary Germans Did It', *New York Review of Books* (20 June 2013).

35 以下で言及されている。Roger Berkowitz, 'Misreading 'Eichmann in Jerusalem', *New York Times* (7 July 2013).

36 同上。

37 Ada Ushpiz, 'The Grossly Misunderstood "Banality of Evil" Theory', *Haaretz* (12 October 2016).

38 以下で言及されている。Perry, *Behind the Shock Machine,* p. 72.

39 Matthew M. Hollander, 'The Repertoire of Resistance: Non- Compliance With Directives in Milgram's "Obedience" experiments', *British Journal of Social Psychology,* Vol. 54, Issue 3 (2015).

40 Matthew Hollander, 'How to Be a Hero: Insight From the Milgram Experiment', *Huffington Post* (27 February 2015).

41 以下で言及されている。Bo Lidegaard, *Countrymen: The Untold Story of How Denmark's Jews Escaped the Nazis, of the Courage of Their Fellow Danes – and of the Extraordinary Role of the SS* (New York, 2013), p. 71.

第8章 「ミルグラムの電気ショック実験」は本当か

1 'Persons Needed for a Study of Memory" *New Haven Register* (18 June 1961).

2 Stanley Milgram, *Obedience to Authority. An Experimental View* (London, 2009), pp. 30–31.初版は 1974年。

3 Stanley Milgram, 'Behavioral Study of Obedience', *Journal of Abnormal and Social Psychology*, Vol. 67, Issue 4 (1963).

4 Walter Sullivan, 'Sixty-five Percent in Test Blindly Obey Order to Inflict Pain', *New York Times* (26 October 1963).

5 Milgram, *Obedience to Authority*, p. 188.

6 Milgram said this in an interview on the television programme *Sixty Minutes* on 31 March 1979.

7 以下で言及されている。Amos Elon, 'Introduction', in Hannah Arendt, *Eichmann in Jerusalem. A Report on the Banality of Evil* (London, 2006), p. xv. 初版は1963年。

8 Arendt, *Eichmann in Jerusalem.*

9 以下で言及されている。Harold Takooshian, 'How Stanley Milgram Taught about Obedience and Social Influence ', in Thomas Blass (ed.), *Obedience to Authority* (London, 1999), p. 10.

10 以下で言及されている。Gina Perry, *Behind the Shock Machine. The Untold Story of the Notorious Milgram Psychology Experiments* (New York, 2013), p. 5.

11 同上。p. 327.

12 同上。p. 134.

13 Gina Perry, 'The Shocking Truth of the Notorious Milgram Obedience Experiments', *Discover Magazine* (2 October 2013).

14 Milgram, 'Behavioral Study of Obedience '.

15 Perry, *Behind the Shock Machine* (2012), p. 164. 以下も参照のこと。Gina Perry et al., 'Credibility and Incredulity in Milgram's Obedience Experiments: A Reanalysis of an Unpublished Test', *Social Psychology Quarterly* (22 August 2019).

16 Stanley Milgram, 'Evaluation of Obedience Research: Science or Art?' *Stanley Milgram Papers* (Box 46, le 16). Unpublished manuscript (1962).

17 以下で言及されている。Stephen D. Reicher, S. Alexander Haslam and Arthur Miller, 'What Makes a Person a Perpetrator? The Intellectual, Moral, and Methodological Arguments for Revisiting Milgram's Research on the Influence of Authority', *Journal of Social Issues*, Vol. 70, Issue 3 (2014).

18 以下で言及されている。Perry, *Behind the Shock Machine*, p. 93.

19 以下で言及されている。Cari Romm, 'Rethinking One of Psychology's Most Infamous Experiments', *The Atlantic* (29 January 2015).

20 Stephen Gibson, 'Milgram's Obedience Experiments: a Rhetorical Analysis',

11 同上。p. 146.

12 スタンフォード監獄実験では、12人の学生が囚人役（実行したのは11人）、12人が看守役（実行したのは10人）を務めた。

13 以下で言及されている。Blum, 'The Lifespan of a Lie '.

14 Philip Zimbardo, *The Lucifer Effect. Understanding How Good People Turn Evil* (London, 2007), p. 55.

15 Peter Gray, 'Why Zimbardo's Prison Experiment Isn't in My Textbook', *Psychology Today* (19 October 2013).

16 以下で言及されている。Romesh Ratnesar, 'The Menace Within', *Stanford Magazine* (July/August 2011).

17 Dave Jaffe, 'Self-perception', *Stanford Prison Archives*, No. ST-b09-f40.

18 'Tape 2' (14 August 1971), *Stanford Prison Archives*, No. ST-b02-f02.

19 A. Cerovina, 'Final Prison Study Evaluation' (20 August 1971), No. ST-b09-f15.

20 'Tape E' (no date), No. ST-b02-f21, pp. 1–2.

21 以下で言及されている。Blum, 'The Lifespan of a Lie '.

22 Blum, 'The Lifespan of a Lie '.

23 同上。

24 同上。

25 以下で言及されている。Alastair Leithead, 'Stanford prison experiment continues to shock', *BBC* (17 August 2011).

26 長年、心理学者たちはジンバルドの「実験」を使って、学生たちの興味をかき立ててきた。Thibault Le Texierは多くの教授たちの話を聞いた末に、彼らがスタンフォード監獄実験を授業でとりあげるのは、そうすれば学生たちは少なくとも、携帯電話から目を上げるからだと結論づけた。この実験を今日の授業でまだ教えるべきだろうか、という私の質問には、Le Texierは淡々とこう答えた。「スタンフォード実験では、科学研究において誰もが犯しうる過ちをすべて概観できるからね」

27 以下で言及されている。Kim Duke and Nick Mirsky, 'The Stanford Prison Experiment,' *BBC Two* (11 May 2002). そのドキュメンタリーでデーヴ・エシェルマンは次のように述べた。「私が無理やり事を進めなかったらどうなっていただろう、と興味が惹かれる。（中略）だがそれは、誰にもわからないだろう」

28 Emma Brockes, 'The Experiment', *Guardian* (16 October 2001).

29 同上。

30 Graeme Virtue, 'Secret service; What happens when you put good men in an evil place and lm it for telly? Erm, not that much actually', *Sunday Herald* (12 May 2002).

31 Blum, 'The Lifespan of a Lie '.

37 Carl Behren の話は以下の本の付録に収められている。Glanvill Corney, *The voyage of Captain Don Felipe González to Easter Island 1770–1*, p. 134.

38 Cook, *A Voyage Towards the South Pole and Round the World*, Chapter 8.

39 科学者の中には、モアイ像は地震で倒れたと確信する人もいる。また、モアイ像の一部は、首長の墓の上に寝かされたと考える人もいる。以下を参照のこと。Edmundo Edwards et al., 'When the Earth Trembled, the Statues Fell', *Rapa Nui Journal* (March 1996).

40 「バードマン・カルト」も暇つぶしの一つだった。それは各部族を代表する若者たちが年に一度、シーズン初のセグロアジサシ(海鳥)の卵を奪い合う祭りだ。この伝統がいつ始まったのかは定かでないが、おそらくRoggeveen が来る前から行われていたのだろう。この祭りは、モアイ像と関連があった。新しく選ばれたリーダーは、石像が削り出される石切場の外の家に住むことになっていたのだ。Roggeveen が1722年にやって来たとき、モアイ像にはまだ儀式的な役割があった。もはや(木材を使っての)運搬はできなくなっていた可能性があり、また、代わりの暇つぶしとして、バードマン・カルトがすでに行われていたようだが。

41 Josh Pollard, Alistair Paterson and Kate Welham, 'Te Miro o'one: the Archaeology of Contact on Rapa Nui (Easter Island)', *World Archaeology* (December 2010).

42 Henry Evans Maude, *Slavers in Paradise: The Peruvian Labour Trade in Polynesia, 1862–1864* (Canberra, 1981), p. 13.

43 Nicholas Casey, 'Easter Island Is Eroding', *New York Times* (14 March 2018).

第7章　「スタンフォード監獄実験」は本当か

1 以下で言及されている。Ben Blum, 'The Lifespan of a Lie ', *Medium.com* (7 June 2018).

2 Craig Haney, Curtis Banks and Philip Zimbardo, 'A Study of Prisoners and Guards in a Simulated Prison', *Naval Research Review* (1973).

3 Malcolm Gladwell, *The Tipping Point. How Little Things Can Make A Big Difference* (London, 2000), p. 155.

4 Haney, Banks and Zimbardo, 'A Study of Prisoners and Guards in a Simulated Prison'.

5 Muzafer Sherif, *Group Conflict and Co-operation. Their Social Psychology* (London, 2017), p. 85. Originally published in 1966.

6 Muzafer Sherif et al., *The Robbers Cave Experiment. Intergroup Conflict and Cooperation* (Middletown, 1988), p. 115.

7 同上。p. 98.

8 以下で言及されている。Gina Perry, *The Lost Boys. Inside Muzafer Sherif 's Robbers Cave Experiment* (London, 2018), p. 39.

9 同上。p. 138.

10 同上。p. 139.

March 2006).

22 Ronald Wright, *A Short History of Progress* (Toronto, 2004), p. 61.

23 Hans-Rudolf Bork and Andreas Mieth, 'The Key Role of the *Jubaea* Palm Trees in the History of Rapa Nui: a Provocative Interpretation', *Rapa Nui Journal* (October 2003).

24 Nicolas Cauwe, 'Megaliths of Easter Island', *Proceedings of the International Conference 'Around the Petit-Chausseur Site'* (Sion, 2011).

25 考古学者のCarl LipoとTerry Huntは、一部のモアイ像は、直立させたまま、縄でひっぱって所定の場所まで「歩かされた」と考えている。あなたが冷蔵庫や洗濯機を動かす時のように。この方法だと人手も少なくてすむ。以下を参照のこと。Carl Lipo and Terry Hunt, *The Statues that Walked. Unraveling the Mystery of Easter Island* (New York, 2011). LipoとHuntの説はメディアに受けたが、Jan Boersemaは、大半のモアイ像は大勢の人が木の幹に載せて転がしたと確信している。なぜならこのような行事では、集団が協力することこそが重要であり、効率の良さは問われなかったからだ。

26 E. E. W. Schröder, *Nias. Ethnographische, geographische en historische aanteekeningen en studiën* (Leiden, 1917).

27 S. S. Barnes, Elizabeth Matisoo-Smith and Terry L. Hunt, 'Ancient DNA of the Pacific Rat (*Rattus exulans*) from Rapa Nui (Easter Island)', *Journal of Archaeological Science* (Vol. 33, November 2006).

28 Mara A. Mulrooney, 'An Island-Wide Assessment of the Chronology of Settlement and Land Use on Rapa Nui (Easter Island) Based on Radiocarbon Data', *Journal of Archaeological Science* (No. 12, 2013). ラットは島の農業の問題にはならなかったのか？　Boersemaはならなかったと考えている。彼は「食用作物の大半は塊茎で、土中に育つ。それに、バナナは低い木になるため、ラットにとってはあまり魅力がなかった」と説明している。

29 以下で言及されている。'Easter Island Collapse Disputed By Hawaii Anthropologist', *Huffington Post* (6 December 2017).

30 Jacob Roggeveen, *Dagverhaal der ontdekkings-reis van Mr. Jacob Roggeveen* (Middelburg, 1838), p. 104.

31 Bolton Glanvill Corney, *The Voyage of Captain Don Felipe González to Easter Island 1770–1* (Cambridge, 1908), p. 93.

32 Beverley Haun, *Inventing Easter Island* (Toronto, 2008), p. 247.

33 James Cook, *A Voyage Towards the South Pole and Round the World*, Part 1 (1777).

34 Henry Lee, 'Treeless at Easter', *Nature* (23 September 2004).

35 この本は以下。Thor Heyerdahl et al., *Archaeology of Easter Island. Reports of the Norwegian Archaeological Expedition to Easter Island and the East Pacific* (Part 1, 1961), p. 51.

36 Thor Heyerdahl, *Aku-Aku: The Secret of Easter Island* (1957).

Handelsblad (18 April 2009).

4 このスイスのホテル支配人はErich von Dänikenで、著書のタイトルは、*Chariots of the Gods? Unsolved Mysteries of the Past.*

5 Lars Fehren-Schmitz et al., 'Genetic Ancestry of Rapanui before and after European Contact', *Current Biology* (23 October 2017).

6 Katherine Routledge, *The Mystery of Easter Island. The Story of an Expedition* (London, 1919).

7 Reidar Solsvik, 'Thor Heyerdahl as world heritage ', *Rapa Nui Journal* (May 2012).

8 以下で言及されている。Jo Anne Van Tilburg, 'Thor Heyerdahl', *Guardian* (19 April 2002).

9 William Mulloy, 'Contemplate The Navel of the World', *Rapa Nui Journal* (No. 2, 1991).初版は1974年。

10 Jared Diamond, *Collapse. How Societies Choose to Fail or Succeed* (New York, 2005), p. 109.

11 J. R. Flenley and Sarah M. King, 'Late Quaternary Pollen Records from Easter Island', *Nature* (5 January 1984).

12 Diamondは、歴史家Clive Pontingの影響を受けている。Pontingは、自著*A Green History of the World* (1991)でイースター島のことを書いた。その最初のページには、この島はRoggeveenが発見したとある。「約3000人が粗末なアシの小屋か洞窟に住み、常に戦争をし、乏しい食料を補うために人を食う」

13 Paul Bahn and John Flenley, *Easter Island, Earth Island* (London, 1992).

14 Jan J. Boersema, *The Survival of Easter Island. Dwindling Resources and Cultural Resilience* (Cambridge, 2015).

15 Carlyle Smith, 'The Poike Ditch', in Thor Heyerdahl and Edwin Ferdon Jr. (ed.), *Archaeology of Easter Island. Reports of the Norwegian Archaeological Expedition to Easter Island and the East Pacific* (Part 1, 1961), pp. 385–91.

16 Carl P. Lipo and Terry L. Hunt, 'A.D. 1680 and Rapa Nui Prehistory', *Asian Perspectives* (No. 2, 2010).以下も参照のこと。Mara A. Mulrooney et al., 'The myth of A.D. 1680. New Evidence from Hanga Ho'onu, Rapa Nui (Easter Island)', *Rapa Nui Journal* (October 2009).

17 Caroline Polet, 'Indicateurs de stress dans un échantillon d'anciens Pascuans', *Antropo* (2006), pp. 261–70.

18 以下を参照のこと。Vincent H. Stefan et al. (ed.), *Skeletal Biology of the Ancient Rapanui (Easter Islanders)*, (Cambridge, 2016).

19 Carl P. Lipo et al., 'Weapons of War? Rapa Nui Mata'a Morphometric Analyses', *Antiquity* (February 2016), pp. 172–87.

20 以下で言及されている。Kristin Romey, 'Easter Islanders' Weapons Were Deliberately Not Lethal', *National Geographic* (23 February 2016).

21 Terry L. Hunt and Carl P. Lipo, 'Late Colonization of Easter Island', *Science* (17

49 同上。pp. 14–15.

50 このジャンルの古典は、Edward Gibbonの*The Decline and Fall of the Roman Empire*(1776)。現代のベストセラーは、Jared Diamondの*Collapse*(2005)。

51 *Iliad*と*Odyssey*を個人が書いたことを疑問視し、Homerという名前はすぐれたギリシアの物語につけられたラベルと見なすべきだと主張する学者もいる。つまり、Homerという人は実在しなかった、というのだ。

52 Adam Hochschild, *Bury the Chains: Prophets and Rebels in the Fight to Free an Empire's Slaves* (Boston, 2005), p. 2.

53 Max Roser and Esteban Ortiz-Ospina, 'Global Extreme Poverty', *OurWorldInData.org* (2013).

54 これは、Rousseauの*The Social Contract*の冒頭の文章である。(初版は1762年)

55 Bjørn Lomborg, 'Setting the Right Global Goals', *Project Syndicate* (20 May 2014).

56 Max Roser and Esteban Ortiz-Ospina, 'Global Extreme Poverty'.

57 以下で言及されている。Chouki El Hamel, *Black Morocco. A History of Slavery, Race, and Islam* (Cambridge, 2013), p. 243.

58 西アフリカのモーリシャスは、1981年に世界で最後に奴隷制度を廃止した。

59 ペルシアとローマの時代、戦争で国が拡大するにつれて、世界は安全になっていった。パラドックスのように聞こえるが、論理的に説明できる。国や帝国が拡大するにしたがって、より多くの国民が、国境から遠く離れた場所に住むようになる。戦争が行われるのは国境だが、国内の暮らしは平和だった。この例となるのが、パックスロマーナ(ローマの平和)で、最強のリヴァイアサン(専制君主)の強大な軍事行動によって、長期の安定がもたらされた。Hobbesは少なくともこの意味では正しかった。絶大な権力を持つ1人の皇帝のほうが、不満を抱いた100人の小国の王よりよいと彼は考えた。以下を参照のこと。Turchin, *Ultrasociety*, pp. 201–2. 418.

60 José María Gómez et al., 'The Phylogenetic Roots of Human Lethal Violence, Supplementary Information', *Nature* (13 October 2016), p. 9.

61 2017年、アメリカでは281万3503人の死亡届が出された。the National Violent Death Reporting Systemによると、そのうちの1万9500人が殺人の犠牲者だった。同年、オランダでは15万0214人の死亡届が出され、158人が殺人によるものだった。

62 この話はおそらく作り話だ。'Not letting the facts ruin a good story', *South China Morning Post* (29 September 2019).

第6章　イースター島の謎

1 Roggeveenの人生や探検に関する話は、以下のすばらしい伝記に基づく。Roelof van Gelder, *Naar het aards paradijs. Het rusteloze leven van Jacob Roggeveen, ontdekker van Paaseiland (1659–1729)* (Amsterdam, 2012).

2 F. E. Baron Mulert, *De reis van Mr. Jacob Roggeveen ter ontdekking van het Zuidland (1721–1722)*, (The Hague, 1911), p. 121.

3 H. J. M. Claessen, 'Roggeveen zag geen reuzen toen hij Paaseiland bezocht', *NRC*

26 Turchin, *Ultrasociety*, p. 163.

27 R. Brian Ferguson, 'Born to Live: Challenging Killer Myths', in Robert W. Sussman and C. Robert Cloninger (eds), *Origins of Altruism and Cooperation* (New York, 2011), pp. 265–6.

28 Genesis 3:19–24. 以下も参照のこと。Van Schaik and Michel, *The Good Book of Human Nature*, pp. 44–5.

29 同上。pp. 50–51.

30 Jared Diamond は、農業の発明によって人間がどのような問題を抱えたかについて、優れた記事を書いた。以下を参照のこと。Jared Diamond, 'The Worst Mistake in the History of the Human Race ', *Discover Magazine* (May 1987).

31 James C. Scott, *Against the Grain. A Deep History of the Earliest States* (New Haven, 2017), pp. 104–5.

32 Jean-Jacques Rousseau, *A Dissertation On the Origin and Foundation of The Inequality of Mankind and is it Authorised by Natural Law?* Originally published in 1754.

33 Van Schaik and Michel, *The Good Book of Human Nature*, pp. 52–4.

34 Hervey C. Peoples, Pavel Duda and Frank W. Marlowe, 'Hunter- Gatherers and the Origins of Religion', *Human Nature* (September 2016).

35 Frank Marlowe, *The Hadza. Hunter-Gatherers of Tanzania* (Berkeley, 2010), p. 61.

36 同上。pp. 90–93.

37 以下で言及されている。Lizzie Wade, 'Feeding the gods: Hundreds of skulls reveal massive scale of human sacrifice in Aztec capital', *Science* (21 June 2018).

38 以下で言及されている。Richard Lee, 'What Hunters Do for a Living, or, How to Make Out on Scarce Resources', *Man the Hunter* (Chicago, 1968), p. 33.

39 James C. Scott, *Against the Grain*, pp. 66–7.

40 Turchin, *Ultrasociety*, pp. 174–5.

41 Scott, *Against the Grain*, pp. 27–9.

42 広範な歴史を概観するには、以下を参照のこと。David Graeber, *Debt. The First 5,000 Years* (London, 2011).

43 Scott, *Against the Grain*, pp. 139–49.

44 同上。p. 162.

45 Owen Lattimore, 'The Frontier in History', in *Studies in Frontier History: Collected Papers, 1929–1958* (London, 1962), pp. 469–91.

46 以下で言及されている。Bruce E. Johansen, *Forgotten Founders* (Ipswich, 1982), Chapter 5.

47 James W. Loeven, *Lies My Teacher Told Me. Everything Your American History Textbook Got Wrong* (2005), pp. 101–2.

48 以下で言及されている。Junger, *Tribe*, pp. 10–11.

12 Nicholas A. Christakis, *Blueprint. The Evolutionary Origins of a Good Society* (New York, 2019), pp. 141–3.

13 Carel van Schaik and Kai Michel, *The Good Book of Human Nature. An Evolutionary Reading of the Bible* (New York, 2016), p. 51.

14 だからと言って、人間は自由恋愛をするようにできているという60年代のヒッピーの主張が正しかったと言うつもりはない。結婚は人間の本性と完全に合致し、*Homo puppy*は「結婚による束縛」、別の言い方をすれば、「ロマンチックな恋愛」を行う数少ない哺乳動物の一つだ。もちろん誰もが、死が二人を分かつまで誠実でいつづける立派な人、というわけではないが、愛情のある関係は世界共通の願いだと、科学は語る。以下を参照のこと。Christakis, *Blueprint*, p. 168.

15 以下で言及されている。E. Leacock, *Myths of Male Dominance. Collected Articles on Women Cross-Culturally* (New York, 1981), p. 50.

16 Jared Diamond, *The World Until Yesterday. What Can We Learn from Traditional Societies?* (London, 2013), p. 11.

17 ルイジアナ州北東部には、人間が作ったとしか思えないマウンド（小山）が並ぶ、3500年前の遺跡がある。最大の「バードマウント」は高さが約22メートル、表面積が約15,240平方メートルあり、約25kgの砂を、のべ800万回、積み上げげなければならなかったと考えられる。考古学的調査により、その建設には数か月かかり、少なくとも1万人の労働者の協働が必要だったことが明らかになった。以下を参照のこと。Anthony L. Ortmann and Tristram R. Kidder, 'Building Mound A at Poverty Point, Louisiana: Monumental Public Architecture, Ritual Practice, and Implications for Hunter-Gatherer Complexity', *Geoarchaeology* (7 December 2012).

18 Jens Notro , Oliver Dietrich and Klaus Schmidt, 'Building Monuments, Creating Communities. Early Monumental Architecture at Pre-Pottery Neolithic Göbekli Tepe' in James F. Osborne (ed.), *Approaching Monumentality in Archaeology* (New York, 2014), pp. 83–105.

19 Erik Trinkaus et al., *The People of Sunghir: Burials, Bodies, and Behavior in the Earlier Upper Paleolithic* (Oxford, 2014).

20 David Graeber and David Wengrow, 'How to Change the Course of Human History (at Least, the Part That's Already Happened)', *Eurozine* (2 March 2018).

21 「生き延びるために寄り添う」は、生物学者Martin Nowakの造語。以下を参照のこと。Martin Nowak, 'Why We Help', *Scientific American* (1 November 2012), pp. 34–9.

22 Van Schaik and Michel, *The Good Book of Human Nature*, pp. 44–5.

23 同上。pp. 48–9.

24 Gregory K. Dow, Leanna Mitchell and Clyde G. Reed, 'The Economics of Early Warfare over Land', *Journal of Development Economics* (July 2017). この論文の第二部は、考古学的証拠を網羅している。

25 Douglas W. Bird et al., 'Variability in the Organization and Size of Hunter-Gatherer Groups. Foragers Do Not Live in Small-Scale Societies', *Journal of Human Evolution* (June 2019).

48 R. Brian Ferguson, 'Pinker's List. Exaggerating Prehistoric War Mortality', in Douglas Fry (ed.), *War, Peace, and Human Nature*, pp. 126. 以下も参照のこと。Hisashi Nakao et al., 'Violence in the Prehistoric Period of Japan: The Spatio-Temporal Pattern of Skeletal Evidence for Violence in the Jomon Period', *Biology Letters* (1 March 2016).

第5章　文明の呪い

1 以下で言及されている。Sarah Blaffer Hrdy, *Mothers and Others. The Evolutionary Origins of Mutual Understanding* (2009), p. 27.

2 Catherine A. Lutz, *Unnatural Emotions: Everyday Sentiments on a Micronesian Atoll & Their Challenge to Western Theory* (Chicago, 1988).

3 Christopher Boehm, *Hierarchy in the Forest. The Evolution of Egalitarian Behavior* (Cambridge, 1999), p. 68. 以下も参照のこと。Christopher Boehm, *Moral Origins. The Evolution of Virtue, Altruism and Shame* (New York, 2012), pp. 78–82.

4 Richard Lee, *The !Kung San: Men, Women, and Work in a Foraging Society* (Cambridge, 1979), p. 244.

5 同上。p. 246.

6 以下で言及されている。Blaffer Hrdy, *Mothers and Others,* p. 27.

7 Lee, *The !Kung San*, pp. 394–5.

8 シンプルで効果的な飛び道具が発明されなければ、自信過剰のリーダーを抑えることはできなかっただろう。人間は石を投げつけたり、槍を投げたり、矢を射たりする技術を身につけた。発掘されたヒト属の骨格を比較すると、肩と手首が徐々に進化して、よりうまく投げられるようになったことがわかる。人間は目標を狙って投げるのがうまいが、チンパンジーやオランウータンはそうではない(怒ったチンパンジーが物を投げることもあるが、狙ったものに命中することはほとんどない)。人間の飛び道具は、ネアンデルタール人のものよりかなり洗練されていたと考古学者は考えている。進化人類学者のピーター・ターチンは、人類の歴史において飛び道具はきわめて重要な発明品で、火や農業や車輪の発明にまさると主張する。すぐれた飛び道具を発明できていなかったら、*Homo puppy*は人類のもっと攻撃的な種に圧倒され、自らを家畜化できなかっただろう。

9 狩猟採集民は、自分の親戚からなる集団を好む。男性だけが権力を持つ場合、彼らは自分の家族をひいきにする。しかし男性と女性が権力を共有する場合は、彼らは妥協しなければならない。両方の家族と暮らすことになり、より複雑な社会ネットワークが生まれる。これは狩猟採集民で実際に見られる現象だ。以下を参照のこと。M. Dyble et al., 'Sex Equality Can Explain the Unique Social Structure of Hunter-Gatherer Bands', *Science*, Vol. 348, Issue 6236 (15 May 2015). 以下も参照のこと。Hannah Devlin, 'Early Men and Women Were Equal, Say Scientists', *Guardian* (14 May 2015).

10 Blaffer Hrdy, *Mothers and Others*, p. 128.

11 同上。p. 134.

Sussman and C. Robert Cloninger (eds), *Origins of Altruism and Cooperation* (New York, 2011), pp. 258–9.

39 以下で言及されている。Christopher Ryan and Cacilda Jethá, *Sex at Dawn. How We Mate, Why We Stray, and What It Means for Modern Relationships* (New York, 2010), p. 196.

40 Douglas Fry, 'War, Peace, and Human Nature: The Challenge of Achieving Scientific Objectivity', in Douglas Fry (ed.), *War, Peace, and Human Nature. The Convergence of Evolutionary and Cultural Views* (Oxford, 2013), pp. 18–19.

41 同上。p. 20.

42 Douglas P. Fry and Patrik Söderberg, 'Lethal Aggression in Mobile Forager Bands and Implications for the Origins of War', *Science* (19 July 2013).

43 Kim R. Hill et al., 'Hunter-Gatherer Inter-Band Interaction Rates. Implications for Cumulative Culture ', *PLoS One* (21 July 2014).

44 K. R. Hill et al., 'Co-residence Patterns in Hunter-Gatherer Societies Show Unique Human Social Structure ', *Science* (11 March 2011).以下も参照のこと。Coren L. Apicella et al., 'Social networks and cooperation in hunter- gatherers', *Nature* (25 January 2012).

45 Jonathan Haas and Matthew Piscitelli, 'The Prehistory of Warfare. Misled by Ethnography', in Douglas Fry (ed.), *War, Peace, and Human Nature,* pp. 178–81.

46 同上。pp. 181–3.

47 2か所の発掘場所が、旧石器時代に戦いが起きたことを示す最初の「証拠」として挙げられている。1か所はスーダン北部のジェベルサハバで、1964年に考古学者がおよそ13,000年前にさかのぼる61体の骨格を発見した。そのうちの21体には暴力による死の形跡があった。後の分析によって、この数は4体に減った。以下を参照のこと。Robert Jurmain, 'Paleoepidemiolgical Patterns of Trauma in a Prehistoric Population from Central California', *American Journal of Physical Anthropology* (12 April 2001). ジェベルサハバの人々はナイル川の肥沃な土手に暮らし、死者のために共同墓地を作っていたので、定住生活をしていたと思われる。しばしば言及されるもう1か所の遺跡は、ケニヤのトゥルカナ湖の近くにあるナタルクで、ここからは10,000年前のものと推定される（暴力の形跡のある）骨格が27体見つかった。2016年に考古学者がこの発見を*Nature*で発表すると、全世界のメディアが、人間は生来戦いが好きな動物だという決定的な「証拠」として飛びついた。しかし、ナタルクでの発見については今も論争が続いている。トゥルカナ湖周辺は肥沃な土地だったので、狩猟採集民が遊牧生活をやめて定住していても不思議はないと、多くの考古学が指摘した。この論文が発表された数か月後、*Nature*は、これらの「犠牲者」が暴力的な死を迎えたという結論自体を疑う、別の考古学者チームの見解を発表した。しかし、この記事はメディアに無視された。以下を参照のこと。Christopher M. Stojanowski et al., 'Contesting the Massacre at Nataruk', *Nature* (23 November 2016). これらの論争の結論がどうであれ、定住と農業の始まりを示す考古学的証拠（洞窟絵画や共同墓所など）が見られるようになった後、戦いの痕跡が圧倒的に増えるのとは対照的に、それ以前の時代の戦いの証拠はジェベルサハバとナタルク以外にはないことを認識する必要がある。

18 同上。

19 David Lee, *Up Close and Personal: The Reality of Close-Quarter Fighting in World War II* (London, 2006), p. 19.

20 以下で言及されている。Max Hastings, 'Their Wehrmacht Was Better Than Our Army', *Washington Post* (5 May 1985).

21 Richard Holmes, *Acts of War. The Behaviour of Men in Battle* (London, 1985), p. 376.

22 Dave Grossman, *On Killing. The Psychological Cost of Learning to Kill in War and Society* (New York, 2009), p. 31.

23 R. A. Gabriel, *No More Heroes. Madness and Psychiatry in War* (New York, 1987), p. 31.

24 Major T. T. S. Laidley, 'Breech-loading Musket', in *The United States Service Magazine* (January 1865), p. 69.

25 Grossman, *On Killing*, pp. 23–6.

26 同上。p. 23.

27 George Orwell, *Homage to Catalonia* (London, 2000), p. 39. Originally published in 1938.

28 Randall Collins, *Violence. A Micro-sociological Theory* (Princeton, 2008), p. 53.

29 同上。p. 11.

30 以下で言及されている。Craig McGregor, 'Nice Boy from the Bronx?', *New York Times* (30 January 1972).

31 Lee Berger, 'Brief Communication: Predatory Bird Damage to the Taung Type-Skull of Australopithecus africanus Dart 1925', *American Journal of Physical Anthropology* (31 May 2006).

32 この論争に関しては、以下を参照のこと。John Horgan, 'Anthropologist Brian Ferguson Challenges Claim that Chimp Violence is Adaptive ', *Scientific American* (18 September 2014).

33 Michael L. Wilson et al., 'Lethal Aggression in Pan is Better Explained by Adaptive Strategies than Human Impacts', *Nature* (17 September 2014).

34 Brian Hare, 'Survival of the Friendliest: *Homo sapiens* Evolved via Selection for Prosociality', *Annual Review of Psychology* (2017), pp. 162–3.

35 Robert Sapolsky, 'Rousseau with a Tail. Maintaining a Tradition of Peace Among Baboons', in *War, Peace, and Human Nature. The Convergence of Evolutionary and Cultural Views* (Oxford, 2013), p. 421.

36 John Horgan, 'The Weird Irony at the Heart of the Napoleon Chagnon Affair', *Scientific American* (18 February 2013).

37 Robert Sapolsky, *Behave. The Biology of Humans at Our Best and Worst* (London, 2017), p. 314.

38 R. Brian Ferguson, 'Born to Live: Challenging Killer Myths', in Robert W.

40 Helen Louise Brooks et al., 'The Power of Support from Companion Animals for People Living with Mental Health Problems: A Systematic Review and Narrative Synthesis of the Evidence ', *BMC Psychiatry* (5 February 2018).

41 1980年代後半に、進化人類学者のDavid Bussが37か国の数万人を対象として、配偶者に何を期待するかを尋ねた。その回答は、男女間の相違を示した。男性にとっては容姿がより重要で、女性にとってはお金がより重要だった。当然ながら、この発見はあらゆるメディアのトップ記事となった。しかし、完全に無視されたものがある。それは、男女とも第一に挙げたのが「優しさ」だったことだ。以下を参照のこと。Dacher Keltner, 'The Compassionate Species', *Greater Good Magazine* (31 July 2012).

第4章　マーシャル大佐と銃を撃たない兵士たち

1 以下で言及されている。Melyssa Allen, 'Dog Cognition Expert Brian Hare Visits Meredith', *meredith.edu* (October 2016).

2 Carsten K. W. De Dreu et al., 'The Neuropeptide Oxytocin Regulates Parochial Altruism in Intergroup Conflict Among Humans', *Science* (11 June 2010).

3 Raymond Dart, 'The Predatory Transition from Ape to Man', *International Anthropological and Linguistic Review* (No. 4, 1953).

4 同上。

5 以下で言及されている。Rami Tzabar, 'Do Chimpanzee Wars Prove That Violence Is Innate?' *bbc.com* (11 August 2015).

6 Richard Wrangham and Dale Peterson, *Demonic Males: Apes and the Origins of Human Violence* (New York, 1996), p. 63.

7 '!'はクン人の言語の吸着音(舌打ち音)を示す。

8 Richard Lee, *The !Kung San* (New York, 1979), p. 398.

9 Steven Pinker, *The Better Angels of Our Nature. Why Violence Has Declined* (London, 2011), p. 36.

10 同上。p. xxi.

11 同上。

12 マキンの戦いに関しては、以下を参照のこと。Anthony King, *The Combat Soldier. Infantry Tactics and Cohesion in the Twentieth and Twenty-First Centuries* (Oxford, 2013), pp. 46–8.

13 Bill Davidson, 'Why Half Our Combat Soldiers Fail to Shoot', *Collier's Weekly* (8 November 1952).

14 以下で言及されている。King, *The Combat Soldier*, p. 48.

15 S. L. A. Marshall, *Men Against Fire. The Problem of Battle Command* (Oklahoma, 2000), p. 79.

16 同上。p. 78.

17 以下で言及されている。John Douglas Marshall, *Reconciliation Road: A Family Odyssey* (Washington DC, 2000), p. 190.

American Scientist (No. 4, 2017).

24 Dugatkin and Trut, *How to Tame a Fox*, p. 58.

25 同上。p. 124.

26 Robert L. Cieri et al., 'Craniofacial Feminization, Social Tolerance, and the Origins of Behavioral Modernity', *Current Anthropology* (No. 4, 2014).

27 人間はネアンデルタール人の直接の子孫ではない(もっとも、多くの人がネアンデルタール人のDNAを持っていることから、*Home sapiens* と*Homo neanderthalensis*の間に子どもが生まれたのは確かだ)。しかし、5万年前に生きた*Homo sapiens*の祖先は、ネアンデルタール人に非常によく似ていた。つまり、かなり男性的な風貌をしていたのだ。以下を参照のこと。Brian Hare, 'Survival of the Friendliest: *Homo sapiens* Evolved via Selection for Prosociality', *Annual Review of Psychology* (2017).

28 Brian Hare and Vanessa Woods, *The Genius of Dogs. Discovering the Unique Intelligence of Man's Best Friend* (London, 2013). p. 40.

29 同上。p. 88.

30 Brian Hare, 'Survival of the Friendliest – Brian Hare, Duke Forward in Houston', YouTube (20 January 2016). Hareは3分56秒のところからこれについて話し始める。

31 家畜化は毛皮に現れるメラニンに影響を及ぼす。Dmitriが実験に使ったキツネの毛に白斑が現れたのはそのためだ。Brian Hare, 'Survival of the Friendliest: *Homo sapiens* Evolved via Selection for Prosociality', *Annual Review of Psychology* (2017).

32 Ricardo Miguel Godinho, Penny Spikins and Paul O'Higgins, 'Supraorbital Morphology and Social Dynamics in Human Evolution', *Nature Ecology & Evolution* (No. 2, 2018).以下も参照のこと。Matteo Zanella et al., 'Dosage analysis of the 7q11.23 Williams region identifies BAZ1B as a major human gene patterning the modern human face and underlying self-domestication', *Science Advances* (4 December 2019).

33 Henrich, *The Secret of Our Success*, p. 214.

34 James Thomas and Simon Kirby, 'Self domestication and the evolution of language ', *Biology & Philosophy* (27 March 2018).

35 Peter Turchin, *Ultrasociety. How 10,000 Years of War Made Humans the Greatest Cooperators on Earth* (Chaplin, 2016), p. 48.

36 Joris Luyendijk, 'Parasitair', *NRC Handelsblad* (13 December 2012).

37 Julia Carrie Wong, 'Uber's "hustle-oriented" culture becomes a black mark on employees' résumés', *Guardian* (7 March 2017).

38 Jeremy Lent, *The Patterning Instinct. A Cultural History of Humanity's Search for Meaning* (New York, 2017), pp. 94–5.

39 Julianne Holt-Lunstad, 'Testimony before the US Senate Aging Committee ', *aging.senate.gov* (27 April 2017).

11 Charles Darwin, *The Expression of the Emotions in Man and Animals* (New York, 1872), p. 309. 2018年に行われた、5羽のルリコンゴウインコを対象とする小規模の研究は、この種類のオウムには顔を赤らめる能力があることを示唆した。以下を参照のこと。Aline Bertin et al., 'Facial Display and Blushing: Means of Visual Communication in Blue-and-Yellow Macaws (*Ara Ararauna*)?', *PLoS One* (22 August 2019).

12 Johann Carl Fuhlrott, 'Menschliche Überreste aus einer Felsengrotte des Düsselthals. Ein Beitrag zur Frage über die Existenz fossiler Menschen', in *Verhandlungen des Naturhistorischen Vereins der preußischen Rheinlande und Westphalens* (Part 16, 1859), pp. 131–53.

13 この地方支部のドイツでの名称は以下。*Niederrheinische Gesellschaft für Natur- und Heilkunde.*

14 Paige Madison, 'The Most Brutal of Human Skulls: Measuring and Knowing the First Neanderthal', *British Journal for the History of Science* (No. 3, 2016), p. 427.

15 この名前(*Homo stupidus*)は生物学者Ernst Haeckelが提案したものだが、二年前に解剖学者のWilliam King が*Homo neanderthalensis*という名称を案出していたので、採用されなかった。

16 以下で言及されている。João Zilhão, 'The Neanderthals: Evolution, Palaeoecology, and Extinction', in Vicki Cummings, Peter Jordan and Marek Zvelebil, *The Oxford Handbook of the Archaeology and Anthropology of Hunter-Gatherers* (Oxford, 2014), p. 192.

17 Thomas D. Berger and Erik Trinkaus, 'Patterns of Trauma among the Neandertals', *Journal of Archaeological Science* (November 1995).

18 Thomas Wynn and Frederick L. Coolidge, *How to Think Like a Neanderthal* (Oxford, 2012), p. 19. もし、あなたが今でもネアンデルタール人を野蛮な穴居人と考えているなら、考え直すべきだ。2018年に、考古学者のチームが295体分のネアンデルタール人の頭骨を同時期の*Homo sapiens*(人間の直接の祖先)のものと比較した。彼らは何を見つけただろう。違いは認められなかった。ネアンデルタール人の生活は人間の生活と同じく荒々しかった。人間も原始的なロデオ・ライダーのような存在だったと思われる。以下を参照のこと。Judith Beier et al., 'Similar Cranial Trauma Prevalence among Neanderthals and Upper Palaeolithic modern humans', *Nature* (14 November 2018).

19 Paola Villa and Wil Roebroeks, 'Neandertal Demise: An Archaeological Analysis of the Modern Human Superiority Complex', *PLoS One* (30 April 2014).

20 Yuval Noah Harari, *Sapiens. A Brief History of Humankind* (2011), p. 19.

21 Jared Diamond, 'A Brand-New Version of Our Origin Story', *New York Times* (20 April 2018).

22 特に断っていない限り、この話の情報源は以下である。Lee Alan Dugatkin and Lyudmila Trut, *How to Tame a Fox (and Build a Dog). Visionary Scientists and a Siberian Tale of Jump-Started Evolution* (Chicago, 2017).

23 Lee Alan Dugatkin and Lyudmila Trut, 'How to Tame a Fox and Build a Dog',

22 Warner, *Ocean of Light*, p. 89.

23 Charlotte Edwardes, 'Survivor Game Show Based on Public School', *Daily Telegraph* (3 June 2001).

24 Robert Evans and Michael Thot, '5 Ways You Don't Realize Reality Shows Lie ', *Cracked.com* (7 July 2014).

25 Bryan Gibson et al., 'Just "Harmless Entertainment"? Effects of Surveillance Reality TV on Physical Aggression', *Psychology of Popular Media Culture* (18 August 2014).

26 Robert Sapolsky, *Behave. The Biology of Humans at Our Best and Worst* (London, 2017), p. 199.

27 Girl Scout Research Institute, 'Girls and Reality TV' (2011).

28 以下で言及されている。CBC Arts, 'George Gerbner Leaves the Mean World Syndrome', *Peace, Earth & Justice News* (8 January 2006).

29 ドキュメンタリー制作者のSteve Bowmanが私に共有させてくれた未発表の資料から、Bowmanのインタビューを受けた教師の言葉。

第3章　ホモ・パピーの台頭

1 The *Oxford Dictionary* の定義によると、ホミニン(hominins)は霊長類の一亜科(訳注:霊長目ヒト科ヒト亜科)。人間、人間の直接の祖先、人間にきわめて近い種が含まれる。広義のホミニンには類人猿も含まれる。

2 Charles Darwin, 'To Joseph Dalton Hooker', *Darwin Correspondence Project* (11 January 1844).

3 Richard Dawkins, *The Selfish Gene. 30th Anniversary Edition* (2006), p. ix. 初版は1976年。Dawkinsは後にこの一節を削除した(本章の最後を参照のこと)。

4 Claire Armitstead, 'Dawkins Sees off Darwin in Vote for Most Influential Science Book', *Guardian* (20 July 2017).

5 Michael J. Edwards, 'Fascinating, But at Times I Wish I Could Unread It', *Amazon.com* (7 August 1999)のレビュー。この本のアマゾンでのレビューの中で、最高の評価を受けたレビューの一つ。

6 Marcus E. Raichle and Debra A. Gusnard, 'Appraising the Brain's Energy Budget', *PNAS* (6 August 2002).

7 E. Hermann et al., 'Humans Have Evolved Specialized Skills of Social Cognition: The Cultural Intelligence Hypothesis', *Science* (7 September 2007).

8 Joseph Henrich, *The Secret of Our Success. How Culture Is Driving Human Evolution, Domesticating Our Species, and Making Us Smarter* (Princeton, 2016), pp. 16–17.

9 同上。pp. 17–21.

10 Maria Konnikova, *The Confidence Game* (New York, 2016). Konnikovaのすばらしい書籍についてはエピローグを参照のこと。

第2章　本当の「蝿の王」

1 William Goldingは1980年代に出した『蝿の王』のオーディオテープの導入部でこのことに触れている。以下を参照のこと。William Golding, *Lord of the Flies. Read by the author* (Listening Library, 2005).

2 John Carey, *William Golding. The Man Who Wrote Lord of the Flies* (London, 2010), p. 150.

3 William Golding, *The Hot Gates* (London, 1965), p. 87.

4 Arthur Krystal (ed.), *A Company of Readers. Uncollected Writings of W. H. Auden, Jacques Barzun and Lionel Trilling* (2001), p. 159.

5 以下で言及されている。Carey, *William Golding*, p. 82.

6 同上。p. 259.

7 In 'Dit gebeurt er als je gewone kinderen vrijlaat in de wildernis', *De Correspondent* (6 June 2017).

8 Frans de Waal, *The Bonobo and the Atheist*, p. 214.

9 MaryAnn McKibben Dana, 'Friday Link Love: Doubt, Virginia Woolf, and a Real-Life Lord of the Flies', *theblueroom.org* (3 May 2013).

10 Susanna Agnelli, *Street Children. A Growing Urban Tragedy* (London, 1986).

11 Jamie Brown, 'Mates Share 50-Year Bond', *Daily Mercury* (12 December 2014).

12 以下で言及されている。Kay Keavney, 'The Dropout Who Went to Sea', *The Australian Women's Weekly* (19 June 1974).

13 特に断っていない限り、本章でPeter WarnerとMano Totauの言葉として引用しているものは、わたしが本人から聞いたものである。

14 特に以下を参照のこと。Keith Willey, *Naked Island – and Other South Sea Tales* (London, 1970).

15 Steve Bowman, an Australian documentary maker。2007年にBowman はDavidにインタビューした。Bowmanは（非公開の）フィルム映像を快く共有させてくれた。デーヴィッドの言葉はBowmanのドキュメンタリーから引用した。

16 Willey, *Naked Island*, p. 6.

17 以下で言及されている。Scott Hamilton, 'In remote waters', *readingthemaps.blogspot.com* (18 November 2016).

18 Peter Warner, *Ocean of Light. 30 years in Tonga and the Pacific* (Keerong, 2016), p. 19.

19 これについてはSioneも覚えていた。「ぼくたちはとても仲がよかった」とSioneは電話でわたしに語った。「けんかが起きると、ぼくは両者を落ち着かせようとした。彼らは泣いて謝り、それで終わりになった。いつも、そんなふうだった」

20 いかだが壊れたのはむしろ幸運だった。少年たちは、サモアの近くにいると考え、南に向かって船出したが、実際は、北に向かわなければならなかったのだ。

21 Willey, *Naked Island*, p. 33.

perspective ', *Insider* (18 October 2017).

26 Toni van der Meer et al., 'Mediatization and the Disproportionate Attention to Negative News. The case of airplane crashes', *Journalism Studies* (16 January 2018).

27 Laura Jacobs et al., 'Back to Reality: The Complex Relationship Between Patterns in Immigration News Coverage and Real-World Developments in Dutch and Flemish Newspapers (1999–2015)', *Mass Communication and Society* (20 March 2018).

28 Nic Newman (ed.), *Reuters Institute Digital News Report. Tracking the Future of News* (2012). 以下も参照のこと。Rob Wijnberg, 'The problem with real news – and what we can do about it', *Medium.com* (12 September 2018).

29 以下で言及されている。Michael Bond, 'How to keep your head in scary situations', *New Scientist* (27 August 2008).

30 Rolf Dobelli, 'Avoid News. Towards a Healthy News Diet', *dobelli. com* (August 2010).

31 Frans de Waal, *The Bonobo and the Atheist*, pp. 38–9.

32 Michael Ghiselin, *The Economy of Nature and the Evolution of Sex* (Berkeley, 1974), p. 247.

33 Joseph Henrich et al., 'In Search of Homo Economicus: Behavioral Experiments in 15 Small-Scale Societies', *American Economic Review* (No. 2, 2001).

34 David Sloan Wilson and Joseph Henrich, 'Scientists Discover What Economists Haven't Found: Humans', *Evonomics.com* (12 July 2016).

35 以下で言及されている。David Sloan Wilson, 'Charles Darwin as the Father of Economics: A Conversation with Robert Frank', *This view of life* (10 September 2015).

36 Thucydides, *History of the Peloponnesian War*, translated by Rex Warner (1972), pp. 242–5.

37 Saint Augustine, *The Confessions of Saint Augustine*, translated by Maria Boulding (2012), p. 12.

38 Thomas Henry Huxley, *The Struggle for Existence in Human Society* (originally published in 1888).

39 Herbert Spencer, *Social Statistics*, Chapter XVIII, paragraph 4 (1851).

40 「人間性は必ず堕落するという考えをわたしは信じない」と、インドの独立運動の伝説的指導者マハトマ・ガンディーは述べた。チャーチルは彼を「半裸の苦行僧」と呼んで見下した。「人間の善良さは、隠れることもあるが、決して消すことのできない炎だ」と、邪悪な政権によって27年間投獄されていたネルソン・マンデラは語った。

41 Emma Goldman, *Anarchism and Other Essays* (Stillwell, 2008), p. 29. 初版は1910年。

42 この心理学者は9章に登場するマリー・リンデゴーアだ。

to Streets Amid Increasingly Violent Looting', *Seattle Times* (1 September 2005).

7 Timothy Garton Ash, 'It Always Lies Below', *Guardian* (8 September 2005).

8 Jim Dwyer and Christopher Drew, 'Fear Exceeded Crime 's Reality in New Orleans', *New York Times* (29 September 2005).

9 Havidán Rodríguez, Joseph Trainor and Enrico L. Quarantelli, 'Rising to the Challenges of a Catastrophe: The Emergent and Prosocial Behavior Following Hurricane Katrina', *The Annals of the American Academy of Political and Social Science* (No. 1, 2006).

10 Matthieu Ricard, *Altruism. The Power of Compassion to Change Yourself and the World* (New York, 2015), p. 99.

11 Enrico L. Quarantelli, 'Conventional Beliefs and Counterintuitive Realities', *Social Research: An International Quarterly of the Social Sciences* (No. 3, 2008), p. 885.

12 以下で言及されている。AFP/Reuters, 'Troops Told "Shoot to Kill" in New Orleans' (2 September 2005).

13 Trymaine Lee, 'Rumor to Fact in Tales of Post-Katrina Violence ', *New York Times* (26 August 2010).

14 Solnit, *A Paradise Built in Hell*, p. 131.

15 以下で言及されている。CNN Money, 'Coke Products Recalled' (15 June 1999).

16 B. Nemery, B. Fischler, M. Boogaerts, D. Lison and J. Willems, 'The Coca-Cola Incident in Belgium, June 1999', *Food and Chemical Toxicology* (No. 11, 2002).

17 Victoria Johnson and Spero C. Peppas, 'Crisis Management in Belgium: the case of Coca-Cola',' *Corporate Communications: An International Journal* (No. 1, 2003).

18 以下で言及されている。Bart Dobbelaere, 'Colacrisis was massahysterie', *De Standaard* (1 April 2000).

19 Karolina Wartolowska et al., 'Use of Placebo Controls in the Evaluation of Surgery: Systematic Review', *British Medical Journal* (21 May 2014).

20 Clayton R. Critcher and David Dunning, 'No Good Deed Goes Unquestioned: Cynical Reconstruals Maintain Belief in the Power of Self-interest', *Journal of Experimental Social Psychology* (No. 6, 2011), p. 1212.

21 Sören Holmberg and Bo Rothstein, 'Trusting other people', *Journal of Public Affairs* (30 December 2016).

22 Jodie Jackson, 'Publishing the Positive. Exploring the Motivations for and the Consequences of Reading Solutions-focused Journalism', *constructivejournalism.org* (Fall 2016).

23 例えば以下を参照。Wendy M. Johnston and Graham C. L. Davey, 'The psychological impact of negative TV news bulletins: The catastrophizing of personal worries', *British Journal of Psychology* (February 1997).

24 Hans Rosling, *Factfulness* (London, 2018), p. 50.

25 Chris Weller, 'A top economist just put the fight against poverty in stunning

ensive Against Germany 1935–1945 (London, 1961), p. 332.

19 C. P. Snow, 'Whether we live or die ', *Life* magazine (3 February 1961), p. 98.

20 Overy, *The Bombing War,* p. 356.

21 以下で言及されている。Jörg Friedrich, *The Fire. The Bombing of Germany 1940–1945* (New York, 2006), p. 438.

22 以下で言及されている。Friedrich Panse, *Angst und Schreck* (Stuttgart, 1952), p. 12.

23 Friedrich, *The Fire,* pp. 418–20.

24 この英国人の報告は50年後まで公表されなかった。以下を参照のこと。Sebastian Cox (ed.), *British Bombing Survey Unit, The Strategic Air War Against Germany, 1939–1945. The Official Report of the British Bombing Survey Unit* (London, 1998).

25 John Kenneth Galbraith, *A Life in Our Times* (Boston, 1981), p. 206. 当然ながら、きわめて重要な疑問は、もし連合国が空軍に投じた資金がもっと少なく、陸軍と海軍に投じた資金がもっと多かったらどうなったか、というものだ。第二次世界大戦後、ノーベル賞受賞者のPatrick Blackettは、そうしていたら、戦争は半年から一年早く終わっていただろうと推定した。ドイツ人も同じ結論に至った。ドイツの軍需相Albert Speerは、自らは基幹施設への攻撃を最も恐れていたと語った。ドイツ空軍の司令官Hermann Göringが最も恐れたのは、ドイツの石油精製所が攻撃されることだった。彼は「燃料がなければ、だれも戦えない」と語った。1944年の秋、ドイツの石油備蓄は底をつきかけた。戦車は止まり、航空機は格納庫にとどまり、大砲は馬が運んだ。その状況でも、英国はドイツ市民への爆弾投下を思いとどまらなかった。1944年の最後の3か月間は、爆弾投下の標的の53パーセントが住宅地で、石油精製所への投下は14パーセントに過ぎなかった。この頃になると、英空軍は焼夷弾の使用をやめていた。可燃性の高いものはほとんど残っていないことを知っていたからだ。そうするうちにドイツは石油の精製を再開した。以下を参照のこと。Max Hastings, *Bomber Command* (London, 1979), pp. 327–34.

26 Edward Miguel and Gerard Roland, 'The Long Run Impact of Bombing Vietnam', *Journal of Development Economics* (September 2011), p. 2.

第1章　あたらしい現実主義

1 Tom Postmes, email to the author, 9 December 2016.

2 Jack Winocour (ed.), *The Story of the Titanic As Told by Its Survivors* (New York, 1960), p. 33.

3 以下で言及されている。Rebecca Solnit, *A Paradise Built in Hell. The Extraordinary Communities that Arise in Disaster* (New York, 2009), p. 187.

4 Frans de Waal, *The Bonobo and the Atheist. In Search of Humanism Among the Primates* (New York, 2013), p. 43.

5 Gary Younge, 'Murder and Rape – Fact or Fiction?', *Guardian* (6 September 2005).

6 以下で言及されている。Robert Tanner, 'New Orleans Mayor Orders Police Back

序章　第二次大戦下、人々はどう行動したか

1　1934年7月30日、下院での発言。

2　J. F. C. Fuller, *The Reformation of War* (London, 1923), p. 150.

3　Gustave Le Bon, *The Crowd. A Study of the Popular Mind* (Kitchener, 2001), p. 19. 初版は1896年。

4　Richard Overy, 'Hitler and Air Strategy', *Journal of Contemporary History* (July 1980), p. 410.

5　J. T. MacCurdy, *The Structure of Morale* (Cambridge, 1943), p. 16.

6　以下で言及されている。Richard Overy, *The Bombing War. Europe 1939–1945* (London, 2013), p. 185.

7　Angus Calder, *The People's War. Britain 1939–1945* (London, 1991), p. 174.

8　Overy, *The Bombing War*, p. 160.

9　Robert Mackay, *Half the Battle: Civilian Morale in Britain During the Second World War* (Manchester, 2002), p. 261.

10　以下で言及されている。Overy, *The Bombing War*, p. 145. 1941年の初めには、防空壕はまだ8パーセントしか使われていなかった。Overy, p. 137.

11　Sebastian Junger, *Tribe. On Homecoming and Belonging* (London, 2016).

12　Richard Overy, 'Civilians on the frontline', *Observer* (6 September 2009).

13　Mollie Panter-Downes, *London War Notes 1939–1945* (New York, 1971), p. 105.

14　Overy, *The Bombing War*, p. 264.

15　Frederick Lindemannをよく知る友人でさえ、彼の特徴を「いつも自分はすべてに関して正しいと思っていて、失敗に備えることも、失敗を認めることもない」「自分と異なる意見を自分への侮辱と見なしがちだった」「自分が理解していない問題についても、それを理由に発言を控えることは決してなかった」と述べた。以下を参照のこと。Hugh Berrington, 'When does Personality Make a Difference? Lord Cherwell and the Area Bombing of Germany', *International Political Science Review* (January 1989).

16　以下で言及されている。Brenda Swann and Francis Aprahamian, *J. D. Bernal. A Life in Science and Politics* (London, 1999), p. 176. 2000人の子どもが自分の経験について作文を書くよう求められた。現在それらの作文を読むと、子どもたちの勇敢さに驚かされる。「ぼくは埋まって、けがをしたけれど、死んだ人やけがをした人を引っ張り出すのを手伝った」と、10歳の男の子が自分の壊れた家について書いている。以下を参照のこと。Martin L. Levitt, 'The Psychology of Children: Twisting the Hull-Birmingham Survey to Influence British Aerial Strategy in World War II', *Psychologie und Geschichte* (May 1995).

17　Solly Zuckerman, *From Apes to Warlords. An Autobiography, 1904–1946* (London, 1988), p. 405. 1978年に出版されたこの本の初版で、Zuckerman はHullに関する報告書の表紙を補遺として加えて、2020年まで効力があった公表差し止めにそむいた。

18　以下で言及されている。Charles Webster and Noble Frankland, *The Strategic Air O*

著者

ルトガー・ブレグマン　Rutger Bregman

1988年生まれ、オランダ出身の歴史家、ジャーナリスト。ユトレヒト大学、カリフォルニア大学ロサンゼルス校(UCLA)で歴史学を専攻。広告収入に一切頼らない先駆的なジャーナリズムプラットフォーム「デ・コレスポンデント(De Correspondent)」の創立メンバー。邦訳書に『隷属なき道 AIとの競争に勝つ ベーシックインカムと一日三時間労働』(文藝春秋) がある。「人間の本質は善である」とのメッセージが込められた本書は、発売されるなりオランダ本国だけで25万部のベストセラーを記録。世界46カ国で翻訳が決まった。「わたしの人間観を、一新してくれた本」としてユヴァル・ノア・ハラリが推薦し、ニューヨーカーやエコノミストはじめ欧米メディアから絶賛を浴びる。

翻訳

野中香方子　Kyoko Nonaka

翻訳家。お茶の水女子大学文教育学部卒業。 主な訳書に『隷属なき道』(ルトガー・ブレグマン)、『137億年の物語』(クリストファー・ロイド)、『ネアンデルタール人は私たちと交配した』(スヴァンテ・ペーボ)(以上、文藝春秋)、『エピジェネティクス　操られる遺伝子』(リチャード・フランシス、ダイヤモンド社)、『Chain 2049』(マイケル・ピルズベリー、日経BP社)、『監視資本主義』(ショシャナ・ズボフ、東洋経済新報社) などがある。

DTP制作　エヴリ・シンク

カバー写真　©高砂淳二　『PLANET OF WATER』

（日経ナショナル ジオグラフィック社）より

Japanese translation rights arranged with
Janklow & Nesbit (UK) Ltd.
through Japan UNI Agency, Inc., Tokyo

Infographics by Momkai

Humankind《ヒューマンカインド》 希望《きぼう》の歴史《れきし》（上）
人類《じんるい》が善《よ》き未来《みらい》をつくるための18章《しょう》

2021年 7 月30日 第1刷発行
2023年 6 月20日 第6刷発行
著 者 ルトガー・ブレグマン
訳 者 野中香方子《のなかきようこ》
発行者 大沼貴之
発行所 株式会社文藝春秋
〒102-8008 東京都千代田区紀尾井町3-23
電話 03(3265)1211

印刷所 精興社
製本所 加藤製本

ISBN978-4-16-391407-7 Printed in Japan